서울 · 경기도 편

지명이 품은
한국사

네 번째 이야기

지명이 품은 한국사 네 번째 이야기

초판 1쇄 인쇄 | 2011년 7월 7일
초판 1쇄 발행 | 2011년 7월 13일

지은이 | 이은식
펴낸이 | 최수자

주　간 | 고수형
디자인 | 디자인곤지
인　쇄 | 우성아트피아

펴낸곳 | 도서출판 타오름
주　소 | 서울시 은평구 녹번동 38-12 2층 (122-827)
전　화 | 02)383-4929
팩　스 | 02)3157-4929
전자우편 | taoreum@naver.com

ISBN 978-89-94125-15-2 04900
　　　978-89-94125-07-7 (세트)

값 | 15,000원

이 도서의 국립중앙도서관 출판시도서목록(CIP)은 e-CIP 홈페이지(http://www.nl.go.kr/ecip)에서 이용하실 수 있습니다.(CIP제어번호: CIP2011002451)

2010 문화체육관광부 우수교양도서 · 올해의 청소년 도서에 선정된
『지명이 품은 한국사』 서울 · 경기도 편에 이은 지명 유래

서울 · 경기도편

지명이 품은
한국사

네 번째 이야기

이은식 지음

타오름

차례

작가의말 ··· 8

제 1 부

서울 지역의 지명 유래 ··· 12

관악구 남태령 - 정조에게 새로운 이름을 지어 바친 촌로 변씨 ·········· 14
뒤주에 갇혀 죽은 사도 세자와 시파 · 벽파의 싸움

서대문구 충정로 - 퇴색되었던 민씨 문중의 옥돌 민영환 ·················· 20
역마를 기르던 고마청골 ｜ 간신 심정과 충신 김종서가 함께 살았던 곳

성동구 옥수동 - 옥처럼 맑은 물을 마시고 산 사람들 ····················· 25
연산군이 장녹수를 빼앗아 간 황화정 ｜ 물속에 잠겨 버린 모래섬 저자도

성동구 마장동 - 수말을 키우던 양마장이 있던 곳 ························· 35

성북구 아리랑 고개 - 아리랑 백설만큼 많은 전설을 남긴 이름 ············ 37
한국 영화계 초창기의 작품 〈아리랑〉 ｜ 〈아리랑〉을 만든 감독 나운규 ｜
영화 〈아리랑〉 ｜ 영화 〈아리랑〉 해설과 창

종로구 연건동 - 외로운 영혼 남이의 집터가 남은 곳 ····················· 56
장군이 피살당한 남이탑동 ｜ 너는 나에게 무슨 원한이 있느냐 ｜
지네의 정기를 받고 개미실에서 태어난 남이

종로구 연지동 - 옛 젊은이들의 밀회터 ································· 65

종로구 효제동 - 효성이 지극했던 유몽호의 세 아들 ····················· 66

중구 을지로동에 있던 관아들 ·· 68
한성부의 하나 남부 청사 ｜ 여의사를 교육하고 환자를 치료하던 혜민서 ｜
독립운동가 나석주가 피살당한 장악원 자리 ｜ 훈련원이 있던 을지로 6가

중구 을지로동에 살았던 인물들 ·· 77
선조 임금의 자식 사랑과 교육 ｜ 신발 파는 마을로 시집간 정조의 딸 ｜
성종의 딸 공신 옹주의 진심을 표창한 중종 ｜
벼슬길을 멀리한 김창흡이 살았던 을지로 3가

중구 만리동 - 청백리 최만리가 살던 마을 ································· 83
최만리가 한글 창제를 반대한 이유 ｜ 명문 벌족 해주 최씨가 천년을 산 마을 ｜
최규서의 인품은 선조부 최만리가 만들었다

중구 방산동 - 연잎이 무성하던 마을 ······································· 89

중구 주자동 - 활자를 찍던 인쇄소가 있던 곳 ······························ 91
충신과 효자를 배출한 마을

중구 저동 - 옛날엔 모시전, 현대는 양복 원산지 ···························· 97
훈련도감에 물자를 조달하던 양향청 ｜ 임금의 초상을 모신 영희전

중구 인현동 - 어진 벼슬관이 많이 배출된 명당   102

중구 회현동 - 세도가 틈바구니에서 어진 이들이 모여 살았던 마을   107
12명의 정승이 나온 정광필 집터에 전하는 속전 |
을사사화의 간신 정순붕의 아들 정작이 살던 회현동 3가

중구 남산동 - 과거를 준비하던 서생들이 모여 있던 곳   125
남산동에 살았던 허생을 주인공으로 한 「허생전」

중구 명동 - 격변기에 서로를 포악하게 죽이고 죽음을 당한 백성들   135
시조 문학의 대가 윤선도가 살던 북달재

중구 봉래동 - 일본 거류민들이 왜의 장군을 환영해 맞이한 마을   140
꺼져가는 나라의 불꽃을 되살린 선구자 한음 이덕형 출생지

중구 순화동 - 초병들의 순찰 관청이 있던 곳   145
어질고 정숙했던 인현 왕후의 태생지 수렛골 | 연안 이씨를 높이 보는 이유 |
고양팔현高陽八賢 홍이상의 후손이 살았던 마을 |
폭군 연산군에게 좋은 추억으로 남은 강희맹의 집 |
 * 강희맹과 그의 아내 순흥 안씨 가계도 | 진주 강씨 강희맹의 혈족 |
강희맹의 아내 순흥 안씨의 혈족

중구 북창동에 살았던 허목과 심상규   162

중구 남창동에 살았던 인물들   164
대원군 배척에 박차를 가한 이유원 | 명현들의 혼령을 외면했던 매국노 송병준

남인 세력이 뿌리를 둔 남대문 남지 - 같은 우물물을 먹은 정치판의 불량아   167
김안로 · 허항 · 채무택

중구 정동 - 태조의 계비 신덕 왕후의 정릉이 있던 자리   176
성종의 형 월산 대군이 살던 덕수궁 | 왜장이 말을 매어 두던 왜송골 |
이인좌 난의 불씨를 끈 선각자 최규서의 집터 | 대신에 오른 물장수 이용익

중구 의주로 - 한양에서 천리 길 신의주로 가는 길목   184
한반도의 중앙 양천리 고개

중구 광희동 - 사소문의 하나 광희문이 있는 마을   187

중구 필동 - 붓골의 유래, 그곳엔 누가 살다 갔나   189
전원생활을 동경한 조현명 | 남별영 밖 윤황의 팔송정 |
만년에 노인정을 지은 조만영 | 동국 대학교 인근에 살았던 예조판서 이안눌

차례

제2부

경기도 지역의 지명 유래 ·················· 198

과천시 가자 우물 - 정조가 정3품 벼슬을 내린 맛 좋은 우물　　200
정조에게서 하사받은 온온사라는 이름
의왕시 왕곡동 - 환궁 길에 정조가 친림한 마을　　206
과천시 관악산 연주대 - 고려왕조의 멸망에 통곡한 고려의 신하들　　207
관악산을 불산이라 한 이유 ┃ 연산군으로 인해 목숨을 잃은 여인이 묻힌 왕후 묘
양평군 조현리 조동 - 좌랑 조승달이 은거한 마을　　218
창녕 조씨의 시조와 본관 ┃ * 창녕 조씨 조승달 가계도 ┃
양평공파의 중흥조 조익청의 일생
안성시 일죽면 - 죽일 면장으로 인해 일죽면이 된 사연　　223
안성맞춤 안성에서 유명한 세 가지
인천시 옹진군 - 베트남에서 귀화한 왕조 화산 이씨의 피난지　　226
바닷가 마을 옹진군에 전하는 전설들
이천이란 이름은 누가 지어 주었나　　230
이천시 원적산 여기수 - 홍건적을 피해 궁녀들이 몸을 던진 곳　　230
이천시 안흥지 - 광채 나는 자채벼를 생산하는 이유　　234
김자점을 처형시키고, 쌀을 윤기나게 만든 자점보
이천시 단천리 장사 바위 - 치성으로 김명원이 태어난 마을　　239
이천시 부발읍 - 서씨의 시조 서신일에게 은혜를 갚은 사슴　　242
이천시 군량리 - 맹꽁이를 물리친 강감찬의 전설　　244
연천군 강서리 미수 나루 - 미수 허목이 사공을 부르던 곳　　245
연천군 아미리 썩은 소 - 고려 왕건의 혼이 쉴 장소를 정한 곳　　248
평택시 이충동 - 조광조와 오달제 두 충신이 살았던 마을　　250
이상 국가 건립을 꿈으로 남겨야 했던 조광조 ┃
죽음보다 두려운 것은 불의라 했던 오달제 ┃ 청나라 병사들에게도 존경받았던 윤집 ┃
타국에 외로운 혼을 묻은 홍익한
평택시 신장동 제역 마을 - 최수성의 학문을 흠모해 부역을 면하다　　265
평택시 송북동 오리곡 - 맹사성이 검정 소를 타고 즐겨 통하던 마을　　267
평택에 전하는 인침연 설화
평택시 송북동 소골 - 나라를 개혁하고자 했던 소 정승이 실패한 사연　　278

평택시 장안동 빈대 바위 - 나태한 승려들을 내쫓은 바위   281

평택시 오좌동 - 왕이 권율을 보내 최희효의 장례를 치른 마을   282
본성 경주 김씨에서 수성 최씨를 사성받은 이유

평택시 본정리 새나리 - 한심한 벼슬아치를 몰아낸 새 나리   287

평택시 객사리의 자비사 - 고국을 그리워하는 한나라 고승들의 애절한 마음   288
명당의 발복으로 태어난 윤보선 전 대통령

평택시 포승읍 수도사 - 마음먹기에 따라 세상이 다름을 깨우친 원효 대사   290

평택시 칠원동 은행나무 - 민족의 정신만은 살리고자 했던 나무의 혼   292
인조가 종1품 벼슬을 하사한 칠원동의 옥관자정

평택시 도일동 - 이괄의 난에 동조한 원만주가 역모를 꾀한 곳   296
원균이 살았던 도일동 안말의 콩나물 샘 |
원균의 죽음을 알린 애마가 잠든 울음밭 |
조선이 강성해짐을 우려한 조선인 이여송이 지난 빈터 고개

평택시 서정동 - 아홉 남자와 결혼했던 아리랑 고개 여인의 목 메인 통곡   303

평택시 안중면 학현리 - 학처럼 고결한 마음으로 일생을 산 여인   305

평택시 유천동 - 왜군이 몰살당한 보와 청나라 병사가 자만으로 전멸한 평야   308

고양시 창릉동 - 비운의 왕 예종이 묻힌 마을   309

고양시 용두동 - 순평군과 명숙 공주가 묻힌 대능골   312

대자동에 잠든 인물들   315
용복원 마을의 강자평 묘소 | 문종의 빈 최씨의 묘소 |
정혜 옹주와 한기의 어울 무덤 |
혼돈의 시대를 살아낸 성종의 사돈 한형윤이 묻힌 곳 |
청백리 한형윤의 5세손 한석 | 청주 한씨 한형 묘소

평택시 권관리 - 권세 있는 벼슬아치들이 살던 마을   322

신립 장군이 잠든 광주시와 이천시의 경계 넋 고개   323

시흥시 오이도 - 까마귀의 귀를 닮은 섬   327

관군이 왜군을 크게 무찌른 군포시   329

안양시 인덕원 - 내시들이 살던 마을   330

안양시 안양동 - 배움의 정신이 이어지는 교육의 마을   331

작가의 말

　한 나라의 영토가 국민의 생활 무대라면 지명은 그 생활 무대에 붙여진 향토 문화유산의 종합체이며, 고유 지명만이 갖고 있는 향취와 멋이라고도 하겠다. 지명은 한 고장의 생활상을 나타내는 특징이나 지리적, 민속학적 특성에 의해 명명되어 왔기 때문에 오랜 역사의 흔적이 그대로 반영되어 있다. 또 지명을 통해 지질과 산업, 풍수에 이르기까지 지리학적 특성은 물론 유물이나 유적, 제도와 인물 등에 얽힌 전설도 함께 알게 된다. 이렇듯 지명에는 한 시대의 역사가 숨 쉬고 있으므로 사라진 풍속이나 생활 습관까지도 엿볼 수 있다.

　나라의 중심이라 할 수도의 위치를 정하고 이름을 짓는 문제에 있어서는 더할 것이다. 서울이 조선의 수도가 되어 오늘까지 그 기능을 유지하고 있는 데에는 자연환경 중에서도 강과 산이 가장 중심적인 역할을 했다. 조선 시대에 편찬된 『동국여지승람東國輿地勝覽』을 보면 서울의 지세에 대해

　　〈북쪽에 화산華山(삼각산三角山)으로 진산鎭山을 삼았으니 용이 내리고 범이 쭈그려 앉은 형세가 있다. 남쪽은 한강으로 금대襟帶를

삼았으며, 멀리는 왼쪽으로 대관령大關嶺을 끌어당기고 오른쪽에

는 발해渤海가 둘려서 그 형세가 동방의 제일이요, 정말 산하 요

해의 곳이다.〉

라고 말하였다. 북한산이 한양을 보호해 준다고 보고 한강을 중심 요충

지로 삼은 것은 당시 유행한 풍수지리설의 영향을 받은 탓도 있다. 그

렇지만 산과 강은 분명 각 지역을 보호하는 울타리 구실을 할 뿐 아니

라 교통로와도 밀접한 관련이 있으므로 자연 지형을 설명하는 데 있어

중요한 요소가 될 수밖에 없었다.

　조선 시대 한성부漢城府의 행정구역은 도성 안과 성 밑 10리까지로

하였으나 대체로 도성 안을 문안이라 하여 서울이라고 하고, 서울 도성

을 에워싸고 있는 곳을 경기도 지역이라 하였다.

　서울과 경기도는 역사적으로 수도를 포용한 국토의 심장부로서 민족

문화의 찬란한 꽃을 피우며 발전해 온 지역이다. 기전이란 지명이 말해

주듯, 한양과 경기도는 고려와 조선 두 왕조를 거치는 1천여 년의 긴 세

월 동안 항상 역사의 현장이 되어 왔기 때문에 도처에 이곳만이 갖는

독특한 고유 지명을 보유하고 있다.

한 나라의 수도뿐만 아니라 각 지역은 역사의 과정을 통해 몸집이 비대해지게 마련으로, 쉽게 구별하고 파악하기 위해 정해진 이름과 별칭을 갖게 되었다. 또한 세월이 거듭됨에 따라 많은 것들이 변해 왔듯이 땅의 이름도 무수히 개명되어 왔다.

역사적 사실 속에서 각 지역에 해당하는 지명을 보면 평소의 의미가 달리 다가옴을 알게 된다. 어떠한 역사적 맥락 속에서 일정 지역이 한 나라의 수도가 되고, 한 도의 중심이 되었는지, 그리고 어떻게 하여 각각의 이름으로 불리게 되었는지를 이해하게 되는 것이다. 그런데 행정편의상 지명이 바뀌다보니, 옛 지명의 해당 지역을 찾지 못하게 되거나 뜻 깊고 아름다웠던 이름을 잊어버리는 예가 많아졌다.

서울시 지명위원으로 활동하고 있는 필자가 사료를 조사하거나 어느 지역을 찾아가 보면, 지명地名이 본뜻과 상관없이 엉뚱하게 바뀌어 있어 역사적 의미가 퇴색한 경우가 있음을 본다. 그러나 이름은 단순히 지은 것이 아니라 오랜 우리네의 삶 속에서 역사적, 지역적인 중요성과

특별한 의미를 담고 있는 것이므로 소홀히 다룰 문제가 아님을 알아야
하겠다.

　필자는 그와 같은 경우를 안타까이 여기던 중, 사라지고 찢어진 땅의
본 이름과 연유를 밝혀 선현들의 삶의 흔적을 이해하게 되기를 바랐다.
오늘도 이 골목 저 골목을 기웃거리며 하루를 마치는 필자는, 앞으로도
국토 곳곳을 누비고 살펴 후세인들이 보다 쉽게 우리 역사를 이해하고
가슴에 새기도록 하자고 다짐해 본다. 그 발길이 멈추게 되지 않기를
오늘도 스스로 굳게 언약하였다.

2011년 6월

신선이 노니는 동네 삼선동에서

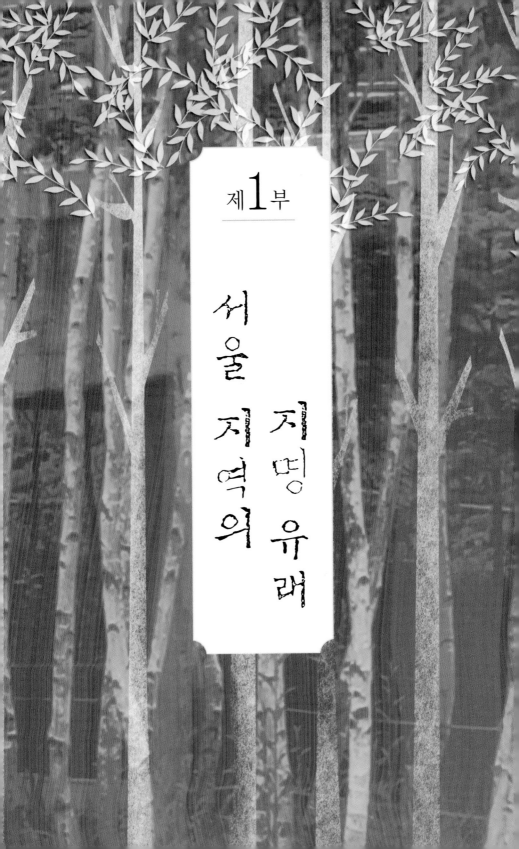

제1부

서울 지역의 지명 유래

서울 지역의 지명 유래

관악구 남태령
- 정조에게 새로운 이름을 지어 바친 촌로 변씨 -

남태령南泰嶺은 예전에 과천果川을 거쳐 수원水原으로 가던 옛길이 자 삼남三南으로 통하던 고개였다. 남태령은 수목이 울창하고 으슥한 곳이 많아 관악산冠岳山을 넘나드는 여우가 많이 출몰하였다 하여, 원래 여우 고개(호현狐峴)라 불리던 곳이다. 일찍이 고려高麗의 공신이자 명장이었던 강감찬姜邯贊도 여우 고개를 지나가게 되었는데, 여우들의 장난이 너무 심하자 크게 꾸짖으며 호령하기를

"네 여우들이 다시 이 고개에 근접을 하는 날이면, 너희 족속은 모두 멸종할 줄 알라."

하였다. 강감찬의 이 소리가 있은 후로 다
시는 여우가 나타나지 않았다는 전설이 전
한다.

남태령 옛길 표석

남태령은 정조正祖가 자주 찾던 길이었
다. 정조가 왕세손으로 있을 때 아버지 사
도思悼 세자는 조부 영조英祖의 명에 의해
억울하게 뒤주에 갇혀 목숨을 잃어야 했
다. 효성이 지극했던 정조는 왕위에 오른
뒤면, 아버지가 그리울 때마다 남태령을 지나 수원 현릉원顯隆園에 있
는 선친 묘를 참배하였다.

정조는 과천을 지날 때면 고을 동헌인 부림헌富林軒의 내사에서 쉬
어 가는 일이 있었는데, 부림헌 내사의 고요함에서 편안함을 느꼈기
에 1790년(정조 14) 2월 11일 온온사穩穩舍라 명명하고 친히 현판을 썼
다. 경기도 과천시 관문동官門洞에 당시 온온사 건물로 추측되는 석축
이 남아 있으며 현판은 지금까지도 남아 있다.

서울과 경기도의 경계인 여우 고개가 남태령으로 바뀐 데는 사연이
있다. 하루는 정조가 수원 화산華山에 모신 사도 세자의 능원에 행차
하다가 여우 고개에서 잠시 어가를 멈추고 쉬어 가면서 곁에 있던 촌
로에게 넌지시 고개의 이름을 물었다. 그러자 촌로는 원래 부르는 여
우 고개라 대답하지 않고

"남태령이라 하옵나이다."

하고, 즉석에서 고개의 이름을 고쳐 아뢰었다. 그러나 정조는 고개의

이름이 여우 고개임을 알고 있었기에, 왕을 속였다는 괘씸함을 참지 못하고

"그대는 어찌하여 거짓으로 이름을 말하는가? 그 죄 죽어 마땅할지 니라."

하며 크게 꾸짖었다. 인자한 정조는 촌로가 거짓으로 이름을 말한 데 에는 사유가 있을 것이라 생각하며 곧이어 이유를 물었고, 엎드려 죄 를 기다리던 촌로는 말하기를

"상감마마께 감히 거짓으로 아뢰고자 한 것이 아니옵고, 이 고개는 원래 여우 고개이오나, 상감께서 물으심에 상스러운 이름을 알려 올 림이 황송하여, 생각나는 대로 알렸사옵니다."

하고 답하였다. 촌로의 설명에 정조가 이번에는 남태령이라 말한 이 유가 무엇인지를 물었다.

"다름이 아니오라. 여우 고개는 서울에서 남쪽으로 오면서 맨 처음 있는 큰 고개이므로 그리 아뢰었나이 다."

촌로의 설명을 들은 정조는 잠시 가졌던 노여움을 풀고, 오히려 촌로 를 가상히 여겨 벼슬을 내린 것은 물 론 그 후로는 여우 고개를 남태령이 라 부르도록 하였다. 촌로는 조선朝鮮 전기부터 과천에 살던 향리 일족인 변邊씨로 전해지는데, 아직도 과천에

남태령을 향하는 길에 있는 흑석동 상징석

는 변씨 일족 몇 가구가 살고 있다.

도성에서 한강漢江을 건너 노량진鷺梁津, 흑석동黑石洞을 지나 동작동銅雀洞 이수교梨水橋를 오른편으로 돌아가면, 승방평僧房坪 석굴암에 이르며, 여기서 남쪽으로 6킬로미터쯤 가면 남태령이 나온다. 현재 남태령 고개 양쪽은 도시화로 개발되어 옛 모습은 알아보기 힘들다.

뒤주에 갇혀 죽은 사도 세자와 시파 · 벽파의 싸움

1762년(영조 38) 5월 사도 세자가 뒤주 속에 갇혀 질식사하는 일이 발생하였다. 영조에게는 정성貞聖 왕후 서徐씨와 계비 정순貞純 왕후 김金씨 사이에는 소생이 없었고, 정빈靖嬪 이李씨 소생의 효장孝章 세자와 영빈暎嬪 이李씨 소생의 사도 세자가 있었다.

효장 세자가 10살의 어린 나이로 죽자, 사도 세자는 태어난 지 1년 만에 왕세자에 책봉되어 10세에는 혜경궁惠慶宮 홍洪씨와 혼인하였

사도 세자의 생모 영빈 이씨 묘소

다. 혜경궁 홍씨는 영의정 홍봉한洪鳳漢의 둘째 딸로, 홍봉한은 노론老論 계열이었다.

세자는 소론少論 계열 학자들로부터 학문을 배웠는데, 10세 때에는 1721년(경종 1) 왕위 계승 문제를 둘러싸고 일어난 신임사화辛壬士禍에서 노론의 처결이 잘못되었다고 비판함으로써 노론의 견제를 받기 시작했다.

1749년(영조 25) 15세가 된 사도 세자는 영조의 명으로 대리청정을 시작하면서 여러 지방의 환곡을 형편에 따라 조정하여 백성들의 세금에 대한 부담을 경감시켜 주었다. 또한 사도 세자는 대동법大同法, 군포軍布를 대신해 돈으로 거두어들이거나 관리나 상인들이 백성을 대신해 나라에 공물을 바치고 백성에게서 높은 대가를 받는 방납防納을 금지시키는 선정을 펴 가난한 이들의 환영을 받았다.

영조는 효장 세자가 일찍 죽고, 사도 세자에게 걸었던 기대가 컸기 때문인지 아들을 매우 엄격하게 대하였고, 사소한 일에 대해서도 꾸중을 심하게 하였다. 그로부터 세자는 점차 학문을 게을리 하더니 궁녀나 내시를 죽이고 기녀, 여승을 희롱하는 등 비행을 일삼기 시작했다.

영조의 귀에는 계비를 비롯한 신하들에게서 세자의 비행에 대한 귀띔과 모함이 그치질 않았다. 영조에 대한 극심한 공포심과 압박감이, 영특하던 사도 세자가 광증을 앓고 난폭한 성향으로 돌변한 큰 이유였다고도 한다.

1761년(영조 37)에는 사도 세자가 임금도 모르게 궁을 나가 관서關

西 지방을 유람하고 돌아온 것이 들통이 났다. 이에 윤재겸尹在謙, 서명응徐命膺 등은 각각 상소를 올려 세자의 행동은 왕세자의 체통에서 벗어났음을 고하였다. 사건이 커지자 영조는 세자의 관서 지방 순행에 관여한 심발沈撥, 유한소俞漢蕭, 유언민俞彦民, 이수득李秀得, 정존겸鄭存謙, 이심원李心源, 김상중金尙重, 이영휘李永暉 등을 파면하였다.

이듬해인 1762년(영조 38) 5월에는 나경언羅景彦이 김한구金漢耇, 홍계희洪啓禧, 윤급尹汲 등의 사주를 받고 사도 세자의 비행 10여 조목을 들어 상소하였다. 영조는 세자를 불러서 효장 세자의 생모인 정빈 이씨에게 횡포를 부린 일, 여중과 사귀며 궁중을 출입하도록 한 일, 관서로의 순행, 북성에 나가 논 일 등의 비행을 꾸짖었다. 영조는 이어 5월 13일에는 세자를 폐하여 서인으로 하고 영빈 이씨의 간청에도 불구하고 아들인 세도 세자를 뒤주에 가두어 굶겨 죽였다.

왕세자를 임금이 직접 나서 죽음에 이르게 한 초유의 사건이 발생하자, 사도 세자를 동정하는 시파時派와 세자를 공격해 자신들의 보고를 합리화시키려는 벽파僻派의 대립은 더욱 극렬해졌다. 시파는 대부분이 남인南人 계통이었고, 세자를 공격하는 벽파는 주로 노론이었으므로 당쟁은 악화되었다. 노론을 지지하는 영조와 정치적 견해를 달리하며 대립하던 것이 세자가 죽게 된 결정적인 이유라는 주장도 있다.

그렇지만 영조는 뒤에 아들을 죽인 것을 후회하며 사도思悼란 시호를 내렸다. 이를 보더라도 왕세자가 아버지인 왕에게 죽음을 당한 희대의 사건은 사도 세자에게 잘못이 있어서가 아니라 시파와 벽파의 당쟁에 안타깝게 희생되었다는 표현이 맞을 것이다.

영조 사후, 사도 세자의 아들 정조가 즉위하여 장헌莊獻으로 시호를 높여 주었으며 고종高宗 대에는 장조莊祖로 추존되었다. 정조는 아버지가 벽파에 의해 억울하게 죽자, 자연히 시파를 가까이하고 벽파는 멀리하였다. 그러다가 정조가 죽고 어린 순조純祖가 즉위한 뒤 영조의 계비로 벽파였던 정순 왕후 김金씨가 섭정을 하자, 다시 권력의 양상이 바뀌어 벽파가 정권을 잡고는 시파를 억누르게 되었다.

1801년(순조 1)에 가톨릭교도를 박해한 신유사옥辛酉邪獄도 천주교가 우리의 전통과 다르다는 이유도 컸지만, 그보다는 시파를 이루고 있는 남인 계통 중에 천주교 신자나 천주교를 연구하는 학자들이 많았다는 것이 강경한 탄압의 주된 까닭이었다.

서대문구 충정로
- 퇴색되었던 민씨 문중의 옥돌 민영환 -

1905년 일본이 우리나라의 외교권을 빼앗기 위해 강제로 을사조약乙巳條約을 체결하자 격노한 민영환閔泳煥은 일본의 부당한 폭력성을 세상에 알리고자 자결하였다. 민영환이 순국한 장소가 지금의 충정로忠正路 1가 자리로 충정로의 동명은 그를 기리기 위해 민영환의 호 충정공忠正公을 가지고 온 것이다.

  민영환은 1861년(철종 12) 병조판서 민겸호閔謙鎬의 아들로 태어나 1878년(고종 15) 문과에 급제해 미국의 공사로 있었다. 그는 1896년 (고종 33) 3월에는 러시아 황제 니콜라이 2세Aleksandrovich Nikolai II의 대관식에 참례하였으며 군부대신으로 있으면서는 영국, 독일, 프랑스, 오스트리아, 미국 등 여러 나라를 방문하고 돌아와 바깥세상의 발전에 눈을 떴다.

  민영환은 공인으로서 처음 양복을 입었고, 외교사절들은 이때부터 조선의 전통 복장이 아니라 서양식 의복을 갖추어 입기 시작했다. 그는 사절로서의 임무를 마치고 귀국한 뒤 참정에 올랐으며, 나라를 위해 분명한 공적을 세운 이의 공로를 기리고자 수여하는 훈장에 대한 조례를 최초로 공포하였다.

  그는 사신으로 해외에 여러 차례 나가 공을 세움으로써 훈1등에 이르렀다. 민영환은 또한 외부·학부·탁지부(재무행정)의 대신을 역임하여 일본에 종속되어 가는 나라의 운명을 바로잡으려 분투하였으나, 독립당獨立黨을 옹호한다는 이유로 대신의 자리에서 밀려나야 했다.

민영환이 왕의 시종무관으로 있던 해에 을사조약의 체결로 나라가 일본에게 빼앗길 위기에 처하자, 의정대신 조병세趙秉世와 함께 조약의 폐기를 상소하였다. 그러나 뜻을 이루지 못한 민영환은 1905년 11월 4일 새벽, 국민과 각국 공사에게 고하는 유서를 남기고 단도로 자살하였다. 민영환의 자는 문약文若, 호는 계정桂庭, 시호는 충정忠正, 본관은 여흥驪興이며 시호와 함께 영의정을 받았다.

서대문 교차로의 남쪽에 위치한 충정로 1가는 조선 초에는 한성부漢城府 서부 반송방盤松坊에 속하였으며 1894년의 갑오개혁甲午改革 때는 한성부 서서 반송방 지하계池下契 평동平洞, 경구계京口契 경교京橋 · 신문외新門外, 균장리계菌匠里契 고마동雇馬洞이었다. 충정로 1가는 일제강점기인 1914년 4월 1일에는 경기도 고시 제7호에 의해 경성부京城府 서부 경구, 신문외 일원과 평동, 고마동, 경교 일부를 병합하여 죽첨정竹添町 1정목이라 하였다. 이때의 동 이름은 갑신정변甲申政變 당시에 조선에 있던 일본 공사 다케조에 신이치로(죽첨진일랑竹添進一郎)의 이름을 따서 붙인 것이다. 죽첨정 1정목은 1943년 6월 10일에는 서대문구 죽첨정이 되었으며 해방 이후인 1946년 10월 1일 일제가 만들어 놓은 이름을 우리말로 바꾸면서 서대문구 충정로 1가로 개칭되었다. 1975년 10월 1일 관할구역의 변경으로 중구 충정로 1가에 포함되면서 지금에 이르렀다.

충정로 1가의 농업 중앙회와 농업 박물관 사이에 흐르던 욱천旭川에는 경굣다리가 있었다. 경굣 다리는 경고교京庫橋, 경일교京日橋 등으로 불리다가 경교가 되었다.

역마를 기르던 고마청골

고마청골은 충정로 1가와 의주로義州路 1가에 걸쳐 있던 마을로 고마청雇馬廳이 있는 자리라 하여 붙여진 지명이다. 고마청이란 조선 제18대 왕인 현종顯宗 즉위 당시 역마驛馬를 기르게 하고 말을 빌려주던 고마법에서 비롯되었다.

고마청은 고가구雇價購, 고마고雇馬庫라고도 하였으며 민고民庫의 일종으로서 기본 재원을 민간에서 징수하였기 때문에 고마조雇馬租, 고마전雇馬錢이라고도 하였다. 고마법은 나라에 속한 역마 이외에 민간의 말까지 삯을 주고 관리하며 활용하던 제도로 방역전防疫錢, 쇄마법刷馬法이라고도 했다.

고마법은 화곡華谷 이경억李慶億이 경기 감사로 있을 당시 설립된 제도이다. 고마법은 나랏일로 이동하던 관리들이나 중국으로 보내던 공물인 세폐歲幣와 지방에서 조정으로 진상하던 물품의 운반, 지방관이 교체될 때 영송에 따른 비용을 마련하기 위한 목적이었다.

고마청에 속한 말을 이용하는 비용은『경국대전經國大典』의 관리 등급에 따른 급마給馬 규정에 의하였으며『속대전續大典』을 보면 거리에 따라 최고 말 15~20필에서 최저 2~7필이 추가되었으며 일정에 따라 말의 필수에 차등을 두었음을 알 수 있다.

고마법을 마련한 이경억은 1620년(광해 12) 이시발李時發의 아들로 태어나 1644년(인조 22) 문과에 장원급제하였다. 1672년(현종 13) 좌의정에 이르러 1673년(현종 14) 세상을 떠난 이경억의 자는 석이錫爾, 호는 화곡華谷, 시호는 문익文翼이며 본관은 경주慶州이다. 이경억은

외유내강의 성품으로 옳고 그른 것을 판단하는 능력이 뛰어났으며 사교적이고 활발한 인물이었다.

간신 심정과 충신 김종서가 함께 살았던 곳

『한경식략』에는 고마청 근처에 김종서와 심정沈貞의 집이 있었다고 소개하고 있다. 김종서는 고려 말인 1390년(공양 2) 도총 김제추金制錘의 아들로 태어나 1405년(태종 5) 문과에 급제하였다. 그는 세종 때에는 함길도 관

김종서 집터

찰사가 되어 야인들의 변경 침입을 격퇴하였으며, 1434년(세종 16)에는 6진을 설치하여 두만강을 국경선으로 확정하였다. 김종서는 문종 때에는 우의정과 좌의정에 올라 나이 어린 단종을 보필하였으며, 『고려사高麗史』 등의 편찬에 참여하였다.

1453년(단종 1) 정권을 잡고자 하던 수양首陽 대군(세조)은 지략이 뛰어난 신하들부터 없애고자 하였고, 거기에는 김종서도 포함되었다. 수양 대군의 심복들은 김종서의 집으로 가서 그를 때려 죽였으며 이때 김종서의 아들 김승규金承珪, 김승벽金承璧 등도 몰사하였다. 김종서의 자는 국경國卿, 호는 절재節齋, 시호는 충익忠翼이며 본관은 순천順天이다.

한편 심정은 중종반정에 참여하여 정국靖國공신 3등으로 한성부판

윤 등을 역임하였으나 남곤南袞, 홍경주洪景舟 등과 같이 기묘사화를 일으켜 선비들을 숙청하였다. 심정은 이어 좌의정에 올랐으나 탄핵으로 유배되었다가 사사되었다.

성동구 옥수동
- 옥처럼 맑은 물을 마시고 산 사람들 -

도성 동쪽에 있던 옥수동玉水洞 339번지에는 옥정수玉井水라는 유명한 우물이 있었다. 일제강점기에 우물 이름을 가지고 마을을 옥수정玉水町이라고 칭하던 것이 광복 이후 옥수동이 되었다.

옥수동의 동명이 된 옥정수는 손순룡 씨 집에 있었으나 1960년의 4·19 혁명 이후 옥수로가 개통되면서 매몰되고 말았다. 옥정수 물은 바위틈에서 나와 맛이 으뜸이었기 때문에 조선 시대에는 왕에게 바치는 물로 알려져 있었다. 옥수동 산 5번지에 있던 옥수동 약수와 267번지 숲속에 있던 두모리 약수도 위장병에 특효가 있다고 하여 유명했으나, 세월이 흘러 주택이 들어서면서 수질도 함께 변해 버렸다.

지금의 옥수동은 일제가 조선을 점령하기 전에는 옥정숫골이라고 불렸으며 조선 시대에는 두뭇개, 두멧개, 두물개라고 하거나 한자음으로 두모주豆毛洲, 두모포豆毛浦라고 불렀다. 옥수동을 두뭇개라 한 것은 동쪽에서 흘러오는 한강의 본류와 북쪽에서 흘러오는 중랑천中浪川의 물이 합류하였으므로 붙여진 명칭이다.

1751년(영조 27)에 간행된 「도성 삼군문 분계 총록都城三軍門分界總錄」을 보면 옥수동을 가리켜 〈한성부 남부 두모방豆毛坊(성외) 두모포계豆毛浦契〉로 표시하였는데, 두모포라는 명칭이 처음으로 나타난 기록이다. 1894년(고종 31)의 갑오개혁 때에도 남서南署 두모방 두모포계의 두모동이라고 표기되었지만 일반 사람들은 두뭇개로 칭하였다. 옥수동의 특산물은 콩나물로 사람들에게 '두뭇개 콩나물 장수'라고 불리는 것이 일반적일 정도였다.

옥수동 동쪽에는 조선 초에 국가에서 젊고 유능한 학자들을 뽑아 일정 기간 사가독서賜暇讀書하도록 한 독서당이 세워져 있었으므로 약수동藥水洞으로 넘어가는 고개를 독서당 고개라고 하였다. 독서당은 1426년(세종 8) 집현전 학자들에게 창의문彰義門 밖에 있던 사찰인

장의사藏義寺를 하사하고, 그들에게 휴가를 주어 학문에만 전념할 수 있도록 한 것이 효시이다.

독서당을 본격적으로 활용한 것은 1492년(성종 23) 인가가 한적한 용산龍山의 한 절을 수리해 마련한 뒤부터였다. 독서당은 12년이 지난 1504년(연산 10)에 폐쇄되었다가 중종반정中宗反正 이후인 1517년(중종 12) 학문을 장려하기 위해 두모포에 독서당을 다시 세워 많은 인재를 배출하였다. 사가독서 제도는 1592년(선조 25) 임진왜란壬辰倭亂이 일어나기까지 70여 년간 지속되었으며, 전쟁이 끝나고 1608년(광해 1) 용산의 한강 별영別營 자리에 재차 독서당을 세웠다.

독서당의 인원은 한 번에 평균 6명 정도를 선발하는 것이 보통이었으며 세종世宗 때부터 영조 때까지 350년 동안 320명을 선발하였다.

독서당은 선발 기준을 엄격히 적용하여 국가적인 지원과 관심 속에 재목들이 학문에 정진할 수 있도록 하였으며, 많은 인재가 배출되었으므로 호당湖當의 권위는 인정받았다.

옥수동 한림말길 43에 있는 옥정 초등학교 뒤쪽에는 헌종憲宗의 어머니인 조趙 대비의 생가가 있었다. 조 대비의 생가 동쪽에는 울창한 노송들이 있었고 옆으로는 조그만 정자가 있었다. 정자는 없어졌지만 조 대비가 태어날 때 두 마리의 호랑이가 정자의 앞뒷문을 지키고 있었기 때문에 쌍호정雙虎亭이라 이름을 지었다고 한다.

옥수동 남쪽에 있는 달맞이봉에는 두뭇개 승방이 있었는데, 원래 종남산終南山 동쪽에 있던 절로써 일대에 도둑이 많자 이전하면서 종남산 미타사彌陀寺라고 고친 것이다.

조선이 일본에 강점된 이후인 1911년 4월 1일, 일본은 우리나라의 지배를 편하게 하도록 도성 밖을 8면으로 만들었으며, 두뭇개는 이때 경성부 두모면 두모리가 되었다. 일제는 1914년 4월 1일에는 5부 8면을 폐지하고 8면 중의 일부를 경기도 고양군高陽郡으로 편입시켜, 두모리는 고양군 한지면 두리모에 포함되었다. 광복 후인 1946년 10월 1일 옥수정은 옥수동으로 바뀌었고, 1975년 10월 1일 관할구역을 변경하면서 옥수동의 일부는 한남동漢南洞에 편입되었다.

한강 변의 동호 대교가 놓인 곳에 위치한 옥수동우 한강을 낀 높은 산들이 병풍처럼 둘러싸고 있는 서울 근교에서 드물게 산자수명山姿水明하고 한적한 곳으로 많은 유적과 일화가 남아 있는 유서 깊은 동네이다.

연산군이 장녹수를 빼앗아 간 황화정

옥수동의 멋진 산수 속에서 조선 시대에는 강변에 정자를 지어 놓고 잔치를 즐기는 양반들이 많았다. 『동국여지승람東國輿地勝覽』을 보면 옥수동의 두모포 북쪽에 제안齊安 대군이 세운 유하정流霞亭이 있었는데 정조가 규장각에 하사하여 신하들이 노닐며 쉴 수 있는 장소로 삼도록 했음을 알 수 있다.

제안 대군 이현李現은 예종睿宗의 둘째 아들로 음악을 좋아하였으며 성악을 비롯해 관악과 현악 모두에 재능을 발휘하였다. 제안 대군은 효성도 지극하여 어머니 안순安順 왕후 한韓씨가 세상을 떠나자 상기를 마치는 동안 슬픔을 감추지 못하였으며 이후로 평생토록 여색을 멀리하였다. 제안 대군은 1466년(세조 12) 태어나 1525년(중종 20) 세상을 떠났으며 자는 국보國寶, 시호는 영효靈孝이다.

또한 연산군燕山君이 유연을 즐기려고 두모포와 한강리(한남동)의 경계가 되는 언덕에 황화정皇華亭을 지었고 이후 중종이 이 정자를 제안 대군에게 하사했다고 하는데, 황화정과 유하정은 같은 정자인 것으로 추정된다.

강변 도로 변의 옥수동 108~110번지에는 9개의 정자가 세워져 몽구정夢九亭이라 불렸고, 중종 때에는 김안로金安老가 일대에 많은 논밭을 차지하고 보락당保樂堂이라 이름 붙인 호화 주택을 지어 사람들의 빈축을 사기도 했다.

옥수동 앞의 한강은 호수처럼 잔잔해서, 조선 시대에는 경치가 맑고 아름다운 풍광명미風光明媚한 물가라는 의미에서 동호東湖라고 부

김안로 묘소

르기도 했다. 동호는 용산강龍山江의 남호南湖, 마포강麻浦江의 서호西湖에 대칭한 이름이다.

『조선왕조실록』의 1419년(세종 1) 5월 기록을 보면 세종과 상왕 태종太宗이 친히 두모포 백사장에 방문한 일이 기록되어 있다. 이때는 대마도對馬島(쓰시마 섬)를 정벌하기 위해 수군이 떠나기 전이었다. 세종과 상왕 태종은 두모포로 나와 전쟁터로 떠나는 군사들의 사기를 돋우는 잔치를 베풀고 이종무李從茂 등 여덟 장수를 전송하면서 승리하고 돌아올 것을 당부하였다.

그리고 며칠 뒤 세종이 한강정漢江亭 북쪽까지 행차하여 삼도 도총사 유연현柳延顯을 전송했음도 기록되어 있다. 두모포는 임진왜란 이전까지 한양을 떠나 일본으로 가는 4개 길 중의 하나였다.

이종무는 고려 초의 장수로 어려서부터 활쏘기와 말타기에 재능을 보였으며, 1381년(고려 폐왕 우 7)에는 14세의 어린 나이로 아버지를 따라 강원도에 침입한 왜구를 무찌르는 용맹함을 보였다. 그는 이때 의 공으로 정용호군精勇護軍이 되었다. 이종무는 1397년(태조 6)에는 옹진甕津 만호가 되어 서해안에서 다시 한 번 왜구를 물리쳤으며 이로 써 상장군에 올라 1400년(정종 2) 익대翊戴공신에 책록되고 통원군通 院君에 봉해졌다.

그는 의주 병마절제사 등을 거쳐 1406년(태종 6)에는 장천군長川君 으로 개봉되었으며 우군총제를 겸하였다. 이종무는 1419년에는 대마 도를 정벌하고 돌아와 의정부 찬성사가 되었으며 1421년에는 장천 부 원군이 되었고 1423년에는 사은사로 명나라에 다녀왔다. 1360년(고려 공민 9) 태어나 1425년(세종 7) 세상을 떠난 이종무의 시호는 양후襄 厚, 본관은 장수長水이다.

물속에 잠겨 버린 모래섬 저자도

옥수동 남쪽의 한강 가운데에는 1970년대 초까지만 해도 저자도楮 子島라는 모래섬이 있었다. 저자도라 이름한 까닭은 닥나무가 많이 있 어서 붙여진 이름이며 옥수동 섬이라고도 불렸다. 삼각형 모양의 저 자도는 비만 오면 물에 잠겨 버렸지만, 지도에는 엄연히 섬으로 표시 되어 있었다.

저자도는 『현종실록』에는 광주廣州 저자도로 기록되었다가 1914년 경성부의 행정구역을 개정할 때에는 경기도 고양군에 속하였으며,

1936년에는 경성부의 관할구역이 확장되면서 옥수정과 금호정金湖町
(현 금호동)으로 나뉘었다. 『경성부사』 제3권에 보면

〈섬의 총 면적은 36만 평으로 개인 소유이며 옥수정의 86, 87, 88번
지의 8만6천 평에는 드문드문 잡초가 자라고 나머지는 모래땅(사지
砂地)이며 섬의 반을 나누어 동쪽은 금호동, 섬의 서쪽은 옥수동에
편입되어 있다.〉

라고 되어 있다. 저자도에 대한 『동국여지승람』의 기록은 다음과 같
다.

〈저자도는 도성 동쪽 25리 삼전도三田渡 서쪽에 있는데, 고려 때 한
종유韓宗愈가 여기에 별장을 두었다. 아조我朝에는 세종대왕이 섬을
정의貞懿 공주에게 하사하였으며, 또 공주가 작은 아들 안빈세安貧
世에게 물려주었다. 이에 정자를 수리하고 대대로 전하여 소유하였
다.〉

한종유는 고려 말의 인물로 1278년(충렬 13) 태어나 1304년(충혜
30) 문과에 급제하여 예문춘추관에 등용되고 사복시 부정이 됐다.
1322년(충숙 9) 왕위를 엿보던 심양왕瀋陽王 고暠가 원元나라의 황제
에게 충숙왕忠肅王을 무고하여 원나라에 소환되고 국새까지 빼앗기는
사건이 발생하였다. 이에 한종유는 이조년李兆年과 함께 원나라에 가
서 충숙왕의 환국을 상소하였다.

1324년(충숙 11) 충숙왕이 국새를 찾아 귀국하자 한종유는 원나라를
가까이 하던 간신들을 제거하고 좌부대언이 되었으며 충숙왕이 왕위
를 지킬 수 있도록 하였다. 그는 1339년(충숙 복위 8)에는 조적曹頔의

난을 진압한 일로 왕과 함께 원나라에 잡혀갔다가 충혜왕忠惠王과 함께 돌아왔다. 한종유는 1342년(충혜 복위 3)에는 조적의 난에 세운 공으로 일등공신에 올라 한양군漢陽郡에 봉해졌으며 1343년에는 진헌사로 원나라로 가 원자(충목왕忠穆王)를 돌보다가 1344년 충목왕의 즉위와 함께 귀국하여 좌정승에 올랐다.

한종유는 1349년(충정 1)에는 한양 부원군에 진봉되었으나 사양하였으며 1352년(공민 1)에는 서연관이 되어 공민왕의 지극한 대우를 받았다. 1354년(공민 3) 세상을 떠난 한종유의 자는 사고師古, 호는 복재復齋, 시호는 문절공文節公이며 시문에 뛰어났던 그는 저서로 『복재집復齋集』을 남겼다.

한편 안빈세는 정의 공주가 죽산竹山 안씨 안맹담安孟聃과 혼인하여 낳은 아들이다.

세종의 딸 정의 공주와 남편 안맹담 묘소

한편 조선 시대에 가뭄이 심하게 들 때면 저자도에 기우단을 쌓고 용의 그림을 그린 뒤 비를 기원하기도 하였다.

조선 초기 두모포에는 동빙고가 있었으므로 옥수동 주민들은 동빙고 일대를 핑곳골, 빙곳골, 빙고동이라고 불렀다. 동빙고는 1396년(태조 5) 두모포에 처음 세워졌다. 『동국여지비고東國輿地備攷』에 의하면 동빙고는 제사용 얼음을 보관하며 진상한 곳으로, 저자도 근처 개천 하류의 얼음은 피하고 상류의 얼음 1만244짝(정丁)을 저장한 것으로 기록되어 있다. 동빙고가 서빙고동西氷庫洞 자리로 이전하게 된 것은 1504년(연산 10) 연산군이 이곳을 사냥터로 삼았기 때문이다.

동빙고의 북쪽, 동대문 밖에 있던 사한단司寒壇은 수기水氣의 신 현명玄冥에게 얼음이 잘 얼게 해달라고 동빙제凍氷祭를 지내던 곳이다. 사한단 자리는 달맞이봉 아래쪽에 있었으며 사한단에서는 1년에 두 번 현명에게 사한제를 지냈다. 첫 번째로 음력 섣달 상순에 얼음을 재취하여 제사를 올린 뒤 빙고에 얼음을 저장하고, 두 번째는 춘분이 되어 빙고의 문을 열 때 사한단에서 제사를 지내고 얼음을 나누어 주었다.

1486년(성종 17) 12월에는 날씨가 따뜻해 결빙이 되지 않자 기한제祈寒祭를 지낸 일도 있으며, 1769년(영조 45)에는 제사를 올린 뒤 결빙이 되자 제관에게 삯을 내리기도 했다.

저자도가 완전히 물속에 잠기게 된 것은 1970년 4월부터로, 강남구 압구정동에 아파트를 신축할 때 건설 회사가 저자도의 모래와 자갈을 마구 파내어 실어가면서 일어난 일이다.

성동구 마장동
- 수말을 기우던 양마장이 있던 곳 -

청계천을 끼고 있는 마장동馬場洞은 조선 초기부터 말을 기르던 마장이 있어 유래된 지명이다. 마장동에는 현재 서울의 명물인 축산물 도매시장이 새로이 정비되어 1백여 개가 넘는 상점들이 성업 중이다. 축산물 시장은 원래 종로구鍾路區 숭인동崇仁洞에 있던 우시장으로, 산업화 정책에 따라 숭인동이 상업 지구로 지정되면서 1961년 8월 마장동으로 옮겨 왔다. 마장동에는 소를 사고팔던 우시장牛試場도 있었으나 지금은 금천구衿川區 독산동禿山洞으로 이전하였다.

조선 시대에는 말의 수요가 많아서 전국적으로 말을 기르는 마장을 설치하였으며 「대동여지도大東與地圖」 등의 고지도를 보면, 마장동 자리에 구마장舊馬場이라고 표시되어 목장이 있었음을 알 수 있다. 일제 강점기 때의 지도에는 마장동을 웅마장리雄馬張里, 자양동을 자마장리雌馬場里로 기록한 것으로 보아 마장동에서 수말만 키웠음도 확인된다.

마장동은 조선 초에는 한성부 동부 인창방仁昌坊(성외)에 속하였으며 1751년(영조 27)에 나온 「도성 삼군문 분계 총록」을 보면 동부 인창방 마장리계馬場里契로 나타나고, 갑오개혁 때에는 동서東署 동소문외계 마장리계로 바뀌었다.

마장동 일대는 청계천 하류에 해당되는 마을로, 특히 미나리 생산

지로 유명하였으며 한국전쟁 이전에는 하
루 산출량이 평균 2백 차車 이상이었다.

동명 초등학교 내에 있는 언덕 왕좌봉
王坐峰은, 조선의 태조太祖 이성계李成桂
가 무학無學 대사와 올라 한양이 도읍지
가 될 만한 지형인지를 살펴본 곳이다. 또
왕자봉 중턱에는 조선 시대에 굶주린 백
성을 구제하던 기민단飢民壇이 있었다는
이야기도 전한다.

무학 대사 초상

무학 대사의 속명은 박자초朴自超로 무학은 그의 호이다. 무학 대사
는 고려 말인 1327년(충숙 14) 삼기군三岐郡(현 합천陜川)에서 태어나
18세에 출가하여 소지小止 선사에게 머리를 깎고 승려가 되었다. 용문
산龍門山 혜명慧明 국사에게서 불법을 배운 무학 대사는 이후 묘향산
妙香山 금강굴金剛窟 등을 찾아 수도하였다. 무학 대사는 고려 공민왕
恭愍王 때에는 연경燕京으로 가 지공指空 대사를 찾았으며 이듬해에는
법천사法天寺에 있던 나옹懶翁 선사로부터 불법을 구하였다. 오대산五
臺山 등지를 순례한 무학 대사는 중국 서산西山의 영암사靈巖寺에서
나옹 선사를 재회하여 수년간 머물다가, 1356년(공민 5)에 고려로 돌
아왔다.

얼마 뒤 나옹 선사도 고려로 돌아와 왕사王師가 되었으며, 무학 대
사를 수좌首座로 앉히려 했으나 끝내 사양하였다. 나옹 선사가 죽은
후에는 공양왕恭讓王이 무학 대사를 왕사로 모시려 했으나 뜻을 이루

지 못하였다.

무학 대사는 조선 개국 후인 1392년(태조 1), 태조의 부름으로 송경松京(개성開城)으로 가서 왕사가 되고 회암사檜巖寺에 살았다. 수도를 옮기고자 하던 태조의 명을 받은 무학 대사는 이듬해 지상地相을 보러 태조와 함께 계룡산鷄龍山, 한양 등지를 돌아다녔다.

무학 대사는 1405년(태종 5) 금강산金剛山 금장암金藏菴에서 입적하였다.

성북구 아리랑 고개
- 아리랑 백설만큼 많은 전설을 남긴 이름 -

아리랑은 우리나라 대표 민요의 하나이자 성북구城北區에 있는 고개 이름이며, 영화감독 나운규羅雲奎의 작품 제목이기도 하다. 아리랑 고개는 나운규 감독을 기리는 뜻에서 붙여진 이름으로 '아리랑 백설百說'이라는 말이 있듯이 아리랑의 유래에는 여러 이야기가 전한다.

나운규 사진

먼저 고려 시대 김부식金富軾이 왕명에 따라 1145년(인종 23)에 펴낸 역사서 『삼국사기三國史記』를 보면 아리라阿利那 또는 아리阿利라는 말이 흔히 등장한다. 고어에서 아리阿利는 '길다'의 뜻이며 라那는 '물'을 뜻했다고 한다. 한반도에 농사를 주업으로 삼는 농경민족이 장천長川을 시원으로 발생하면서 하천 아리라에 정주하는 고대인들로부터 '아리라' 문화를 낳았다는 것이다. 아리라 문화가 우리 민족의 토속신앙과 더불어 전승되면서 지금의 아리랑을 비롯한 민요로 발전하였다는 것이 첫 번째 설이다.

아리랑로

두 번째는 알영閼英설이다. 신라新羅 시대 알영정閼英井이라는 우물가에 용이 나타나 옆구리에서 여자아이를 낳고 사라졌다. 아이가 알영정 옆에서 태어났으므로 우물 이름을 따서 이름을 알영이라고 하였으며, 아이의 용모가 빼어날 뿐 아니라 인품 또한 훌륭했기에 신라의 시조 박혁거세朴赫居世의 왕비가 되었다. 신라 시조의 왕비 알영을 기리던 것이 아리영으로 변하면서 지금에 이르렀다고 한다.

세 번째는 아리랑我離郎설로 조선조에 살았던 이랑離郎과 성부成婦의 아름다운 사랑과 용감한 행동을 기린 것이다. 이랑이 어떠한 연유로 인해서 성부와 헤어지고 이랑을 기다리던 성부는 목숨을 잃게 되었는데, 성부가 숨진 고개를 이랑의 이름을 따서 아리랑我離郎이라고 하였다. 이랑은 떠나는 낭군이라는 뜻이고 성부는 사랑을 완성하는 여인이라는 뜻이니, 연인의 이름은 이와 같은 구전이 전해진 다음에 생긴 것인지도 모르겠다.

이랑과 성부에 관한 다른 설도 있다. 성부를 오해한 이랑이 다른 곳으로 떠나가 버리자, 이를 한탄한 성부가 "아, 리랑! 아, 리랑! 아라!" 하며 사랑하는 임을 원통하게 부른데서 온 이름이라고도 한다.

또 목숨을 잃은 두 사람은 마을의 악덕 지주와 싸우다 희생된 젊은 이로, 마을 사람들이 자신들을 위해 목숨을 잃은 그들을 추모해서 "아! 리랑, 아! 리랑"이라고 부르면서 지금의 아리랑이 되었다는 설도 전한다.

네 번째는 아이롱我耳聾설이다. 조선 시대 흥선興宣 대원군이 경복궁景福宮의 중흥 공사를 하면서 백성들의 재물을 강 탈하자 민중들은

흥선 대원군 이하응

"오히려 귀머거리가 되어 아무 것도 듣 지 못하는 게 낫다." 고 말하게 되었다. 백성들이 그와 같은 뜻을 담고 "아이롱我耳聾"이라고 말한 데 서 지금의 아리랑이 되었다.

다섯 번째의 아리랑설은 경복궁 공사에 동원되어 혹사당한 민중들 이 고향에 있는 가족을 그리워해서 부르던 "아리랑我離郎"이 변천된 것이다.

여섯 번째는 아난리我難離설로 사랑하는 임과의 이별만큼 아픈 것 이 없다는 뜻으로 부르던 아난리가 아리랑으로 되었다.

일곱 번째는 아리, 아랑, 아리랑이라는 지명과 고개 이름으로부터 유래되었다는 설, 여덟 번째는 모음으로 잘 울리는 아라와 아리라는

단어가 음률이 되어 아리랑으로 바뀌었다는 설, 아홉 번째로 근세에 접어들어 일본과 영국 등의 침략을 경계한 사람들이 "아, 일日 영英"이라고 하던 것이 아리랑으로 되었다는 말도 있다. 그리고 아리랑 고개의 고개는 '고계苦界'에서 나온 것이라는 설도 있는데, 사람이 세상에 태어나 고생할 수 있는 한계라는 뜻에서 고계라고 한 것이 아리랑 고개의 고개가 되었다는 것이다.

아리랑에 대한 전설은 이렇듯 여러 이야기로 전하는데, 그 어떤 것도 정설로 지목할 수는 없다. 오히려 사실로써 확증할 수 없는 말이기 때문에 수많은 이야기를 낳으며 우리의 문화를 풍성하게 만드는 계기가 되었다고 하겠다.

한국 영화계 초창기의 작품 〈아리랑〉

〈아리랑〉은 한국 영화계의 가장 초창기에 제작된 작품으로 아직까지도 명작으로 꼽히는 고전이다. 이 작품은 1926년 조선 키네마 프로덕션의 제2회 작품으로 제작되었으며, 나운규羅雲奎 감독의 등단작으로서 그가 시나리오 작업과 주연을 함께한 작품이다.

우리 영화는 1919년에 김도산金陶山이 극단 신극좌新劇座에서 연쇄극連鎖劇(키노드라마kinodrama)을 만들면서 시작되었다. 연쇄극은 연극에 영화를 섞어 상연하는 방법으로 〈의리적 구투仇鬪〉라는 작품 속에 약 1천 피트의 필름을 제작해 삽입함으로써 한국 영화사의 기점을 이루었다.

그 뒤 필름으로 완성된 한 편의 영화가 만들어진 것은 1923년으로,

윤백남尹白南이 민중 극단을 이끌고 제작한 〈월하月下의 맹세〉가 최초이다. 한국 영화 초창기의 작품들은 대부분이 외국 영화를 번안해 만들거나 모방한 작품, 개화기 유행하던 신파물, 통속적인 사극으로써 수준 낮은 활동사진에 가까웠다.

우리나라에 영화라는 갈래가 들어와 만들어지던 당시는, 서구의 문물이 밀물처럼 들어오던 개화기였으며 일제에 의해 강제로 주권을 빼앗기고 식민지 생활을 한 지 10여 년쯤 되던 무렵이었다. 영화 〈아리랑〉은 이러한 역사적, 사회적 배경 아래에서 제작되었다.

1926년 10월 1일, 박승필朴承弼이 경영하던 단성사團成社에서 개봉한 〈아리랑〉은 한마디로 이 땅의 민중들에게 일대 충격을 안겨 준 혁명적인 사건이었다. 일제강점기에 개인적으로 발설하는 것만으로도 위험하던 항일 정신을 공개적인 주제로 다루었기 때문이다. 작품 또한 이전 다른 나라 영화의 이야기나 표현법을 답습하지 않고, 유치한 수준을 벗어난 예술성을 지니고 있었다.

영화의 촬영도 우리 농촌의 현장을 사실적인 기법으로 생생히 묘사하였으며 작품 속의 인물 김영진金永鎭이 오기호朱仁圭를 살해하는 장면을 환상으로 대치해 처리하면서 시대를 앞서는 기법을 선보였다.

그렇지만 무엇보다 영화 〈아리랑〉의 가장 큰 감동은 작품을 통해 민중에게 항일 정신을 고취시키고, 그것을 전통 민요인 〈아리랑〉과 연결해 승화시켰다는 점일 것이다. 이 영화 한 작품으로 인해, 영화의 제목이자 주제가였던 민요 〈아리랑〉은 암담한 시대를 사는 온 겨레의 애국가가 되어 민족혼을 불어넣는 노래로 확장되었다.

영화 〈아리랑〉이 전국의 극장에서 대성공을 거두면서 영화 산업에 대단한 활기를 불어넣었으며, 영화의 사회와 문화에 대한 시선이 확장되면서 영화 산업은 한 단계 성숙되었다.

〈아리랑〉을 만든 감독 나운규

나운규는 1902년(고종 39/ 대한 광무 6) 한의사였던 아버지 나형권羅亨權의 6남매 중 셋째 아들로 함경북도 회령會寧에서 태어났다.

그는 1912년에 회령 보통학교를 졸업한 뒤 신흥 학교 고등과로 진학하였으며 1918년에는 만주滿洲의 간도間島에 있는 명동 중학에 들어갔다. 명동 중학은 독립군을 양성하던 곳으로 1919년에 삼일운동이 일어나자 일제의 탄압에 의해 폐교 조치되었다.

이로 인해 1년여 동안 북간도北間島와 만주 지방을 유랑하던 나운규는 이때 독립군 단체와 인연을 맺으면서 독립운동을 시작하였다. 나운규는 일제 수비 부대의 교통을 차단하기 위해 청회선 터널을 폭파하는 임무에 참여하였으며, 비록 미수에 그쳤으나 용의자로 잡혀 1년 6개월의 형기를 치렀다.

1923년에 출감한 나운규는 이해 신극단 예림회藝林會의 배우가 되어 북간도 일대의 순회공연에 참여하였으며 1924년 부산釜山에 조선 키네마 주식회사가 설립되자 이곳에 입사하며 영화계에 입성하였다. 이어 나운규는 조선 키네마가 제작한 윤백남 감독의 〈운영전雲英傳〉에 단역의 가마꾼으로 첫 출연하면서 연기력을 인정받았다.

나운규는 이로써 1925년 백남 프로덕션이 제작한 첫 작품 〈심청전

沈淸傳〉에서 처음으로 주인공 심봉사 역을 맡아 연기파 배우로 각인되었으며, 이듬해에는 조선 키네마 프로덕션의 〈농중조籠中鳥〉에 출연해 일약 명배우 반열에 올라섰다.

나운규는 배우로서 만족하지 않고 직접 영화를 제작하기로 결심하며 영역을 확장시켰다. 나운규는 독립운동을 배경으로 한 저항적인 작품 〈아리랑〉과 〈풍운아〉의 시나리오를 직접 쓰고 감독과 주연을 맡아 뛰어난 결실을 보여줌으로써 자신의 능력을 증명하였다.

영화계의 귀재로 불리게 된 나운규는 1927년에는 윤봉춘尹逢春 등과 함께 나운규 프로덕션을 창립하여 〈옥녀玉女〉, 〈사나이〉, 〈사랑을 찾아서〉를 만들었다. 그중 〈사랑을 찾아서〉는 독립을 위해 투쟁하는 나팔수를 그린 영화였기에 일본 경찰에 의해 구속될 위기에 처하기도 했다.

나운규는 1929년에는 나도향羅稻香의 소설을 영화화한 〈벙어리 삼룡〉을 발표함으로써 격조 높은 영화의 탄생이라는 찬사를 받고 대중적 인기 또한 절정에 달하였다.

그러나 나운규의 사생활은 무질서하였고 이에 반발한 회원들이 떠나 다른 영화사를 창설함으로써 나운규 프로덕션은 해체되었다.

그 뒤 나운규는 박정현의 원방각사圓方角社와 손잡고 〈아리랑 후편〉, 〈철인도鐵人都〉를 제작하였으나 성공시키지 못하였다. 자금 압박에 시달리던 나운규는 일본인이 운영하는 도야마 프로덕션의 〈금강한金剛恨〉에 출연하기에 이르렀다. 민족 정서에 반하는 이 일로 인해 나운규의 인기는 하루아침에 추락하였고, 그는 생활을 위해 배구자裵龜

子 일행이 운영하던 악극단 무대에 출연하기도 했다.

나운규는 1931년에는 일본으로 건너가 도쿄(동경東京) 영화계를 1년여 동안 시찰하고 이듬해 귀국하여, 윤봉춘을 비롯한 옛 동지들을 모아 영화 〈개화당이문開化黨異聞〉을 만들었다. 영화는 일제의 검열로 인해 많은 장면이 잘린 채 개봉되었고, 이로 인해 나운규는 흥행에서 큰 실패를 맛봐야 했다.

그러나 나운규는 좌절하지 않고, 같은 해 이규환李奎煥 감독의 〈임자 없는 나룻배〉에 주연으로 출연하여 좋은 연기를 보여줌으로써 인생의 전성기를 되찾는 듯 보였다. 이 시기 나운규가 참여한 작품들은 〈무화과〉, 〈강 건너 마을〉 등으로 문명이나 사회를 비판하는 것들이었다.

재기하는 듯 보이던 나운규는 직접 제작한 영화 〈종로〉, 〈칠번통七番通의 소사건〉, 〈그림자〉 등이 실패로 그치면서 인생에서 가장 괴로운 시기를 보내야 했다. 이후 나운규는 극단 신무대新舞臺나 현성완玄聖完이 이끌던 극단 형제좌兄弟座를 위해 연쇄극을 만들어 지방으로 순회공연을 다녔다.

1936년, 그동안 무성영화만을 선보이던 우리나라 영화계에도 발성영화가 등장하면서 획기적인 선풍을 일으켰다. 나운규도 〈아리랑〉 제3편을 발성영화로 제작하고, 이태준李泰俊의 수선 〈오몽녀五夢女〉를 영화화해 다시 한 번 큰 성공을 거두었다.

〈오몽녀〉는 나운규가 침체에서 벗어나기 위해 혼신의 정열을 기울여 만든 작품이었으나, 오랫동안 무리한 생활을 하던 그는 지병인 폐결핵이 악화되어 1937년 목숨을 잃고 말았다. 안타깝게도 한창 나이인 36세에 불과했다.

나운규는 영화계에서 약 15년 동안 활동하면서 29편의 작품을 남기고 26편의 영화에 출연했으며 직접 각본, 감독, 주연을 맡은 영화도 15편에 이르렀다. 그의 영화를 보면 우리나라 영화의 성장 과정이 그대로 드러난다.

나운규가 일관되게 추구한 주제는 식민 통치의 억압과 수탈에 대한 민족적 저항, 통치권에 결탁한 자본가에 대한 비판이었다. 나운규의 작품에는 그들에 대한 신랄한 고발과 풍자가 담겨 있으며, 그에 반한 약한 자들에 대한 애정이 담겨 있다. 나운규는 시대적 고난 속에서 한 민족이 잃지 말아야 할 주인 의식을 갖고 영화를 예술로써 표현한 최초의 감독이자 시나리오 작가, 배우였다고 하겠다. 나운규는 감독이자 제작자로서 뛰어난 배우를 양성하는 데도 애정을 아끼지 않았다. 그의 호는 춘사春史이다.

영화 〈아리랑〉

"… 평화를 노래하고 있던 백성들이 오랜 세월 쌓이고 쌓인 슬픔의 시를 읊으려고 합니다. 서울에서 철학 공부를 하다가 삼일운동의 충격으로 미쳐 났다는 김영진이라는 청년은…"

주제가를 배경으로 위와 같은 변사의 해설과 함께 시작되는 〈아리랑〉이 만들어진 때는 무성영화 시대였다. 〈아리랑〉에는 자막으로 '개와 고양이'라고 넣음으로써 일본과 우리의 관계를 암시하였다.

어느 날 서울에서 김영진의 대학 동창 윤현구가 친구의 고향으로 오게 된다. 그러나 김영진이 윤현구를 알아보지 못하자 그의 여동생 영희가 오빠를 대신하여 맞이하고, 김영진의 불행을 걱정하는 두 남녀 사이에는 애정이 싹튼다.

마침 마을에서 풍년을 기원하는 농악제가 열려 어수선한 사이, 마을을 기웃거리던 고약한 머슴 오기호는 혼자서 집안일을 하고 있는 영희를 보고 범하려 든다. 오기호는 마을의 악덕한 지주 천가千哥의 머슴이자 왜경의 앞잡이로 온 마을 사람이 기피하는 인물이다.

이때 김영진의 집으로 돌아오던 윤현구가 이 장면을 목격하고 오기호와 격투를 벌인다. 김영진은 옆에 있으면서도 삼일운동의 충격으로 정신이 이상해졌기 때문에, 그의 눈에는 두 남자의 격투가 마치 재미있는 장난처럼 보여 히죽히죽 웃을 뿐이다. 그러던 김영진은 환상을 본다.

사막에 쓰러진 한 쌍의 연인이 지나가는 대상隊商에게 물을 달라고 애원하자 상인은 물 대신 여자를 끌어안는다. 그 순간 김영진이 낫을 번쩍 들어 후려친다.

대상이 사라지고 김영진의 눈에 보이는 것은 낫에 찔려 쓰러진 오기호였다. 오기호가 흘린 피를 본 김영진은 충격으로 인해 오히려 온전한 정신을 찾게 된다. 사건이 벌어진 집으로 김영진의 아버지, 교장 선생, 악덕한 지주 천가, 일본 순경 등 온 마을 사람들이 모여든다.

김영진의 손에는 포승이 묶여지고, 그는 자신을 바라보며 오열하는 마을 사람들을 바라본다.

"여러분, 울지 마십시오. 이 몸이 삼천리강산에 태어났기에 미쳤고 사람을 죽였습니다. 지금 이곳을 떠나는, 떠나려는 이 영진은 죽음의 길을 가는 것이 아니라 갱생의 길을 가는 것이오니 여러분은 눈물을 거두어주십시오."

김영진은 일본 순경에게 끌려가고, 음악 〈아리랑〉이 잔잔히 흐른다.

나운규가 맡은 주인공 김영진은 삼일운동 때 잡혀 일제의 고문을 당하고 정신이상이 된 청년이며, 김영진에게 죽음을 당한 오기호는 일제의 권력에 아부하는 반민족적 인물이다. 광인이 아니면 올바로 살기 힘들던 일제강점기의 서슬 퍼런 억압을 정신이상자를 통해 살인 이라는 행위로 표출한 것이다.

영화 〈아리랑〉 해설과 창

해설 물길이 좋은 논밭과 아름다운 산천, 무궁화 삼천리에 풍년은 왔건마는 한줄기 흘러오는 아리랑의 노래는 이 동리의 백성들 에게만 불어넣는 설움일까.

음악 아리랑 아리랑 아라리요, 아리랑 고개로 넘어간다. 청천 하날 엔 별도 많고요 내 가슴에는 수심도 많다.

해설 정신병에 걸린 영진이는 지금도 이 노래를 부르며 슬퍼하는 누 이동생 영희, 아버지의 터질 듯한 그 가삼도 알지 못하고 남모 르는 환상의 세계에서 오늘도 무엇을 꿈꾸고 있는가.

영희　오빠 정신 좀, 정신 좀 차리셔요. 곽 선생님이 오셨습니다.

곽 선생　영진이 나를 좀 보게. 4년 전에 자네와 같이 유학을 한 자네 친구, 저 아리랑 고개로 넘어가던 현구가 돌아오네.

해설　4년 만에 다시 오는 현구는 감개무량한 얼굴로 사면을 바라본다. 산천은 의구하나 사람은 변했으니 영진이가 나오지 않자 현구는 뜻밖이었다. 현구가 의심된 가삼을 놔둔 그대로 곽 선생과 오랜 친구들의 환영에 쌓여 영진의 집으로 들어갔을 때….

현구　오 영진이, 그동안에 잘 있었나. … 아!

해설　누구보담도 반가이 맞아 주어야 할 영진이다. 그러나 지금에는 현구가 왔다는 그것조차 깨닫지 못하고 있다.

현구　영진아 네가 이게 웬일이냐, 영진아. 현구를 왜 좀 반겨주지 못하고. 끔찍이도 다정하던 네가, 그렇게 영민하던 두뇌를 가졌던 네가 어쩌다가 이 모양이 되었단 말이냐. 영진아 이럴 줄 알았으면 차라리 오지나 말았으면 좋았을 걸 그리했구나. 아무도 없는 이곳에 누구를 보랴 허고 왔겠니.

해설　서산에 기우는 저녁 햇빛이 처량한 사람들의 낯빛을 맥없이 바라볼 때, 오빠의 친구 다정한 청년, 안 보면 그리웁고 만나면 부끄러운 현구를 위하여서 영희는 정성껏 지은 저녁 밥상을 그의 앞에 갖다 놓았다. 주부와 나그네, 젊은이와 젊은이, 그들의 사이는 멀지 아니하여서 그 가삼에 숨어 있던 청춘에 꿈을 꾸던 사랑의 맹서가 바야흐로 피어난다. 그러나 그들의 공중에는 무서운 저주의 눈이 번득이고 있었으니 그것은 폭리의 부호로 약한 자를 압박하는 간상 노래비 청지기 오기호였다.

영진의 아버지가 천가에게 돈을 갚을 길이 없자, 기왕 불같은 욕심을 채우고자 하던 오기호와 영진은 맞서는 날카로운 칼이 되어 두 사람의 사이에 흘러 나린다.

음악　옛 터전 이 땅에는 풍년은 왔건마는 애꿎은 사정을 누구라 알아주리. 아리랑 노래에 장단을 맞추어 풍년맞이 동리 굿은 이 가운데 열렸으니, 춤추는 얼굴에 눈물의 흔적이요 부르는 노래 속에 설움이 가득 찼다.

해설　현구도 나가고 영진이도 나가고 임동리 빈 집에 홀로 남은 영희가 현구의 사진을 가만이 내어 들고 기꺼울 앞날을 남모르게 그려볼 때, 별안간에 방문이 열리며 영희 앞에 다가서는 건장한 사나이.

영희   에구머니 당신이 웬일이셔요. 어서 나가주세요.

기호   응, 오늘은 동리도 비고 집도 비고 서울서 온 그 자식도 없으니 참으로 좋은 기회다. 자 내말 들어라, 응?

해설   돈 많은 자의 사정을 믿고 꽃 같은 영희를 꺾으려는 오기호는 혈안을 부릅뜨고 영희를 끌어안는데, 소녀가 아무리 반항하여도 무지한 그의 팔에 꺽이어진 가는 허리. 이때 놀이터에 갔던 현구가 돌아왔다.

현구   이 악마 같은 놈아, 영희를 거기 놓아!

해설   현구와 기호 사이에 맹렬한 육박이 시작되었을 때 영진이가 돌아와 이 모양을 보았다. 그는 낫을 찾아 가지고 기호에게로 달려들었다. 급한 소식을 듣고 동리 사람들이 쫓아 왔을 때 영진이는 기호를 이미 죽이고 말았던 것이다.
쌓였던 구름이 졸지에 거치어지듯이 영진의 고개는 갑자기 맑아지었다. 그러나 기뻐허였던 이 순간에 벌써 싸늘한 법률의 손은 파리한 손목을 움켜잡았다.

경관   너는 살인자이니 가자.

영진   네? 제가 사람을 죽였어요?

해설   모든 문제가 해결되었을 때 그는 죽음의 길을 걸어갔다.

영진   동리 여러분, 나는 한동안 죽었던 몸으로 이제야 살아났습니다. 여러분은 웃음으로 나를 보내주십시오. 여러분 우시는 것을 보면 나는 참으로 견딜 수 없습니다. 내 몸이 이 강산 삼천리에 태어났기 때문에 미치었으며 사람을 죽이었습니다. 여러분 그러면 내가 일상 불렀다는 그 노래를 부르며 나를 보내십시오.

음악   아리랑 아리랑 아라리요 아리랑 고개로 넘어간다. 나를 버리고 가는 임은 십 리도 못가서 발병난다.

해설   쓸쓸한 초막에 날은 저물고 광활한 저녁 바람 소리 없이 불어올 때, 끌려가는 영진이의 가엾은 자태는 처량한 노래와 함께 멀리로 멀리로 하염없이 사라진다.
세상을 요란케 하던 살인 사건도 이제는 끝이 나고 영진이는 아버지와 누이동생을 반가이 만나고자 고향으로 돌아왔으나 잔인무도한 무리로 말미암아 만나지 못하고 고향에서 쫓겨나게 되었다. 원한과 원통이 골수에 사모치는 영진이는 약한 자를 압박하는 극악한 무리들을 한칼에 죽여 버리고자 생각도 하였으나 곽 선생의 간절한 권유로 말미암아 할 수 없이 참아버리었다. 영진은 고향을 떠나가는 슬픔을 네 사람의 친구와 곽 선생에게 작별로 고하였다.

영진은 원한의 눈물을 머금은 그대로, 그립고도 눈물겨운 아리 랑의 노래가 쌓이어 사랑하는 누이동생과 아버지를 찾고자 정 처 없이 고장을 다시 떠나가는 것이었다.

음악 아리랑 아리랑 아라리요 아리랑 고개로 넘어간다. 청천 하늘에 별도 많고 세상살이에 한도 많다.

해설 세월은 덧없이 흘러 일 년 광음이 덧없이 지나갔다. 고향을 떠 나 도회로 온 뒤 애순이라는 여자와 사랑하며 지내던 영진이는 어느 날 애순이가 까닭모를 사건으로 인하야 경관에게 잡혀가 는 것을 보았던 것이다.

영진 여보시오, 대관절 이게 웬일입니까?

애순 영진 씨 용서해 주십시오. 저는 영진 씨를 홀로 남겨 놓고 갑니다.

영진 무엇이라고요, 가시다니요 어디로 가신단 말입니까! 나는 그동 안 얼마나 당신을 사랑하여 왔는지 모릅니다.

애순 대단히 고맙습니다. 저도 또한 영진 씨를 사랑하였습니다. 영진씨의 사랑을 영구히 받지 못할 이 불행한 몸이 어찌나 원망스러운지 모르겠어요. 아무쪼록 제가 잡혀 들어가는 이유는 묻지나 마십시오, 네? 영진 씨 저는 가삼이 미여지는 것 같습니다. 당신을 홀로 두고 가는 저를 너무 생각은 마시고 부데 안녕히 가십시오. 언제나 또다시 만나 뵙게 될런지요.

해설   영진이의 상한 가슴에 새로운 슬픔이 맺혀 오른다. 경관에게 끌려가는 애순이의 뒷모양을 정신없이 바라보며 탄식하던 영진이는 비로소 그것이 모다 양심 없는 선교위의 간계에서 생긴 줄을 짐작하였다.

영진   응 그렇다, 모두가 저이 놈의 짓이다.

해설   원한과 원망의 가삼을 진정치 못하는 영진이. 즉시로 선교위를 찾아가 두 사람 사이에는 생명을 다투는 무서운 싸움이 시작되었다.
싸움 끝에 선교위를 죽이고 경관에게서 달아나던 영진이는 몸을 피하고자 어떤 집으로 뛰어 들었더니, 그곳은 천만 뜻밖에도 찾으려고 갖은 애를 다 쓰던 영희의 집이었다.

영진   오, 영희야 웬일이냐. 현구, 그동안 잘 있었나. 그런데 영희야 아버님께서는 어데 계시냐.

영희   오빠, 이게 웬일이셔요. 아버님께서는 무서운 전염병으로 인해
      서 돌아가셨답니다. 끝까지 오빠를 찾으시다가 지금 막 돌아가
      셨어요.

영진   뭐! 영희야, 이게 무슨 소리냐. 아버지께서 돌아가시다니 그것
      이 정말이냐?

해설   놀라움과 슬픔에 어쩔 줄 모르는 영진이는 현구와 영희를 따라
      아버지의 시신이 누워 있는 방으로 들어갔다.

영진   오 아버지, 이 불효한 자식을 용서해 주십시오. 어찌하여 십 분
      만 더 기다리지 못하시고 그렇게도 바삐 가시었습니까. 네, 아
      버지! 외로이 남아 있는 저희 남매는 어찌하라고요. 누구를 의
      지하고 살라고 허십니까? 사랑하는 동무는 감옥으로, 소중한
      아버님은 차디찬 무덤으로, 남어 있는 우리는 어디로 가야 헐
      까. 참으로 세상이 괴로워 못살겠구나. 차라리 정신이 돌아서
      기나 하였으면….

해설   이때 쫓아 들어오는 경관은 어느덧 영진이의 손에 쇠승을 묶어
      버린 것이었다.

영희   오빠 이게 별안간 웬일이세요, 네 오빠!

영진   오냐 영희야 잘 있거라. 나는 간다. 또다시 가는 나를 생각지 말
       고 아버지의 자세로 살아라.

해설   현구와 영희에게 눈물의 작별을 지은 다음 경관에게 붙들리어
       나오던 영진이는 어지가 아지탑[1]을 허방지사 터트려 버릴 것
       같은 마음에 경관을 뿌리치고 달아나려다가 그만 돌멩이에 머
       리를 부딪고 옛날처럼 정신이 흐리어졌다.
       이윽고 춤을 추며 나오는 영진에게는 다시 남모르는 환상의 세
       계가 열려지는 것이었다. 포승에 묶이어 경관에게 끌려가는 그
       의 뒤로는 풍년놀이하는 사람 같이 수많은 군중과 명령을 기다
       리는 군인들이 행렬지어 따라오며 가장 기쁘고도 즐거운 낮으
       로 영진의 순수한 행렬을 축하하는 듯 무수한 깃발들이 날리어
       지는 것 같이 보였다. 오, 남모르는 환상의 세계. 순순히 만일
       끝까지 이렇다 하면 차라리 영진은 그 환상의 세계에서 영원히
       깨버리지 아니하였든 것이다.
       지금에 또다시 안개에 쌓인 그의 영혼은 더럽히게 육체가 불
       가운데 달아진다 할지라도 그것조차 알지 못하고 오직 몽상의
       낙원으로 영원히 쓸리어 갈 뿐이었다.

---

1) 어지와 아지는 중국에 전하는 옛 이야기로 둘은 서로 사랑하던 사이였다. 그러다 아지를 억울하
게 다른 남자에게 빼앗기자 어지는 아지를 그리는 마음에서 탑을 쌓았다고 한다.

종로구 연건동
- 외로운 영혼 남이의 집터가 남은 곳 -

연건이란 지명은 연화방蓮花坊과 건덕방建德坊의 머리글자를 딴 것으로 조선 시대에는 연건동蓮建洞 지역이 연화방과 건덕방에 속해 있었다. 연화방과 건덕방은 조선 시대 행정조직상의 단위 구역을 일컫는 말이다.

연건동은 조선 초기에는 한성부 동부 연화방과 건덕방에 속하였으며, 1894년(고종 31) 갑오개혁으로 행정구역을 개편했을 때는 함춘동含春洞, 신교동新橋洞, 과동果洞, 남이탑동南爾塔洞, 반송정동盤松井洞, 남장동南墻洞, 북장동 등의 대부분이 연건동에 해당하였다.

일제강점기인 1914년에는 일본이 행정구역을 통폐합하면서 과동, 장동, 독각현獨脚峴, 반송정동, 남이탑동, 함춘동, 신교동 등의 각 일부를 통합하여 연건동이 되었다. 같은 해 9월에는 경성부 동부 출장소 연건동이 되었다가, 1915년 6월 출장소 제도가 폐지되면서 경성부 연건동이 되었다. 1936년 4월에는 동명을 일본식 지명으로 변경함에 따라 연건정이 되었으며, 1943년 4월에는 구區 제도를 실시하면서 종로구 연건정이 되었다.

해방 이후인 1946년, 일제의 잔재를 청산하는 일환으로 마을 이름을 일제식의 정町에서 동洞으로 바꾸면서 현재의 연건동이 되었다. 법정동인 연건동은 행정동인 이화동梨花洞 관할이다.

장군이 피살당한 남이탑동

종로구 연건동에는 남이南怡 장군이 살았던 집터가 있으며, 옛 지명의 남이탑동은 서울 대학교 병원 입구 오른편 옛 창경 초등학교 담장 옆이다. 남이가 피살당한 뒤 그 터의 기운이 세다 하여 살려는 사람이 없었으

남이 장군 집터

므로, 채소밭으로 쓰이다가 남이의 사당을 만들고 남이탑을 세워 모시게 되었다. 남미탑동은 남이탑동의 와전된 표기이다.

반역 혐의로 다리뼈가 부러지는 혹독한 고문 끝에 살해당한 남이의 혐의는 밝혀진 것이 없다. 다만 남이가 당시의 안정을 지향하던 권력 속에서 존재를 인정받지 못하고, 위험한 인물로 간주되었던 것이 그의 죽음을 가져온 원인으로 추정해 볼 수가 있다.

태종의 외증손자인 남이는 종실 혈연으로 매우 가까운 친족이었음에도 목숨을 구하지 못하였다. 남이의 아버지 군수 남빈南份은 태종의 넷째 딸 정선貞善 공주와 의산위宜山尉 남휘南暉 사이에서 태어났다. 남이의 어머니는 현감 홍여공洪汝恭의 딸이다.

남이는 또한 세종조 이래 최대의 정치적 세도를 누렸던 권람權擥의 사위이기도 했다. 이와 같은 혈연적 배경에 따라 남이에게 주어진 대가는 보수적인 관례에 비교하여 매우 파격적인 것이었다. 남이가 용맹을 자랑하는 장군이라고 해도, 무과에 장원한 지 겨우 10년 만에 대장

남휘와 정선 공주 묘소

이 되어 이시애李施愛의 토벌에 참여하였으니, 다른 권신들은 긴장할
수밖에 없었다. 남이는 난을 처리한 공으로 적개敵愾공신이 되고 의산
군宜山君으로 봉군되었으며 이듬해에는 스물일곱 살의 나이에 병조판
서로 재상의 자리에 올랐으니, 조선조의 보수적인 사회에서 여러 말들
을 낳게 되었다. 평생 벼슬을 해도 얻기 드문 관작의 영예를 남이가 겨
우 등과 10년 안에 이룬 일로 인해 부작용을 빚기 시작한 것이다.

　남이의 승승장구를 누구보다 못마땅하게 생각한 이는 세자였던 예
종과 무고로 타인을 모함하는 일에 뛰어난 유자광柳子光이었다. 서자
였던 유자광이 어렵게 들어선 정계로, 남이가 든든한 배경을 짊어지
고 거침없이 성공을 하니 질투를 한 것이디. 남이가 오른 병조판서는
조선 사회에서 타고난 실력만으로는 분명 차지할 수 없는 요직이었
다. 이 같은 불만은 유자광뿐만 아니라 상류 계층에 은연중 퍼져 있었
고, 그들의 분위기를 대변한 한계희韓繼禧는 은밀히 세조世祖를 찾아

가 남이에게 병권을 줄 수 없음을 설득하기까지 하였다.

남이에 관한 모든 기록을 보면, 남이의 인간됨은 사납고 거칠며 사교적이지 못해 오만하고 고립된 인상을 느끼게 된다. 남이에게 색안경을 끼고 불편한 존재로 생각했던 정계에서 얼마나 정직한 판단을 내렸을지는 미심쩍으나, 권력 사회에 융화하지 못한 남이의 기질로 그가 더욱 소외되고 고독감을 느꼈을 것이라는 점은 추측해 볼 수 있겠다.

너는 나에게 무슨 원한이 있느냐

한계희가

"남이의 사람됨은 군사를 장악하기에는 마땅치 않습니다."

라는 말을 함으로써 남이는 예종에 의해 병조판서에서 해직되어 겸사복장으로 밀려났다. 이후 남이가 궁궐 안에서 숙직을 하고 있던 중 혜성이 나타나자 혼잣말로

"혜성이 나타남은 곧 묵은 것을 제거하고 새것이 들어서는 징조이다."

라는 말을 하였다. 이 소리를 몰래 엿들은 유자광은 남이의 말이 지금의 왕조를 위협하는 말이라 하여 역모 혐의를 씌웠다. 남이를 아끼던 세조가 죽고 남이에 대한 감정이 좋지 않던 예종이 즉위하자 유자광의 천재적 무고의 재능이 빛을 발하게 된 것이다.

남이가 붙잡혀 국문을 당하게 되면서 그가 여진女眞을 토벌할 때 읊은 기개 넘치던 시도 문제가 되었다. 남이는 반란을 평정하고 회정하면서 백두산白頭山 위에 평정비를 세우고 비문에 시를 새기기를,

白頭山石磨刀盡 백두산석마도진

豆滿江水飲馬無 두만강수음마무

男兒二十未平國 남아이십미평국

後世誰稱大丈夫 후세수칭대장부

백두산의 돌은 칼로 갈아 다하고

두만강의 물은 말이 마셔 없애네.

남아 이십에 나라를 평정 못하면

후세에 그 누가 대장부라 부르리오.

하였다. 그러나 남이가 말한 미평국에서 '평平'이 '득得'자로 바뀌어 '나라를 얻지 못한다면'이라고 해석됨으로써 역적으로 몰렸다.

한 나라를 지키는 장수로서 자부심을 표출하는 것이었으나, 시대의 분위기에 따라 목숨을 잃는 씨앗이 되고 말았다.

남이의 혜성에 대한 발언과 그가 읊었던 시가 모역으로 확대되었을 뿐 아니라, 심지어 남이는 자신의 할머니인 정선 공주와 통간하였다는 근친 강간죄의 혐의까지 받았다. 그에게로 집중되는 조정의 미움이 어느 정도였는지를 짐작하게 하는 일례라 하겠다.

국문이 끝나고 옥에 갇힌 남이는, 자신에 대한 세상의 투기가 응분의 결과임을 받아들이고 체념했던 것으로 보인다. 그것은 팔십 넘은 영의정 강순康純에 대한 남이의 패기에서 엿보이는데, 심한 형벌 끝에 남이가 말하기를

"역적모의는 강순이 나에게 시킨 것이다."

라고 한 것이다. 남이는 태연한 얼굴로 강순에게 이르기를

"내가 자복하지 않은 것은 뒷날에 공을 세울 것을 바랐던 때문인데, 지금 다리뼈가 부러져 쓸 데 없는 병신의 몸이 되었으니 살아 있는들 또한 무엇을 하리오. 나 같은 젊은 자도 죽음 앞에 태연한데 머리털이 하얗게 센 늙은 놈은 죽어 마땅하다."

하였다. 수레에 묶여 남문외南門外 형장으로 끌려 나가는 순간이 되자 강순은 남이를 돌아보면서

"젊은 애와 잘 지낸 때문에 이런 화를 당하는구나. 남이야, 너는 무슨 원한이 있기에 나를 모함해 죽게 하느냐?"

하며 부르짖었다. 남이는 대답하기를

"직위는 한 사람(임금)의 아래에 있고 다른 모든 사람의 위에 올라 있으며, 나이는 여든을 바라보는데 무엇이 아깝고 원통하단 말이오. 원통히 죽는 것은 당신과 내가 매 한가지요. 당신은 영의정이 되어 나의 원통함을 알고도 구원해 주지 않았으니 불의不義의 목숨은 죽는 것이 마땅하다."

하였다. 강순은 일시적 변명으로 화를 면했으나 며칠 후 결국 형을 당하였다.

강순은 이시애의 난과 건주위建州衛 등을 소탕하면서 남이와 같이 싸운 명장이었다. 강순은 남이의 아버지와도 친한 사이였으며, 남이의 장인에게서 도움을 받았던 일도 있었다. 남이는 조정의 모든 사람이 자신을 배척하더라도 최고 직위에 있던 영의정 강순만은 자신의

편에 서서 도움을 줄 것으로 믿었다. 그런데 그 신념이 배신당하자, 남이는 자신의 안전을 위해 부하의 억울한 누명을 보고도 가만히 있는 강순의 비겁함에 분개하여 역적을 도모한 인물로 지목한 것이다. 예종은 난을 해결할 때 대장 강순과 남이가 함께 정벌에 나섰다는 점, 강순과 남이의 개인적 친분 관계 등을 보며 관련이 되었을 것으로 판단하고 강순에게도 사형을 구형하였다.

남이와 깊은 친분이 있던 여든이 넘은 강순마저도 남이의 파격적인 승진과 저돌적 성격에 반감을 가졌음을 짐작하게 만드는 사건이라고도 하겠다.

남이의 죽음은 한국 사회의 관습이나 기질 속에 깃든 보수성이, 모험과 발전을 자부하는 이단적 성향을 말살한 하나의 본보기로 볼 수 있을 것이다.

지네의 정기를 받고 개미실에서 태어난 남이

경기도 이천시利川市 장호원읍長湖院邑 백족산百足山 위에는 굴 바위라고 부르는 커다란 바위 굴이 있고 근처에는 언제 있다 사라졌는지 모를 절터가 있다.

옛날 이 절에는 수십 명의 승려들이 수도를 하였는데 언제부터인가 안개가 자욱하게 끼는 밤이면 승려가 한 사람씩 감쪽같이 사라지는 이상한 일이 일어나기 시작했다. 그런 일이 거듭되자, 남은 승려들은 전전긍긍하다가 하나둘씩 떠나 버렸고 승려 한 명만이 홀로 남게 되었다. 믿음이 깊었던 마지막 승려는 사라진 승려들 모두 부처님이 극락으로 데려갔을 것이라 생각하였고, 이제 절에는 홀로 남았으니 자신에게도 곧 무슨 일이 생길 것이라 예상하였다. 승려는 평소 각별히 지내던 장호원에서 글방을 하는 친구에게 마지막 인사를 해 두고자 찾아갔다.

전부터 절에서 발생하는 괴변을 이상하게 생각해 오던 글방 선생은 지금이라도 늦지 않았으니 다른 절로 떠날 것을 권고하였으나, 승려는 말을 듣지 않았다. 설득을 포기한 글방 선생은 승려에게 무명옷 한 벌을 내어 주면서

"내가 자네에게 바라는 마지막 청이니 이 옷을 입고 가게나. 냄새가 좀 나더라도 절대 벗어 버리지 말고 꼭 입고 있어야 하네."
하며 간곡히 당부하였다.

절로 돌아온 승려는 글방 선생에게서 받은 무명옷의 빛깔이 거무칙칙하고 이상한 냄새가 나는 것이 싫었지만, 친구의 간절한 부탁도 있고 해서 그냥 입은 채로 부처님 앞으로 나아가 염불에 열중하였다.

얼마나 지났을까. 밤이 깊어지자, 별안간 천둥치듯 요란한 소리가 들리더니 거대한 지네 한 마리가 나타나 승려를 덥석 물고는 굴 바위 쪽으로 향하였다. 이튿날 친구의 안위가 궁금해진 글방 선생이 절에 올라 승려를 찾아보았으나, 염려대로 절 안은 텅텅 빈 채 친구의 간 곳은 묘연했다. 주변을 둘러보던 글방 선생은 굴 바위 앞에 거대한 지네 한 마리가 나자빠져 있고, 목에는 자신이 승려에게 주었던 옷자락이 걸려 있는 것을 발견하였다. 옷에 칠해 둔 독한 담배의 진 때문에 승려를 삼킨 지네도 죽게 되었던 것이다.

그때 이상한 일이 일어났다. 백족산 허리 부근에 오색의 영롱한 구름이 감돌더니 구름에서 나온 상서로운 기운이 거기서 얼마 떨어지지 않은 개미실 남씨네 집으로 사라졌다.

그달부터 남씨 문중에 태기가 있어 사내아이가 태어났는데 이 아이가 조선 전역에 이름을 알린 남이 장군이었다. 남이가 지네의 정기精氣를 타고 태어나 영특하였음을 전하는 설화이다.

현재 충청북도 음성군陰城郡 감곡면甘谷面인 개미실에서 태어난 남이는 1457년(세조 3) 17세로 무과에 장원급제하였다. 소년이었으나 용맹함과 실력을 갖춘 남이는 1967년(세조 13)에 이시애가 북관北關에서 난을 일으키자, 우대장으로 참여하여 이를 평정하고 적개공신 1등에 오른 다음 27세의 젊은 나이로 병조판서에 이르렀다.

남이가 28세의 한창 나이에 요사한 이유에 대해서는 다음과 같은 일화가 전한다. 남이는 어린 시절 요귀를 보는 능력을 갖고 있었다. 하루는 남이가 거리에서 감을 담아 이고 가는 여인의 광주리 위에 요귀가 앉아 있는 것을 보고 이상한 생각에 여인의 뒤를 따라갔다. 여인이 큰 솟을대문 안으로 들어가니 남이는 더는 쫓아 들어가지 못했으나, 반드시 큰일이 생기리라는 예감에 돌아가지 않고 밖에서 기다렸다.

해가 질 무렵이 되자 집안에서는 대감의 따님이 죽는다고 야단이 났고 남이는 즉각 뛰어 들어가 주인 대감을 찾아 자신이 본 사연을 말하였다. 딸의 목숨이 달린 일로 상황이 워낙 다급하였으므로, 대감은 그 말의 사실 여부를 떠나 그대로 남이를 내실로 안내하였다.

남이가 대감 딸의 방으로 들어가니, 종 전 광주리 위에 앉아 있던 요귀가 딸의 목을 누르며 가슴 위에 올라앉아 있고 딸은 정신을 잃은 채 헛소리를 지르고 있었다. 남이가 호령을 하자 요귀는 원통하다는 듯이 그를 흘겨보다 달아났다. 죽기 직전의 딸이 일어나 앉으니 대감 내외는 물론 온 집안이 기뻐하였다.

대감이 남이를 가만히 보니 영특하였고, 또 딸이 아무리 병중이라 해도 처녀의 몸으로 외간 남자를 보았으니 다른 데로 출가할 수 없다 하여 남이를 사위로 삼았다. 그 대감은 바로 당대의 재상으로서 세조 가 왕위에 오르도록 만든 공신 권람이었다.

남이가 역모 혐의를 받고 문제가 된 시에서 미평국未平國이 미득국 未得國으로 보이게 한 것은 요귀가 남이에게 복수를 한 것이라고 한 다. 임금도 사실을 분명히 확인하고자 사신을 보내 몇 번이나 비문을 확인하도록 하였으나 돌아오는 대답은 한결같이

"득得자가 분명하옵니다."

는 것이었다.

종로구 연지동
- 옛 젊은이들의 밀회터 -

종묘宗廟 동쪽에 위치한 연지동蓮池洞의 좁은 길은 한양 선비들의 밀회 장소였고, 따라서 야사에 자주 등장되는 만남의 장소였다.

연지동의 옛 이름은 상사동相思洞이나, 사랑하는 임을 그린다는 데서 나온 말이 아니라 어원은 엉뚱한 데에 있다. 조선 시대에는 임금의 말과 수레를 관리하던 내사복시內司僕寺가 있었는데, 암내를 맡고 관아 밖으로 도망친 상사마를 잡은 골목이라 하여 상사골이라 부르다 상사동이 된 것이다.

지금의 동명이 된 연지는 마을에 있던 큰 연못이었다. 상사동에는 매우 차가운 우물이 있다 하여 찬우물골이라 불리던 자연 마을이 있었는데, 그 명칭이 변하면서 연지동이 되었다.

종로구 효제동
- 효성이 지극했던 유몽호의 세 아들 -

효제동孝悌洞은 고흥高興 유씨로 부정을 지낸 유몽호柳夢彪의 세 아들이 처마를 잇대고 살면서 부모에게 지극한 효심을 보였기에 온 동명이라 전한다. 삼형제는 부제학 유숙柳潚, 도승지 유역柳㵒, 한림 유활柳活이며 이들은 학자 유몽진柳夢眞의 조카이다.

한편 형제의 우의가 돈독했던 효종孝宗이 왕위에 오르기 전에 살던 잠저潛邸

유활 영정

어의궁於義宮이 있었으므로 효제동이 되었다는 말도 있다.

효제동의 자연 마을로 회화우물골, 썩은바윗골, 연못골, 안다릿골, 새다릿골 등이 있었다. 회화우물골은 우물가에 회화나무가 있었으며, 썩은바윗골에는 종종 부스러져 흘러내리는 바위가 있었다고 한다.

어의궁이 있던 자리에는 1960년대 말까지 〈효묘잠저구기孝廟潛邸舊基〉라고 쓰인 대리석의 비석이 있었다. 효제동과 충신동忠信洞 사이에는 신석교新石橋 또는 신교라고 부르던 다리가 있었는데, 조선 후기에 돌다리로 고치면서 불린 이름이다. 이전에는 나무를 걸쳐 놓고 흙을 덮어 흙다리라고 하였다.

을지로乙支路 2가는 을지로 입구에서 남산南山으로 이어지는 청계천까지 을지로 남북 쪽에 위치한 지역으로 고구려高句麗의 명장 을지문덕乙支文德 장군의 성을 붙인 곳이다.

을지로 2가는 조선 초기에는 한성부 남부 호현방, 태평방太平坊, 훈도방薰陶坊, 명례방明禮坊 일원이었으며 1894년의 갑오개혁으로 행정구역을 변경하면서 한성부 남서 회현방會賢坊 구남부동계舊南部洞契 구남부동, 소룡계小龍契 소룡동, 소공동계小公洞契 동현동銅峴銅, 명례방 동현계 조동棗洞, 명동계明洞契 명동, 장락원계掌樂院契 장락원동, 소룡계 소룡동, 저동계苧洞契 저동, 훈도방 저동계 저동, 죽동계竹洞契 냉정동冷井洞 · 죽동, 혜민서계惠民署契 혜민서동, 오천계梧泉契 묵정동墨井洞, 태평방 보십계甫十契 상리동上犁洞 · 하리동, 조동계棗洞契 조동, 수하동계水下洞契 수하동이 되었다.

을지로 2가 지역에는 조선 시대에 많은 관아가 있었다.

한성부의 하나 남부 청사

이동履洞(현 초동草洞 일대)과 명동 1가, 충무로忠武路 1가가 접경하는 곳에는 한성부 5부 중의 하나인 남부 청사가 있어서 구남부골이라 하였다. 5부는 현재의 구청과 같은 관아로 조선 초에는 5부의 책임사로 곤령管領을 두었다가 영슈이 배치되었으며 그 후 주부主簿라고 개칭하고 영조 때 도사都事로 바꾸었다가 정조 때 다시 영으로 고쳤다. 5부는 관내 주민들이 저지르는 불법적인 사건들을 다스리고 도로, 교

량, 예방, 택지 측량, 시체 검시 등의 업무를 담당하였다. 갑오개혁 때
에는 5부의 명칭을 5서署로 하였다.

여의사를 교육하고 환자를 치료하던 혜민서

을지로 2가에 있던 혜민서惠民署는 가난한 백성들의 병을 치료해 주
고, 의녀나 여의사들의 교육을 담당하던 관아였다. 여의는 지방 각 읍
의 기생 가운데 70여 명을 선발하여 교육하고 대기시켰다가 궁중에 결
원이 발생했을 때 충당하였으며, 흔히 약방기생이라고 불렀다.

혜민서는 태조 즉위 후 한양에 성벽을 쌓는 동안 부역 인부 가운데
부상자가 발생하고 전염병이 퍼지자, 이들 병자와 부상자를 치료한데
서 비롯되었다. 혜민서는 1392년(태조 1) 고려의 제도를 계승하여 혜민
국惠民局을 설치하였다가 1466년(세조 12)에 혜민서로 명칭을 바꾸었
다. 관원은 여러 차례에 걸쳐 변화가 있었으나 보통 제조 1명, 종6품의
주부 1명, 종6품의 의학교수 2명, 종7품의 직장 1명, 종8품의 봉사 1
명, 정9품의 의학훈도 1명, 종9품의 참봉 4명으로 구성되었다. 1637년
(인조 15)에는 혜민서를 전의감典醫監으로 합병하였다가 1882년(고종
19)에 폐지하였다.

1885년(고종 22) 2월 9일에는 의정부의 건의로 혜민서와 활인서活
人署 두 관아를 부활시키면서 사업을 수행할 광혜원廣惠院을 설치하게
되었다. 광혜원은 우리나라 최초의 국립병원이며 같은 해 3월 12일에
는 광혜원의 명칭을 제중원濟衆院으로 변경하였다.

광혜원은 갑신정변 당시 중상을 입은 민영익閔泳翊을 처음 치료한

것이 인연이 되어 설립된 병원이다. 당시 미국의 외교관이자 선교사였던 알렌 Horace N. Allen(한국 이름 안련安蓮)이 서양 의술을 전문으로 하는 병원의 건립을 건의하였고 고종은 이를 윤허하였다.

민영익

종로구 재동齊洞에서 개원하여 운영되던 광혜원은 환자가 수용할 수 있는 인원 이상으로 많아지자, 북부의 구리개仇里介에 있던 홍영식洪英植의 집 자리에 병원을 세우게 되었다. 정부는 알렌에게 운영을 맡겼으며 그는 치료 외에 의술을 배우고자 하는 학생들에게 서양 의학도 교습하였다. 광혜원은 통리교섭통상사무아문統理交涉通商事務衙門에서 관장하였다.

1905년(고종 42/ 대한 광무 9) 7월 8일에 고종은 과거 혜민서와 활인서의 역할을 대치해 수행할 대한 적십자 병원의 설립을 명하고 군사와 백성들의 병을 치료하도록 했다.

홍영식은 1855년(철종 6) 영의정 홍순목洪淳穆의 아들로 태어나 1879년(고종 16) 문과에 급제하여 옥당, 대교, 승지를 역임하고 참판이 되었다. 그는 조준영趙準永, 어윤중魚允中 등과 일본을 사찰하고 돌아왔으며 1883년(고종 20)에는 특사로 미국에 부임하여 해외 사정에 밝았다.

홍영식은 박영효朴泳孝, 김옥균金玉均 등과 함께 독립당을 조직해 청淸나라를 받드는 사대주의자를 처리하고 청의 기반을 벗어나고자

철종 부마 박영효 집

하였으며, 그 방법으로 일본의 힘을 빌려 조선의 정치를 개선시키고
자 하였다. 홍영식은 1884년(고종 21)에는 우정국郵政局을 창설하고
총판이 되어 개국 연회에 육조판서와 대관을 초청하여 갑신정변을 일
으켰으나 실패하고 피살되었다.

갑오개혁이 이루어지면서 총리대신 김홍집金弘集 등의 상주로 홍영
식은 죄명을 씻고 관직에 복귀되었으며, 1910년(순종 3/ 대한 융희 4)
에는 규장각 대제학에 추증되었다. 홍영식의 자는 중육仲育, 호는 금

김홍집 묘소

석琴石, 시호는 충민忠愍이며 본관은 남양南陽이다.

독립운동가 나석주가 피살당한 장악원 자리

현재 외환 은행 본점이 위치한 을지로 2가 181번지에는 장악원掌樂院이 있었다. 장악원은 1457년(세조 3)에는 장악서掌樂署로 불리었으며, 1466년(세조 12)부터는 궁중의 음악과 무용의 행정 및 연주 활동 일체를 관장하다가 1470년(성종 1)에는 장악원으로 명칭을 바꾸었다. 장악원은 연산군 즉위 말년에는 연방원聯芳院, 함방원含芳院, 진향원趁香院 등의 이름으로 불렸으며, 관원을 증원하고 많은 기생과 악공을 교육시켜 왕의 향락을 위한 방편으로 이용되었다. 중종 때 다시 장악원으로 바뀌었으며, 영조 때는 일부 사람들에게 이원梨園이라 불렸다.

장악원에서는 보통 320명이 교육을 받았으며, 맹인도 15명 정도 되었다. 장악원은 1895년(고종 32) 정부 기구가 개편되면서 예조로부터 궁내부의 장례원으로 옮겨졌으며 1897년에는 교방사敎坊司로, 1907년(고종 44)에는 장악과掌樂課로 바뀌었다. 1910년(순종 3)이 지나 일제의 손에 우리나라의 주권이 넘어간 뒤로는 장악과 소속의 음악인들이 아악대雅樂隊라는 명칭으로 겨우 명맥만을 유지하였다.

원래 장악원은 서부 여경방餘慶坊에 있던 것으로, 임진왜란으로 불에 타 무너지자 선조宣祖 말기에 지금의 을지로 2가 자리에 대지 1만평을 마련하고 수백 칸의 건물을 세워 활동을 지속하였다. 그러나 1882년의 임오군란壬午軍亂으로 한양에 들어온 일본군 1개 대대는 장

악원 악생들을 내쫓고 이곳에 주둔하였고, 1904년 러일전쟁이 발발하자 장악원은 일본 군대의 전진기지로 징발되어 악생들의 청사는 사라지고 말았다.

일본은 러일전쟁을 승리로 이끈 뒤인 1909년 1월 29일에는 한반도의 수탈을 위한 동양 척식 주식회사 東洋拓殖株式會社를 설립하였다. 이 회사는 조선의 토지조사를 실시한다는 명목으로 많은 토지를 강제로 빼앗고는 조선의 농민들에게 높은 비율의 소작료를 징수해 대부분의 양곡을 일본으로 반출하였다.

나석주 열사 동상

이에 의열단義烈團 단원으로 중국에서 항일운동을 전개하던 나석주 羅錫疇는 중국인 노동자 마중덕馬中德으로 변장한 뒤 1926년 12월 26일 인천을 경유해 서울로 들어왔다. 동양 척식 주식회사의 수위실을 기습한 나석주는 수위, 사원, 토지 개량부 기술과 차장 및 과장 등을 총으로 쏘아 일본인 3명을 사살하고 4명에게는 부상을 입혔다. 나석주는 가지고 있던 폭탄 1개를 기술과에 던졌다가 불발되자 을지로에 있던 전찻길을 따라 도망쳤다. 그는 추격하는 일본 경찰에 포위당할 위기에 처하자 자신의 가슴에 권총 3발을 쏘아 자결을 시도하였다. 중상을 입고 쓰러져 병원으로 이송된 나석주에게 이름을 묻는 일본의 경찰에게 그는 자신의 성명과 의열단원임을 밝히고 순국하였다.

나석주는 1892년(고종 29) 황해도 재령載寧에서 태어나, 16세에 재령군 진초리進礎里의 보명普明 학교에 입학하여 2년간 수학한 뒤 농사를 지었다. 1910년 일제가 우리나라의 주권을 강탈하자 비분강개한 나석주는 주권 회복을 위해 목숨을 바칠 것을 맹세하고 23세의 나이로 만주로 건너갔다.

그는 북간도 나자구羅子溝의 독립군 양성 학교인 무관학교에 입학하여 군사훈련을 받고 1919년 귀국하여 3·1운동에 참여하였다가 일본 경찰에 붙잡혔다. 나석주는 그 뒤로 일제의 감시가 심해지자 함경북도 사리원沙里院으로 옮겨 정미업을 경영하는 것으로 위장하고 동지들을 규합하며 독립운동을 도모하였다.

나석주는 이듬해인 1920년 김덕영金德永, 최호준崔皓俊 등 50명의 동지들과 비밀 항일 결사단을 조직해 무기를 구입한 뒤 군자금 모금 활동, 친일파 숙청 공작 등을 전개하였다. 이들은 사리원의 부호 최병항崔秉恒과 안악安岳의 부호 원형로元炯潞에게서 독립운동 자금을 지원받아 중국 상하이(상해上海)에 수립된 대한민국 임시정부로 송금하였다. 또한 그들은 대한 독립단의 단원들과 친일파 중에서도 악질이었던 은율殷栗 군수를 처단하는 등 활약을 펼쳤다.

항일운동이 사리원, 안악, 재령, 봉산鳳山, 황주黃州 등 황해도 일원으로 확대되자 일본 경찰의 감시는 더욱 강화되었고 나석주는 상하이로 망명하였다. 그는 이때부터 대한민국 임시정부 활동에 참여하며 김구金九가 지휘하는 경무국 경호원으로 임명되었다.

나석주는 1923년에는 중국 허난성(하남성河南省) 한단邯鄲의 육군 군관단 강습소에 입교하여 정식으로 사관 훈련을 수료하였다. 나석주는 이듬해에는 중국 군 장교로 임관되어 복무하다가 1925년 상하이로 돌아와 임시정부 활동에 복귀하였다. 그는 1926년에는 톈진(천진天津)

심산 김창숙 묘소

에 본부를 두고 활동하던 항일 독립운동 단체인 의열단에 입단하였다. 그해 6월 나석주는 톈진에 체류하고 있던 민족 지도자 김창숙金昌淑에게서 조선 경제를 침탈하는 동양 척식 주식회사, 조선 은행, 조선 식산 은행을 파괴하는 것이 시급하다는 이야기를 듣게 된다. 이에 나석주는 김창숙, 유우근柳佑瑾, 한봉근韓鳳根, 이승춘李承春 등과 협의하여 일제의 경제 침탈을 응징하기 위한 구체적인 거사 계획을 꾸리게 된 것이다.

그러나 최초의 목적을 성공시키지 못한 나석주는 총으로 자결하였고, 후에 장남 나응섭羅應燮이 백운학白雲鶴으로 개명하여 중국으로 탈출해 임시정부에 사건의 경과를 보고하였다. 나석주의 아버지는 나병헌羅秉憲, 어머니는 김金씨이며 그에게는 1962년 건국훈장 대통령장이 추서되었다.

훈련원이 있던 을지로 6가

을지로 6가는 현재 국립 의료원과 평화 시장이 자리한 곳으로 조선 시대에는 훈련원訓練院이 있었다. 훈련원에서는 무관을 뽑는 과시를 시행하고 군사들의 무술 훈련 및 병서兵書, 전진戰陣 등을 지도하였다.

오랜 기간에 걸쳐 많은 무장들이 훈련원에서 시험을 치렀으며 봉사奉事, 참군參軍 등 하위 관직들이 여러 해 동안 복무하던 곳이었다. 또한 충무공忠武公 이순신李舜臣이 별과 시험에서 말을 달리다 실수하여 왼쪽 다리의 골절상을 당한 것도 훈련원이었다.

훈련원은 을지로 6가 자리에 1894년(고종 31)까지 있었으므로, 당시에는 일대를 훈련원동으로 불렀다.

을지로 6가는 조선 초에는 한성부 남부 명철방明哲坊에 속하였으며 1894년의 갑오개혁으로 한성부 남서 명철방 청녕위계靑寧尉契 남정동藍井洞, 연방동連坊洞, 남소동南小洞, 남소동계 훈련원이 되었다.

선조 임금의 자식 사랑과 교육

장악원 남쪽 을지로 2가에는 선조의 셋째 딸 정숙貞淑 옹주와 남편 신익성申翊聖이 살았다. 『동국여지비고』에 보면 신익성과 정숙 옹주가 사는 집이 좁고 이웃집과 가까이 붙어 있어 살기에 불편했다고 쓰여 있다. 어느 날 정숙 옹주가 선조에게 고충을 호소하고 집터를 늘려 줄 것을 청하자 선조는 말하기를

"음성이 낮으면 이웃집에 들리지 않을 것이고, 처마를 가리면 서로 보이지 않을 것이니 구태여 마당을 넓힐 필요가 없지 않느냐."

하며 해당 관서에 명하여 처마를 가릴 발 두 장을 하사하였다.

신익성은 1588년(선조 21) 영의정 신흠申欽의 아들로 태어나 12세에 정숙 옹주와 결혼하여 동양위東陽尉에 봉해졌다. 그는 임진왜란 때에는 선무원종공신宣武原從功臣 1등에 올랐으며, 1606년(선조 39)에는 오위도총부 부총관을 겸하였다. 신익성은 광해군光海君 때에는 인목仁穆 대비를 폐서인시키려는 논의에 적극 반대하였으며, 인조반정仁祖反

신흠 묘비.
『대광보국숭록대부 의정부 영의정 겸 영경연 홍문관 예문관 춘추관 관상감사 세자사 증시 문정공 신흠지묘』
아들 신익성의 묘소는 북한에 있다.

正으로 광해군과 집권파인 대북파大北派를 몰아낸 이후 공신으로 승진하였다.

신익성은 병자호란丙子胡亂 때에는 남한南漢산성에서 인조를 모시고, 끝까지 나라를 굳게 지켜야 함을 주장했다. 그는 소현昭顯 세자를 인질로 청나라에 보내 전쟁을 끝내고 화의를 맺자고 주장하는 대신들을 칼로 위협까지 하며 반대하였다. 그러나 결국 인조는 삼전도에서 청나라에 항복하였고, 이규李烓 등은 신익성을 청나라와의 화의를 배척한 신하로 참소하였다. 이로 인해 신익성은 윤집尹集, 오달재吳達濟, 홍익한洪翼漢, 김상헌金尙憲 등과 선양(심양瀋陽)으로 잡혀 갔으나 소현 세자의 보호로 무사할 수 있었다.

신익성은 효성이 지극했을 뿐 아니라 글과 글씨에도 능하여 〈청허당 휴정 대사비清虛堂休靜大師碑〉, 〈영창대군비永昌大君碑〉 등의 글씨와 저서로 『낙전당집樂全堂集』을 남겼다. 1644년(인조 22) 세상을 떠난 신익성의 자는 군석君奭, 호는 낙전당樂全堂, 시호는 문충文忠이며 본관은 평산平山이다.

영창 대군 옛 묘비

신익성과 정숙 옹주가 살던 집은 순조 때에는 이조판서를 지낸 윤치의尹致義가 살았는데 옹주가 살 때보다 더 크게 늘려 지었다.

신발 파는 마을로 시집간 정조의 딸

신전골은 을지로 3가, 저동 2가, 초동에 걸쳐 있던 마을로 신을 파는 가게들이 있었으므로 불리던 이름으로, 한자로는 이동履洞이라 하였다. 신전골에는 정조의 부마 홍현주洪顯周의 집인 금옥당金玉堂이 있었다. 홍현주는 정조의 딸 숙선肅善 옹주와 결혼하여 영명위永明尉에 봉해졌으며, 1815년(순조 15)에는 지돈령부사가 되었다.

금옥당의 정원에는 순조의 어필이 쓰인 정자와 익종翼宗의 어필인 시림정市林亭이라는 현액을 걸어둔 정자가 있었다.

홍현주는 문장에 재주가 남달랐으며 저서로 『해거시집海居詩集』을 남겼다. 홍현주의 자는 세숙世叔, 호는 해거재海居齋와 약헌約軒, 시호는 효간孝簡이며 아버지는 홍인모洪仁謨, 형은 우의정 홍석주洪奭周이다.

성종의 딸 공신 옹주의 진심을 표창한 중종

을지로 4가와 을지로 5가를 이어주는 곳에는 청령교靑寧橋가 있었다. 다리 부근에 성종成宗의 셋째 딸 공신恭愼 옹주와 결혼한 청영위靑寧尉 한경침韓景琛이 살았으므로 불리게 된 이름이다.

공신 옹주는 성종의 후궁 엄嚴씨의 소생으로 한경침이 일찍 세상을 떠난 뒤 홀로 지내야 했다. 그러던 1504년(연산 10) 연산군이 일으킨 갑자사화甲子士禍에 엄씨가 연산군의 어머니 폐비 윤씨를 모함한 죄로 사약을 받자, 공신 옹주는 아산牙山으로 귀양을 가게 되었다.

공신 옹주는 아산에서 남편과 생모의 신주를 모셔 놓고 아침저녁으로 곡을 하는 정성을 보였다. 연산군이 축출되고 반정으로 왕위에 오른 중종은 공신 옹주의 효성과 지아비에 대한 마음을 후세에 길이 전하고자 여문旅門을 지어 표장하였다.

한편 을지로 4가와 인현동 2가에 걸쳐 있던 독우물골은 우물 속의 모양이 마치 돌절구처럼 생겼으므로 유래된 이름이다. 독우물골에는 널 우물과 독 우물이 있었는데 널 우물은 젊은 사람이, 독 우물은 나이든 사람들이 이용하였다. 특히 홀로 된 부인들은 밤중에 독 우물을 길어가야 한다는 불문율이 있어서 어둠이 내린 밤거리에는 물 항아리를 이고 모여드는 과부들로 북적거렸다고 한다.

벼슬길을 멀리한 김창흡이 살았던 을지로 3가

을지로 3가와 입정동笠井洞, 수표동水標洞에 걸쳐 있던 시궁골에는 영조 때의 학자 김창흡金昌翕이 살았다. 시궁골은 시금동詩琴洞, 시동詩洞이라고도 불린 마을로 김창흡이 살면서 벗과 함께 시금詩琴(시와 거문고)을 즐겼기에 불리게 된 이름이다. 김창흡의 집은 수표교 동쪽에 있었다.

김창흡은 영의정 김수항金壽恒의 셋째 아들로 1653년(효종 4) 태어났다. 그가 과거에 관심을 보이지 않자 부모는 김창흡에게 시험을 볼 것을 명하였고, 이로써 김창흡은 소과에 급제히었으나 이후로는 과장에 발길을 끊었다.

김창흡은 이후로도 여러 관직을 제수받았으나 모두 거부하였고, 백악白岳 기슭에 낙송루洛誦樓를 짓고는 시를 읊으며 산수를 즐길 뿐이

었다. 1689년(숙종 15) 기사환국己巳換局으로 아버지가 사사되자 김창흡은 현 경기도 포천시에 속한 영평永平에 은거하며 장자莊子와 사기史記를 읽고 불전佛典을 탐독하며 시작에 힘을 쏟았다. 김창흡은 1722년(경종 2) 세상을 떠났다.

김창흡의 아버지 김수항은 1629년(인조 7)에 태어나 18세인 1646년(인조 24) 사마시에 1위로 합격하고, 23세인 1651년(효종 2)에는 알성문과에 장원급제하였다. 김수항은 28세인 1656년(효종 7)에는 중시에 급제해 통정에 올랐으며 31세인 1659년(현종 즉위)에는 가선대부, 34세에는 자헌대부를 거쳐 1672년(현종 13)에는 44세의 비교적 젊은 나이로 우의정에 이르렀다.

복창군 묘비

당시 허적許積이 현종의 총애를 한 몸에 받으며 많은 조신이 벼슬에서 물러나야 했으나, 김수항은 좌의정으로 승진하였다. 그러나 김수항은 윤휴尹鑴, 홍우원洪宇遠, 조사기趙嗣基 등이 왕세자에 대해 불손한 언사를 하였음을 탄핵하다가 남황南荒으로 유배를 가야 했다.

1680년(숙종 6)에는 서인西人의 김석

복평군 묘비

주金錫胄 등이 주도하여 남인인 영의정 허적의 서자 허견許堅이 복창군福昌君, 복선군福善君, 복평군福平君 삼형제와 역모를 꾀한다고 상소하였다. 이렇게 발생한 경신출척庚申黜陟으로 서인은 남인을 몰아내고 정권을 잡았으며, 서인이었던 김수항도 배소에서 풀려나 옥사를 다스리고 영의정이 되었다.

이때부터 한동안 당쟁이 잠잠하고 조정의 기강도 유지되는 듯 보였다. 그러나 1689년(숙종 15) 남인들이 재집권하게 되면서 김수항은 진도珍島로 정배되었다가 그해 사사되었다.

김수항의 자는 구지久之, 호는 문곡文谷, 시호는 문충文忠, 본관은 안동安東이며 저서로『문곡집文谷集』을 남겼다. 김수항의 할아버지는 청음淸陰 김상헌金尚憲, 그의 형은 영의정 김수흥金壽興이다.

중구 만리동
- 청백리 최만리가 살던 마을 -

만리동萬理洞은 조선 시대의 청백리淸白吏 최만리崔萬理가 살았던 곳이라 하여 남겨진 지명으로 퇴계로退溪路, 율곡로栗谷路, 을지로에 버금가는 표현이라 하겠다. 만리동은 현재 서울역에서 마포구 공덕동으로 넘어가는 부근의 만리 고개에서 가지고 온 지명이라고도 한다.

최만리는 1414년(태종 14) 사마시에 합격하여 생원이 된 뒤, 1419년(세종 1) 증광 문과에 을과로 급제하여 집현전 박사로 임명되었다. 그는 1427년(세종 9)에는 교리로서 문과중시에 급제하여 응교를 거친 뒤 1437년(세종 19) 직제학, 1438년 부제학, 1439년 강원도 관찰사를 지

최만리 묘소

냈다. 최만리는 1440년에는 한양으로 돌아와 집현전 부제학을 지내며 세종의 총애를 받았고, 집현전의 책임자로서 14차례에 걸쳐 직간으로 소를 올린 것으로도 이름이 높았다.

최만리는 불교를 배척할 것을 주장하는 상소 6회, 건강상의 이유로 세자에게 섭정시키려 세종이 설치하려 한 첨사원을 반대하는 상소 3회, 훈민정음訓民正音 창제 반대 등을 상소하였다. 아울러 최만리는 1444년 훈민정음 창제에 대한 반대 상소로 친국을 받고 이튿날 석방되어 복직되었으나 사직한 뒤 고향으로 돌아가 여생을 마쳤다.

최만리는 청백리에 녹선된 만큼 부정을 모르는 깨끗한 관원으로 일관하였으며, 강직하여 타협을 모르는 성격으로 진퇴가 뚜렷하였다. 한번은 환관이 사모紗帽를 쓰자 최만리가 상소를 올려 갓을 쓰도록 건의하였다.

"예로부터 역대 임금이 환관을 사랑하고 신임하여 권세가 천하에 뻗치는 자가 심히 많았습니다. 그러나 갓을 바꾸지 못한 것은 환관의 무리를 일반 관리와 구별하기 위해서였습니다."

국론 때는 여러 환관이 반발하여 의논이 정지되었으나, 최만리의 지적으로 이후로는 명明나라의 제도를 따르게 되었다. 이전까지는 임금이나 벼슬아치 외에 환관들도 관모를 착용하는 것을 문제 삼지 않았으나, 이때부터 환관들은 갓만을 착용할 수 있었다.

1445년(세조 2) 세상을 떠난 최만리의 자는 자명子明, 호는 강호산인江湖散人, 본관은 해주海州이다. 최만리의 아버지는 최하崔荷, 할아버지는 최안해崔安海, 증조부는 최공崔珙이며, 우리나라의 공자로 존경받아 해동공자海東孔子로 불리던 최충崔沖의 12대손이다.

최만리가 한글 창제를 반대한 이유

당시 우리나라의 한자음은 분명한 체계 없이 사용되고 있었으므로, 세종은 어느 정도 중국의 체계에 맞도록 새 운서를 편찬하고자 했다. 훈민정음이 완성되자 세종은 비밀리에 최항崔恒 등 집현전 소장학자를 의사청에 모이도록 했다. 그리고 원나라 웅충熊忠이 엮은『고금운회거요古今韻會擧要』를 바탕으로 한자의 음을 한글로 표기하는 자음 개혁을 실시하였다.

이에 최만리와 집현전의 중진 학자들은 반대하는 상소문을 올렸다. 상소문에는 한글 창제의 불필요성과 한글의 무용론에 대한 주장이 있었으며 무엇보다 운서 편찬의 반대에 치중되어 있었다. 최만리는 집현전 부제학으로서 훈민정음이 완성될 때까지는 세종의 뜻을 잘 받들어 반대하는 일이 없었다. 이것을 보면 최만리가 한글 창제를 반대한 것이 아니라 아직 부족한 점이 많은 한글의 발음 체계를 광대한 한자음에 적용하려는 계획을 반대한 것임을 알 수 있다.

상소는 세종에 의하여 용납되지 않았으며 최만리는 세종의 친국을 받게 되었다. 이 과정에서 세종은 말하기를

"내가 만일 운서를 바로잡지 않는다면 누가 바로잡을 것이냐."

라고 하였으나 세종의 포부는 섣부른 것이었다.

『고금운회거요』의 번역 사업은『동국정운』의 편찬으로 이어졌으나 세종이 꿈꾸었던 한자음은 실시될 수 없었다.

최만리가 올린 상소문은 분명 사대주의적인 내용을 담고 있으나, 사대주의가 조선 시대 지배층의 당연한 세계관으로 자리 잡고 있었다는 점을 이해한 상태에서 그에 대한 비판도 이루어져야 할 것이다.

명문 벌족 해주 최씨가 천년을 산 마을

경기도 안성安城에서 45번 국도를 따라 평택平澤 방향으로 가다 원곡면元谷面에서 다리를 건너 경부 고속도로 밑을 지나면 지문리 芝文里가 나온다. 지문리는 해주 최씨가 모여 사는 마을로, 입구에는 해주 최씨가 천년을 사는 곳이란 뜻의 〈해주 최씨 세장천海州崔氏世葬阡〉이라 쓰인 비석이 서 있다.

해주 최씨 세장천 비석

해주 최씨 최만리의 묘소도 지문리의 백운산 기슭에 있다. 신도비 뒤로 있는 오래된 묘비에는

集賢殿副提學 崔公萬理之墓 貞夫人中和楊氏 祔前

집현전부제학 최공만리지묘 정부인중화양씨 부전

이라는 명문이 쓰여 있다. 1962년 건립된 최만리의 신도비는 안성시 향토유적 제32호로 지정되어 있다.

최규서의 인품은 선조부 최만리가 만들었다

최규서崔奎瑞의 9대 조부가 최만리이며, 할아버지는 역촌櫟村 최진해崔振海, 아버지는 최석영崔碩英이다. 최규서는 1650년(효종 1) 태어나 다섯 살 때 숙부 최석유崔碩儒의 양자로 들어갔다.

최규서는 1669년(현종 10) 진사시에 합격하고, 1680년 별시 문과의 병과에 급제하여 벼슬길에 올랐다. 그는 청렴하고 검소한 생활을 하면서 많은 선정을 베풀었는데, 전라도 감사로 재임하면서는 삼한三閑으로 이름을 떨쳤다.

삼한은 부서한簿書閑, 공방한工房閑, 기악한伎樂閑의 3가지가 한가로움을 말한 것으로 첫째, 부서한은 관청의 문서가 한가로울 정도로 백성이 편안히 살았음을 말하며 둘째, 공방한은 쓸데없는 겉치레가 없어 아전들이 한가했음을 뜻하며 셋째, 기악한은 백성의 피땀 어린 돈을 쓰며 풍류를 즐기지 않아 기생과 풍악이 한가했다는 말이다.

최규서는 당파를 겪는 동안 자신의 일신을 보호하면서도 반대파를 옹호하는 뛰어난 처세술로 영의정을 지낼 수 있었다. 이후 그가 벼슬을 물러난 것도 과오를 저지르거나 탄핵을 받았기 때문이 아니라, 나이가 많아 벼슬을 사임하고 그 뜻을 임금에게 허락받은 것이었다.

영의정 자리는 일인지하 만인지상一人之下 萬人之上의 자리로 임금 바로 아래에 위치하는 권력을 행세하는 자리이기에 처신에 항상 위험이 따르는데, 최규서는 욕심을 부리지 않아 온전히 자리를 지킬 수 있었다. 최규서의 인품은 군자를 넘어 도인의 경지에 이르렀다는 평을 받을 정도로, 청렴하고 공정한 정신으로 한 시대를 살다간 덕인德人이

최규서 어서각 전경

었다.

최규서는 1735년(영조 11) 하세하여 영조의 묘정에 배향되었으며 충정忠貞이라는 시호를 받았다. 영조는 최규서에게 어필을 내렸고, 어서와 그의 영정을 봉안한 최규서 어서각御書閣을 지었다. 어서각은 서울시 정동 프란치스코 교육 회관 자리에 있던 것을 1895년(고종 32) 안성군 원곡면 지문리로 이전하였다. 어서각은 현재 안성시 향토유적 사당 제6호로 지정되어 있다.

어서각에는 영조가 직접 쓴 '한 가닥 실로 나라를 붙잡았다'는 뜻의 〈일사부정—絲扶鼎〉현판이 검정 바탕에 금색으로 뚜렷하게 걸려 있다. 흰 수염에 정면을 꼿꼿이 응시하고 있는 영정에 담긴 최규서의 모습에서 대쪽 같은 선비의 모습을 그려볼 수 있다.

최규서의 묘도 해주 최씨의 묘역이 있는 지문리에 함께 있다. 그의 비문에는

有名朝鮮國 領議政致仕奉朝賀 贈諡忠貞公 艮齋崔公奎瑞之墓

貞敬夫人 全州李氏 祔左

유명조선국 영의정치사봉조하 증시충정공 간재최공규서지묘

정경부인 전주이씨 부좌

라 쓰여 있으며, 묘를 치장한 석물은 매우 간소하다. 최규서의 자는
문숙文叔이며 호는 간재艮齋, 소릉小陵, 파릉巴陵이다.

중구 방산동
- 연잎이 무성하던 마을 -

　방산동芳山洞은 1914년 일제의 행정구역 통폐합에 따라 오교동午橋
洞과 연방동蓮坊洞을 통합하여 이루어진 마을이다. 지금의 방산동을
포함해 을지로 5가, 을지로 6가에 걸쳐 있는 지역을 연방동으로 불렀
는데, 이는 연꽃이 자생하는 마을이라는 데서 유래된 명칭이다.

　연꽃의 연밥이 매우 크고 굵은 것으로 유명해 연밥동이라고 부르던
소리가 변해서 연방동이 되었다. 또 연방동의 연밥을 먹으면 피부가

하얗게 되고 윤기가 돈다는 소문이 나 여인들은 앞을 다투어 찾아 들었다고 한다.

연방동은 조선 초기에는 한성부 남부 명철방에, 1751년(영조 27)에는 명철방 직소리계直梳里契에, 1894년(고종 31)의 갑오개혁으로 이루어진 행정구역 개편 때는 오교남변午橋南邊과 연방동에 해당하는 지역이었다. 1910년 일제가 조선의 주권을 가로채면서 그해 10월에는 한성부를 경기도 경성부로 개칭하였고, 연방동은 경기도 관할 지역이 되었다. 1914년에는 일제가 행정구역을 통폐합하면서 연방동의 지명은 일본식의 방산정이 되었다. 해방 이후인 1946년 일제의 잔재를 청산하면서 일본식 명칭인 정을 동으로 개편해 방산동이 되었다.

을지로 6가 동쪽 끝에서 방산동 서북쪽 끝까지의 청계천 양쪽 기슭에는 가산假山 혹은 조산造山이라 부르던 언덕이 있었다. 이곳 청계천 일대는 한여름 큰비가 내리면 피해가 막대하였으므로, 1760년(영조 36) 한성부판윤 홍계희와 호조판서 홍봉한洪鳳漢 등은 청계천을 준설할 것을 주청하였다. 반복되는 물난리를 피하기 위한 공사가 이해 2월 18일부터 4월 15일까지 57일간에 걸쳐 이루어졌고, 5부의 방민 15만 명과 품삯을 주고 채용한 인부 5만 명이 동원되었다. 공사에는 돈 3만 5천 냥과 쌀 2천3백 석이 소요되었으며, 청계천의 모래를 파내서 양옆에 산처럼 쌓았기 때문에 가산이라 부르게 되었다.

홍계희는 참판 홍우전洪禹傳의 아들로 태어나 1737년(영조 13) 문과에 급제한 뒤 정언, 수찬, 공조참의 등을 역임하고 부제학에 올랐다. 그는 1748년(영조 24) 통신사로 일본에 다녀온 뒤에는 대사성과 충청

감사를 지냈다. 병조판서에 오른 홍계희는 세금 부담을 줄이기 위한 균역법均役法 마련을 위해 힘을 쏟았으며 이조판서로 한성판윤이 되었다가 경성鏡城 부사로 전보되었다. 홍계희는 곧 부사직을 취소당하고 편집당상에 보직되어 『열성지列聖誌』를 중수하고 왕명에 의해 『해동악海東樂』을 지었다.

홍계희의 벼슬은 판중추부사에 이르렀다가 1771년(영조 47) 아들 홍지해洪趾海의 임지인 영변寧邊에서 죽었다. 1777년(정조 1) 홍계희의 아들 홍술해洪述海와 손자 홍상간洪相簡이 모역의 혐의로 사형당하고 자손과 친척들도 연좌되면서, 그의 관작도 추탈되었다.

홍계희의 자는 순보純甫, 호는 담와淡窩, 시호는 문간文簡, 본관은 남양南陽이며 저서로 『삼운성휘三韻聲彙』를 남겼다.

중구 주자동
- 활자를 찍던 인쇄소가 있던 곳 -

남산으로 오르는 세 갈래 길에 위치한 주자동鑄字洞은 마을에 주자소鑄字所라는 관아가 있었기 때문에 유래된 지명으로 주잣골로도 불렸다.

주자소는 조선 시대에 활자를 만들던 관아였는데 활자가 적은 까닭에 서적 또한 적다 하여, 1403년(태종 3) 왕명에 의해 주자소를 설치하고 승정원에 소속시킨 것이다. 1405년(태종 5)에 수도를 한양으로 천

주자소터

도하면서 주자동에 주자소를 두게 되었으며, 1435년(세종 17)에는 주자소를 경복궁 안으로 옮기기도 했다.

그러나 궁중에서 활자 주조가 어려우므로 1460년(세조 6)에 주자소를 교서관으로 병합시켰다. 그 뒤에 주자소를 재차 교서관과 분리해 설치하면서, 규장각과 함께 활자 간행 기관으로 존속하게 되었다. 1796년(정조 20)에는 구리로 글자의 본보기인 정리자整理字를 만들었는데, 이는 큰 활자 19만 자와 작은 활자 14만여 자로 이루어졌다.

또한 주자동에 있던 교서관은 경적을 인쇄하고 반포하는 일과 제사에 쓰는 향과 축문, 도장에 새기는 전자篆字에 관한 업무를 담당하던 관아로, 후일 중부 정선방貞善坊으로 이전하였다. 교서감校書監이라는 이름으로 1392년(태조 1)에 설치했던 것을, 태종 때는 교서관, 세조 때는 전교서典校署, 1484년(성종 15)에 다시 교서관으로 고쳤다가, 1782년(정조 6)에 규장각으로 포함시키면서 외각外閣이 되었다.

주자동은 조선 초에는 한성부 남부 훈도방에 속하였고, 갑오개혁 때는 한성부 남서 훈도방 주동계의 주동이라 하였다. 일제강점기인 1914년에는 경성부 남부 주동 일부를 수동이라고 정하였다가 1943년에는 중구 주정이 되었다. 해방 이후 일제가 자신들 편의대로 만들어 놓은 동명을 우리 고유의 지명이나 위인 선열의 호로 바꾸면서 옛 이름을 따라 주자동으로 하였다.

충신과 효자를 배출한 마을

1621년(광해 13)에 권희權憘가 중심이 되어 편찬한 주자동의 동지
『훈도방 주자동지薰陶坊鑄字洞志』를 보면 마을에서 충절이 높은 인물
이 많이 배출되고, 향약鄕約이 잘 행해져 마을 사람들 간에 상부상조
가 원활히 이루어졌음이 파악된다. 『훈도방 주자동지』에는 주자동의
대표적인 효자로 권상權常, 이관李琯, 이영윤李榮胤, 서상남徐尙男, 조
명중趙命仲과 절부節婦로는 권상의 부인 유柳씨, 사천私賤인 말영末令,
의정부의 여종 세옥世玉이 기록되어 있다. 이어 명신으로는 세조 때
영의정을 지낸 조석문曹錫文과 세조 때의 공신으로 좌의정을 역임한
권람, 선조 때 영의정을 지낸 이산해李山海, 임진왜란에 진주성을 지
키다 전사한 경상우도 병사 김시민金時敏 등 40명을 기록하였다.

지중추부사 권상　권상은 1508년(중종 3) 태어나 1528년(중종 23)에
진사가 된 뒤 문소전文昭殿 참봉을 거쳐 선공감정이 되었다. 그는
1583년(선조 16)에는 효행孝行
으로 천거되어 통정대부와 가
선대부에 올라 지중추부사에
이르렀다. 1589년(선조 22) 세
상을 떠난 권상의 자는 길재吉
哉이다.

효자 권상과 부인 절부 유씨 비각

성리학 발전을 선도한 이관   이관은 일상적인 말과 행동을 비롯해 부모에 대한 상례 등을 『소학小學』과 『주자가례朱子家禮』, 『논어論語』에 따랐으며 자신의 제자들에게도 이를 통해 학문의 기초를 삼도록 했다. 이로써 이관은 당시의 성리학적 태도가 생활 속에서 수립될 수 있도록 이끌었다. 이관은 1559년(명종 14)에는 경연관 박응남朴應男에 의해 효행과 학문으로 천거받아 부정에 제수된 뒤 순회順懷 세자의 상례에 참여하였다.

이관은 어려서는 이헌인李憲仁, 윤기尹紀 등과 교유하였으며 같이 어울리던 이중호李仲虎의 학문이 뛰어나자 그를 스승으로 모셨다.

1518년(중종 13) 태어나 1577년(선조 10) 세상을 떠난 이관의 호는 혼계渾溪, 시호는 효문孝文이며 본관은 전주全州로 순천군順天君에 봉해졌다. 이관의 아버지는 희안군喜安君, 어머니는 남원南原 윤씨 윤운

이관의 증조부 계양군 이증의 별묘

尹雲의 딸이며, 증조부는 세종의 아들 계양군桂陽君 이증李璔이다.

남종화를 추구한 진취적 화가 이영윤   이영윤은 조선 중기 화단에서 남종南宗 화풍을 수용하여 진취적인 작품을 남긴 화가로서 회화사적으로 높은 평가를 받고 있다. 절파浙派 화풍이 유행하던 당시에 남종화를 도입함은 일반적이지 않은 선택이었다. 절파는 명나라 말기에 유행한 산수화로 필묵이 웅건하고 거칠었으며, 남종은 내면세계의 표현법에 치중한 그림이었다.

　이영윤은 특히 꽃과 새, 말 그림에 뛰어났으며, 산수와 인물 그림으로 유명하던 형 이경윤李慶胤과 대비를 이루었다. 현재 이영윤의 유작으로 판단되는 그림은 국립 중앙 박물관에 소장되어 있는 〈화조도〉와 〈산수도〉이다. 〈산수도〉에는 원나라 말기의 대가 황공망黃公望의 화풍을 따라 그렸다고 적혀 있다.

　이영윤은 1561년(명종 16) 청성군靑城君 이걸李傑의 아들로 태어났으며 왕의 종친으로 죽림수竹林守를 제수받았다. 이영윤은 일명 희윤喜胤으로 불렸으며 자는 가길嘉吉, 본관은 전주全州로 1611년(광해 3) 사망하였다.

이시애의 난에 공을 세운 조석문   조석문은 1413년(태종 13) 관찰사 조항曹沆의 아들로 태어나 1434년(세종 16) 문과에 급제해 집현전 부수찬과 예조정랑을 지냈다. 조석문은 세조를 도와 왕위에 오르게 한 공으로 추충좌익공신推忠左翼功臣으로 창녕군昌寧君에 봉해졌다. 그는 호조판서를 지내면서는 이시애의 난에 공을 세워 적개공신의 호를 받고 영의정에 올랐으며, 예종 때에는 창녕昌寧 부원군에 올랐다. 조석문은 3대의 임금에 걸쳐 공을 세우고 최고의 벼슬까지 지냈으나 청렴한 관원이었으며, 만년에는 전원에 들어가 서재를 짓고 책 속에 묻혀 호젓하게 보냈다. 1477년(성종 8) 하세한 조석문의 자는 순보順甫, 시호는 공간恭簡이며 본관은 창녕昌寧이다.

임진왜란에 순직한 김시민　김시민은 1554년(명종 9) 지평 김충갑金忠甲의 아들로 태어나 1578년(선조 11) 무과에 급제하였다. 훈련판관으로 있던 김시민은 병조판서에 상신한 것이 뜻대로 이루어지지 않자 항의하고 벼슬을 떠났다.

　김시민은 1591년(선조 24) 진주晉州 통판에 임명되어 관직으로 복귀

위는 김충갑을 상징하는 바위 구암龜岩으로, 구암은 김시민의 아버지 김충갑의 호이다.

하였으며, 이듬해에 진주 목사가 죽고 임진왜란이 일어나자 목사로 승진하였다. 그는 이어 사천泗川, 고성固城, 진해鎮海에서 적을 무찌르고 영남우도 병마절도사에 특진하여 금산金山에서 적을 격파하였다.

사기가 충천하던 김시민은 1592년(선조 25) 겨울, 바다에서 적의 대군이 진격하여 성을 포위하자 14일간의 격전 끝에 왜적을 물리쳤다. 그러나 김시민은 성을 순시하던 도중 시체 속에 숨어 있던 왜병의 총탄에 맞고 순직하였다. 김시민이 중상에서 회복되지 못한 채 목숨을 잃자 성중의 남녀노소가 슬픔에 통곡하였으며, 조정에서는 선무宣武 공신의 호를 내리고 상락군上洛君에 봉하였다.

김시민에게는 이어 영의정과 상락 부원군이 추증되었고, 사당을 세워 충렬사忠烈祠의 현판을 내렸다. 충렬사에는 전투에서 죽은 신하들을 모두 모셨다. 김시민의 자는 면오勉吾, 시호는 충무忠武, 본관은 안동安東이다.

중구 저동
- 옛날엔 모시전, 현대는 양복 원산지 -

저동苧洞은 지하철 2호선 을지로 3가역 남서쪽 출구 일대와 청계천 옆 수표다릿길 서쪽 일대에 위치한 마을이다. 조선 시대에 모시와 황모시를 전문으로 취급하는 상점인 저포전苧布廛이 있었다 하여 생긴 동명으로, 저전동苧廛洞으로 부르던 것이 저동으로 약칭되었다.

저포전은 한성부에 설치되었던 시전 중의 하나로 선전線廛, 면포전綿布廛, 면주전綿紬廛, 지전紙廛(지물포紙物鋪), 내외어물전內外魚物廛과 같이 전매 특권을 갖고 있되 국역의 의무를 진 육의전六矣廛(육주비전六注比廛)이었다. 선전은 비단을 팔던 가게로 한양이 수도가 된 뒤 제일 먼저 생겼으며 육의전 가운데 규모와 자본력이 가장 우세하였다. 면포전은 무명을 팔던 가게, 면주전은 명주를 팔던 가게, 지전은 온갖 종류의 종이와 가공품을 팔던 가게였으며 내외어물전은 생선을 팔던 가게였다.

저포전은 조선 초부터 종로 네거리에 위치했던 것으로 나타나는데 을지로 남쪽의 저동에도 저포전이 있었던 것인지는 알 수 없다.

저동은 조선 초에는 한성부 남부 훈도방 지역이었으며, 갑오개혁 때 행정구역이 개편되면서 남서 훈도방 죽동계 냉정동·죽동, 복동계覆洞契 복동, 궁기동계宮基洞契 궁기동이 되었다.

그중 저동 1가는 을지로 2가에서 퇴계로에 이르는 양편에 위치하였으며 조선 초에는 한성부 남부 훈도방에 속하였고 갑오개혁으로 한성부 남서 훈도방 저동계의 저동이 되었다.

저동 1가에는 예전부터 죽동과 함께 남촌에 있는 좋은 집터라는 의미의 '저동죽서苧東竹西'라는 말이 전해 내려올 만큼 명문의 고관들이 많이 살았다. 저동 1가에 이웃해 살았던 대표적인 인물로는 정충헌鄭忠憲 형제와 이순무李巡撫, 박지수朴支壽 등을 들 수 있다. 그들은 오랫동안 부귀를 누리며 왕실과도 깊은 관계를 맺고 있었으므로 세력이 대단하였다.

저동 2가에 있는 영락永樂 교회는 일제 때 천리교天理敎 경성 분소 자리였다. 1945년 겨울에 한경직韓景職 목사 등 이북 출신의 기독교 신자 27명이 베다니 전도 교회를 세운 것이 영락 교회의 모체가 되었다.

훈련도감에 물자를 조달하던 양향청

저동 1가 중부 세무서가 있던 자리에는 양향청糧餉廳이 있었다. 양향청은 1594년(선조 27)에 설치한 5군문 중의 하나로 훈련도감에 조달되는 군량, 군복, 무기, 깃발, 금고金鼓 등 일체의 물자를 공급하였다. 양향청은 임진왜란 때 수도인 한양을 수비하고, 신병법의 훈련을 위해 훈련도감이 설치되면서 함께 발족되었으며 신당을 부설해 한漢나라 관우關羽의 신상을 모셔 놓았다.

양향청은 1884년(고종 21)에 폐지되었으며 일제강점기로 접어들어 조선 총독부의 전매국專賣局 인쇄부로 사용하다가, 다시 경성 세무서에서 사용하면서 세무서 자리로 보전되었다.

임금의 초상을 모신 영희전

저동 2가 중부 경찰서, 영락 교회가 자리한 곳에는 영희전永禧殿이 있었다. 영희전은 본래 세조의 맏딸 의숙懿淑 공주와 정현조鄭顯祖가 살던 궁궐이다. 정현조는 공주와 혼인하여 1455년(세조 1) 하성위河城尉에 봉해졌으며, 1466년에는 의빈儀賓에 이어 하성군河城君에 진봉되었다. 그는 1471년(성종 2)에는 좌리佐理공신 1등으로 부원군에 올랐다. 정현조는 영의정 정인지鄭麟趾의 아들로 시호는 편정공編玎公이며 본관은 하동河東이다.

정인지 초상

1506년(중종 1)부터는 중종의 아내인 단경端敬 왕후 신愼씨가 폐위된 뒤 영희전에서 거처하였다. 단경왕후는 익창益昌 부원군 신수근愼守勤의 딸로 1487년(성종 18) 태어나 1499년(연산 5) 가례를 행하고 부부인에 봉해졌다. 중종이 즉위하면서 왕비가 되었으나, 아버지 신수근이 매부인 연산군을 위해 중종반정을 반대했기 때문에 단경 왕후도 본가로 쫓겨나야 했다.

소생 없이 홀로 지내던 단경 왕후는 1557년(명종 12) 세상을 떠나 온릉溫陵에 묻혔다가 1739년(영조 15)에 복위되었다. 단경 왕후의 본관은 거창居昌이다.

영희전은 1610년(광해 2) 왕의 생모인 공빈恭嬪 김金씨의 영정과 신위를 모시고 묘당으로 삼아 봉자전奉慈殿이라 하였고, 1619년(광해 11)에는 태조와 세조의 영정을 봉안하고 남별전南別殿이라 하였디. 1637년(인조 15)에는 남별전을 중수하여 원종元宗의 영정을 봉안하였으며, 1677년(숙종 3)에는 한 번 더 중건되었다.

이때까지 태조의 어진을 봉안한 곳은 여섯 군데로 모두 전각의 호

추존 왕 원종의 장릉章陵, 인조의 선친

칭이 있었는데 한양에 봉안한 전각에는 호칭이 없었으므로, 숙종은
1690년(숙종 16) 영희전이라 부르도록 하였다. 영희전에는 1748년(영
조 24)에는 숙종의 영정을, 정조 때에는 영조의 영정을, 철종 때는 순
조의 영정을 함께 봉안하고 한식, 단오, 동지, 납일臘日 등에 제사를
지냈다. 영희전에는 도제조, 제조, 영令, 참봉 등의 관원을 두어 이를
맡아보도록 하였다.

영희전에 있던 역대 왕의 영정은 1900년(고종 37/ 대한 광무 4)에 창
경궁 동쪽 함춘원含春苑터에 새로 지은 경모궁景慕宮의 영희전으로 옮
겼다가 1909년(순종 2/ 대한 융희 3)에 선원전璿源殿으로 이안하였다.
영희전터에는 의소묘懿昭廟와 문희묘文禧廟를 이건하였으나 1909년 7
월에 「형사리정亨祀釐正」에 관한 칙령에 의해 신위는 무덤 앞에 묻히고
궁묘는 국가 소유가 되었으며, 이듬해 3월에는 전당도 철폐되었다.

중구 인현동
- 어진 벼슬판이 많이 배출된 명당 -

인현동仁峴洞은 인성붓재라고 부르던 지금의 인현동 1가와 인현동 2가에 걸쳐 있던 고개 이름에서 유래되었다. 인현동은 마른내길 양편과 삼풍 상가, 신성 상가 서쪽에 위치한 마을이다.

인현동 1가를 이루던 자연 마을로는 대인동, 동상동, 산림동山林洞, 필동筆洞, 회동晦洞, 건천동乾川洞이 있었다. 그중 건천동은 남산 제1호 터널에서 필동을 가로질러 성모 병원 앞 교차로에서 인현동을 꿰뚫는 마른내(건천乾川)가 흘렀기에 불리어진 지명이다. 마른내는 비가 오지 않는 날이면 바닥이 금세 말라붙어서 통행길로 사용되었지만 또 조금이라도 비가 내리면 금방 냇가로 변하였다.

허균許筠의 형 허봉許篈이 선조 때에 쓴 『성소부부고性所覆瓿稿』 권24를 보면 조선 건국 이후 마른내에서 탄생하거나 배출된 명인이 많이 있음을 알 수 있다.

마른내 근처에서 태어난 충무공 이순신을 비롯해 이 지역에서 거주한 인물로는 단종端宗 때 영의정을 지낸 정인지와 두만강 호랑이라 일컫던 김종서金宗瑞, 세조가 "나의 제갈량諸葛亮"이라 이끼면서 놓지 않았던 양성지梁誠之, 청빈한 대학자 김수온金守溫, 이계동李季仝, 이병정李秉正, 중종 때의 유순정柳順汀 · 권민수權敏手 · 유담년柳聃年, 선조 때 영의정을 지낸 노수신盧守愼, 『홍길동전洪吉童傳』으로 유명한

풍운아이자 신분 제도의 부당함에 반기를
들었던 허균, 허균의 누이 허난설헌許蘭雪
軒과 형 허봉, 그리고 임진왜란 때의 유성
룡柳成龍과 해전을 이끈 장수 원균元均 등
이 있다.

원균 장군

인현동 1가는 이순신이 탄생한 곳으로
1956년 12월 5일 한글학회와 서울 시사
편찬 위원회에서 답사하여 고증하였다.
마른내에서 뛰어놀며 자란 이순신의 생가
터에는 현재 상가 건물 등이 들어서 있고
이순신이 태어난 곳임을 나타내는 표석은
2008년 폐관된 명보 극장 서쪽 길거리에 세워져 있다.

인현동 2가는 조선 초에는 한성부 남부 성명방誠明坊 지역이었으며
1894년 갑오개혁 이후에는 남서 성명방 필동계 필동, 소필동계 소필
동, 산림동계 소산림동, 대산림동계 대산림동, 회동계 회동, 상동계桑
洞契 상동, 낙선방樂善坊 연성위계蓮城尉契 회동, 필동계 필동, 대인현
계 인현동 일원이었다.

고전에 밝은 청빈한 학자 김수온   김수온은 고전에 밝고 문장에도
능하여, 세조의 명으로 원각사圓覺寺 비명을 지었으며 『금강경金剛經』
을 국문으로 번역하는 작업을 마쳤다. 고승 신미信眉는 김수온의 형이
었으며 김수온 또한 불법에 깊었으므로, 그는 한때 회암사檜巖寺에서

승려가 되려고도 했다. 김수온의 저서로는 『식우집拭疣集』이 있다.

김수온은 1409년(태종 9) 태어나 1441년(세종 23) 문과에 급제한 뒤 승문원 교리로 집현전에서 『의방유취醫方類聚』 편찬에 참여하였다. 그는 이어 부사로 있으면서 『석가보釋迦譜』를 증수하였으며 훈련주부, 집의, 병조정랑, 지제교를 지냈다.

김수온은 세조가 즉위한 이후인 1457년(세조 3)에는 중시에 선발되어 성균관사예가 되었으며, 중추원 부사를 지내면서 명나라에 다녀온 뒤 판중추부사가 되었다. 1471년(성종 2)에는 성종이 김수온에게 좌리공신의 호를 내리고, 영산永山 부원군에 봉하였으며 벼슬은 영중추부사에 이르렀다.

1481년(성종 12) 세상을 떠난 김수온의 자는 문량文良, 호는 괴애乖崖, 시호는 문평文平이며 본관은 영동永同이다.

갑자사화에 반대를 표명한 권민수   1466년(세조 12) 태어난 권민수는 1494년(성종 25) 문과에 급제한 뒤 이조정랑까지 승진하였다. 1504년(연산 10) 연산군은 생모 윤씨가 폐위되어 사사된 사실을 알게 되었고, 분노한 연산군은 사건에 연루된 신하들을 처벌하고자 갑자사화를 일으켰다. 이에 항의하며 연산군에게 직언을 하였던 권민수는 멀리 귀양을 가야 했고 동생 권달수權達手는 처형되었다. 권민수는 중종 집권 이후 다시 기용되어 대사헌을 지내고 충청도 관찰사로 있던 1517년(중종 12) 세상을 떠났다. 권민수의 자는 숙달叔達, 호는 기정岐亭, 본관은 안동安東이다.

영의정에 오른 노수신　노수신은 1515년(중종 10) 활인서 별제 노홍盧鴻의 아들로 태어났다. 그는 장인인 탄수灘叟 이연경李延慶에게 학문을 닦고 20세에 박사로 선발되었으며, 27세에는 이언적李彦迪 밑에서 큰 발전을 이루었다.

노수신은 1543년(중종 38) 문과에 급제한 이후 초시初試, 회시會試, 전시殿試에 연달아 장원급제하는 기염을 뿜었으며 이후 성균관전적, 시강원 사서를 지냈다. 노수신은 1544년에는 퇴계退溪 이황李滉과 같이 독서당에 선발되어 학문을 나누며 가까운 사이가 되었다. 중종이 서거하고 인종이 즉위한 1545년(인종 1)에 사간원정언으로 있던 노수신은, 권력을 남용하던 이기李芑를 파면시켰으나 정미사화丁未士禍로 오히려 모함을 당하며 유배를 가야 했다.

노수신은 명종明宗이 즉위한 1545년에는 윤원형尹元衡과 이기가 일으킨 을사사화乙巳士禍로 그들에게 파면당하였고 이듬해인 1546년에

이연경 묘소. 노수신의 장인

이기 묘소

는 순천順天으로 유배되었다. 이해에 벽서 사건이 일어나자 노수신의 죄는 더해져 진도로 옮겨졌으며 19년 동안 귀양살이를 해야 했다.

1565년(명종 20)에 괴산槐山으로 옮겨졌던 노수신은 선조가 즉위한 1569년(선조 2)에야 누명이 벗겨져 홍문관 직제학으로 관직에 복귀하였다. 노수신은 이어 부제학을 지내고 1572년(선조 5) 이조판서 겸 대제학, 1573년 우의정 등을 역임하였으며 1585년에는 영의정에 이르렀다.

1589년(선조 22) 정여립鄭汝立이 난을 일으키려다가 발각된 일로 기축옥사己丑獄死가 일어나는데, 이때 노수신은 정여립 일파인 김우옹金宇顒을 천거했다는 죄를 입었다. 대신들은 노수신을 유배 보내야 한다고 주장하였으나 왕명으로 파직되는 것에 그쳤다. 노수신은 평생토록 수많은 책을 저술하였으나 안타깝게도 난리와 전쟁을 겪으며 흩어져 없어지고 시문 몇 권만이 남겨졌다.

1590년(선조 23) 세상을 떠난 노수신의 자는 과회寡悔, 호는 소재蘇齋와 이재伊齋, 시호는 문의文懿이며 본관은 광주光州이다.

중구 회현동
– 세도가 틈바구니에서 어진 이들이 모여 살았던 마을 –

회현동會賢洞은 일대에 어진 사람들이 많이 모여 살았다고 한데서 유래된 지명이며 회현會賢 또는 회동會洞이라 줄여 부르기도 했다.

조선 시대에는 회현동과 충무로 1가, 남대문로 3가에 걸쳐서 장흥고長興庫가 있었으므로 장흥곳골 또는 장동長洞이라 하였다. 장흥고는 궁중이나 관아에 돗자리, 종이, 유지油紙(기름종이) 등을 보관하여 매달 공급하던 관아로 후일 지금의 내자동內資洞과 적선동積善洞의 경계 지역으로 이전하였다.

예로부터 서울의 남촌은 술맛이 좋고 북촌은 떡 맛이 좋다 하여 남주북병南酒北餅이라는 말이 유명하였는데, 남촌 중에서도 특히 장동 일대에는 술맛이 유명한 주점들이 많았다. 남대문 시장의 초입 부근이기도 했던 장동은 요즘에도 옛날의 명성과 걸맞을 만큼 각종 음식점이 즐비해 있어서 여전히 남주북병의 자리를 고수하고 있다. 남주북병은 청계천 남촌 사람들은 가난했기에 손쉽게 술을 만들었고, 북촌 사람들은 고관이었던 관계로 술보다 비싼 고급 음식인 떡을 많이 취한데서 나온 말이다.

회현동의 자연 마을 장동에는 실력이 출중하고 인품 또한 뛰어났던 박은朴誾, 심희수沈喜壽, 김광국金光國 등 유명 인물들이 살았다.

죽음 앞에서도 호탕함을 잃지 않은 박은   1479년(성종 10) 박담손朴聃孫의 아들로 태어난 박은은 4세에 글 읽기를 시작해, 10대 중반에는 출중한 문장으로 이름을 알렸다. 박은은 15세의 어린 나이에 능통한 문장을 구사해 대제학 신용개申用漑의 눈에 띔으로써, 그의 사위가 되었다.

박은은 18세인 1496년(연산 2)에 급제하여 홍문관정자, 수찬을 거쳐 경연에 5년 동안 재직하였다. 박은은 부정한 세태를 넘기지 않고 바른 말을 하였으므로 연산군의 눈 밖에 나 예의 주시를 받던 중, 그가 원로인 성준成俊, 이극균李克均, 유자광 등을 탄핵하자 파직되었다. 박은은 1504년(연산 10) 다시 복관되었으나 별다른 직무가 없는 산관散官으로 있다가, 그해 갑자사화가 일어나자 동래東萊에 유배되어 사형당하였다.

박은은 사형을 당할 때도 대의大義를 따르던 평소의 인품을 조금도 변하지 않고, 오히려 하늘을 바라보며 웃음을 보였다고 한다. 박은의 자는 중열仲悅, 호는 읍취헌挹翠軒, 본관은 고령高靈으로 중종이 즉위하자 도승지에 추증되었다.

은거로써 부당함에 항거한 심희수   심희수는 승문원 정자 심건沈鍵의 아들로 1548년(명종 3) 태어나 이른 나이에 관례를 치르고 노수신의 유배지 진도에 따라가 천리학千里學을 배웠다. 심희수는 21세에 성균관에 들어갔으며, 이황이 서거하자 제관으로 선정되었다.

심희수는 1572년(선조 2)에는 문과에 급제하여 승문원에 보직되고 호당에 뽑혔으며, 1589년(선조 22) 헌납으로 있던 중 정여립의 옥사가 일어나자 확대되는 것을 막으려다 조정과 의견이 맞지 않아 사임하였다. 심희수는 이듬해 복직하여 부응교, 응교, 선위사를 거쳤으며, 간관諫官으로서 직언을 멈추지 않으므로 선조의 비위에 거슬려 성균관사성으로 전임되었다.

청송 심씨 일송공(심희수) **요창공**(심봉원, 심희수 조부) **묘 입구 안내석**

심희수는 1592년 발발한 임진왜란에서 선조를 용만龍灣으로 모시고 간 일로서 도승지에 승진하고 대사헌이 되었다. 심희수는 또한 중국어에 능통하였으므로 당시 명나라 사신이 오자 그들을 맞아들였고 형조판서로 승진하였다. 이후 심희수가 호조판서로 전임되었을 때는 명나라 경략사 송응창宋應昌의 접반사가 되어 난으로 황폐화된 관서 지방의 백성들을 많이 구제하였다. 심희수는 예조와 이조의 판서를 거쳐 양관의 대제학을 겸임하였으며, 좌찬성과 우찬성을 지내고 우의정에 올랐다.

심희수가 좌의정으로 있던 중 선조가 서거하고 광해군이 즉위하게 되었고 이로부터 이이첨李爾瞻 등이 국권을 좌우하며 선조의 맏아들 임해군臨海君을 해하려 하였다. 심희수가 그 부당함을 상소하였으나 조정의 기강은 나날이 어지러워졌고, 간신들의 탄핵을 받게 되면서

병을 이유로 사임을 청하였다. 그러나
광해군은 허락하지 않고 좌의정 이항
복李恒福을 시켜 강제로 심희수를 출
사하도록 했다.

1614년에는 이이첨 등이 김제남金
悌男과 영창 대군에게 역모 혐의를 씌
워 부원군 김제남을 사사하고, 영창
대군을 옥사의 주모자로 몰아 해치려
하였다. 심희수는 이덕형李德馨과 같이

이덕형 초상

조작된 역모에 반대하며 억울한 죽음이 발생하지 않도록 노력하였으
나, 끝내 뜻을 이루지 못하였다. 그러나 정온鄭蘊이 영창 대군의 사죄
를 상소하다 광해군의 분노를 사서 죽음을 당할 상황에 처하자 심희
수는 다시 한 번 상소하여 정온의 목숨을 구하고 귀양에 그치도록 하
였다.

영돈령부사가 된 심희수는 1616년(광해 8) 명나라에 사신으로 갔다
온 허균 일당과의 논쟁에서 쫓겨난 뒤 둔지산屯之山에 들어가『주역周
易』을 읽고 시를 읊으며 여생을 보냈다. 1622년(광해 14) 심희수가 하
세하자 상주尙州 봉암鳳巖에 다사사多士祠를 세워 제사지냈으며, 숙종
조에는 문정文貞이라는 시호를 내렸다. 심희수의 자는 백구伯懼, 호는
일송一松, 본관은 청송靑松이며 저서로『일송집一松集』을 남겼다.

병조참판에 오른 김광국 1685년(숙종 11) 김담金湛의 아들로 태어난 김광국은 1735년(영조 11) 증광 문과에 병과로 급제하여 1741년(영조 17) 지평이 되었다. 그는 이듬해 정언을 거쳐 장령, 필선, 헌납을 역임하고 1755년(영조 31)에는 서장관이 되었다. 김광국은 1756년 사간에 이어 1759년 승지, 1760년 황주 목사를 거쳐 1766년(영조 42)에는 회양淮陽 부사가 되었다. 이어 김광국은 1769년(영조 45) 도승지를 거쳐 병조참판이 되었으며 1779년(정조 3)에는 내의원 의관을 지냈다.

승지 김준원金俊元의 현손 김광국의 사망한 해는 확실히 알려지지 않았으며 자는 대관大觀, 본관은 안동安東이다. 그가 편저한 책으로는 『간독簡牘』이 있다.

서화로 유명했던 강세황   조선 정조 대에 유명했던 서화가 강세황姜世晃도 회현동에서 거주하였다. 부사가 된 강세황이 1784년(정조 8)에 연경을 방문하였을 때에는 그의 그림을 구하고자 모여든 무리들로 성황을 이루었다. 필체로 이름 높았던 유석암劉石庵, 옹담계翁覃溪 같은 이들도 강세황의 글씨를 보고 감탄하며

강세황 초상

"천품이 그대로 글씨에 드러나 있다(천골개장天骨開張)."
라고 칭찬하였다. 또 청의 황제 건륭제乾隆帝도

"미불米芾보다는 아래지만 동기창董其昌보다는 위이다(미하동상미

下董上)."

라고 평가하였다. 미불은 중국 진나라의 서성書聖으로 알려진 왕희지
王羲之의 서체를 바탕으로 자신의 작품 세계를 완성한 북송北宋 때의
서화가를 말하며, 동기창은 명나라 때의 문인이자 서화가로 중국의
내로라하는 인물이었다. 강세황의 글씨는 사대주의에 물들어 있던 중
국에서까지 인정되었으며, 그의 편지까지도 고가로 매매될 정도였다.

강세황은 시는 남송南宋의 시인 육유陸游, 글씨는 미불에 조맹부의
글체를 더하여 자신만의 방식을 터득했다는 평을 받았다. 그는 그림
에도 매우 뛰어났으며 묵으로 그리는 난과 대나무 그림에 특히 실력
발휘를 하였다. 강세황의 작품으로 〈난죽도蘭竹圖〉, 〈묵죽도墨竹圖〉,
〈산수도山水圖〉, 〈비폭도飛瀑圖〉, 〈송죽목단도松竹牧丹圖〉, 〈계산초청
도溪山初晴圖〉, 〈풍설과교도風雪過橋圖〉, 〈연화도蓮花圖〉, 〈하경산수도
夏景山水圖〉 등이 있다.

강세황은 1712년(숙종 38) 판중추부사 강현姜鋧의 아들로 태어나 아
버지를 이어 기로과에 선발되어 예조판서에 이르렀으며, 71세에 기로
소에 들어갔다. 1791년(정조 15) 하세한 강세황의 자는 광지光之, 호는
표암豹菴이며 본관은 진주晉州이다.

12명의 정승이 나온 정광필 집터에 전하는 속전

회현동 은행나무길에는 서울시의 지정 보호수인 480여 년이 된 은
행나무가 있다. 『한경식략漢京識略』을 보면 이 은행 나무는 중종 때 영
의정 정광필鄭光弼의 집 앞에 심었다고 한다. 회현동의 은행나무에는

신인神人으로 불리며 사람들의 숭앙을 받던 어떤 인물이 정승이나 지 닐 수 있는 물소의 뿔로 만든 12개의 서대犀帶를 걸었다는 전설이 전 한다.

이는 곧 12명의 정승이 나온다는 것인데 『한경식략』이 간행되던 순 조 연간까지 이미 10명의 정승이 나왔고, 고종과 순종純宗 때 각 1명 씩 정승 반열에 올라 12명의 숫자가 채워졌다. 정광필의 후손으로 선 조 때의 좌의정 정유길鄭惟吉과 우의정 정지연鄭芝衍, 인조 때의 좌의 정 정창연鄭昌衍, 인조 · 효종 · 현종에 걸쳐 6번 정승에 오른 정태화鄭 太和, 효종 때의 정지화鄭知和, 현종 때의 정재숭鄭載嵩, 영조 때의 좌 의정 정석오鄭錫五와 우의정 정홍순鄭弘淳, 정조 때의 영의정 정존겸, 고종 때의 영의정 정원용鄭元容, 순종 때의 우의정 정범조鄭範朝 등 정 승만 12명이 배출되어 신인의 예언이 적중하였다.

한편 선조 때 좌의정을 지낸 정유길의 외손 김상용金尙容과 김상헌 金尙憲은 정광필의 집에서 태어났다. 정광필의 집은 효종 때 정태화가 살 때만 해도 바깥 사랑방이 겨우 한 칸이었으며 정태화와 정치화鄭致 和 형제가 정승이 되어서도 넓히지 않고 살았다. 이후 김상용과 김상 헌 형제가 태어나자 사람들이 태실胎室이라 하여 우러러 보았으므로 집을 증축하지 못하다가, 대한제국 때에 대지 면적 수천 평, 건평 3백 칸으로 확장하였다.

원래 싸리문으로 되어 있던 집 앞의 은행나무에는 도깨비들이 살면 서 집에 살러 오는 사람들에게 심한 횡포를 부렸다고 한다. 살지 못하 는 흉가로 유명하던 집에 올바른 기상을 가진 정광필이 살게 되면서,

도깨비조차 감히 덤벼들어 작폐를 부리지 못하였다. 결국 도깨비들은 정광필을 호위할 도깨비 하나만을 남겨 두고 함흥咸興 만세교萬歲橋 아래로 떠났다. 이후 회동 정씨 사람이 함경 감사로 부임할 때는 반드시 함흥의 만세교 아래에서 도깨비를 위한 제를 행해줌으로써 회동에서 쫓겨난 도깨비들을 위안하고 파수꾼을 남겨준 그들에게 고마움을 표하였다.

이 집에는 조선 말 영의정을 거친 정원용이 관직에서 물러난 이후 한가하게 휴양하기 위해 누정을 짓고 각종 꽃과 나무를 식재하여 화수루花樹樓라고 하였다. 또 회동 정씨 집터에 대해서 호암湖岩 문일평文一平은 『서울 산악사화』에서 은행나무는 원래 후원에 있었던 것이 아니고 안사랑 뜰에

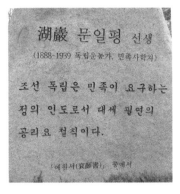

독립운동가 문일평 기념 표석

있으므로 집의 사랑을 문행관文杏館이라고 했다고 밝혔다.

문일평은 평안북도 출신의 사학자로 1888년(고종 25) 태어나, 1910년 일본에 건너가 와세다 대학(조도전부稲田 대학) 정치학부를 다니다가 중퇴하고 중국 상하이로 건너가 대공화보사大共和報社에서 근무하였다. 귀국한 문일평은 한때 중앙中央 중학교, 배재培材 중학교에서 교편을 잡았으며, 이후 중외中外 일보 기자를 거쳐 조선 일보 편집 고문으로 근무하였다. 문일평은 국사를 연구하는 학자로서의 지위도 뚜렷하여 많은 논문과 저서를 남기고 1939년 세상을 떠났다.

회동 정씨 집은 일제강점기에는 일본인 소유의 반전 농림 회사半田
農林會社가 되었다가 광복 이후 염업鹽業을 하는 사람의 소유로, 이어
상업 은행 소유의 땅이 되었다.

개항 이후에는 일본인들이 회현 지역에 거주하게 되면서 많은 변모
가 있었다. 일본인들은 1908년(순종 1/ 대한 융희 2)에는 남대문에서
남산 식물원까지 이르는 남산 일대 30만 평을 조선 정부로부터 영구,
무상의 조건으로 대여받아 1910년 5월 29일에 한양 공원을 조성하였
다.

중종 사당에 함께 모신 정광필   1462년(세조 8) 좌참찬 정난종鄭蘭宗
의 아들로 태어난 정광필은 1492년(성종 23) 진사에 합격하고 같은 해
문과에 급제하였다. 그는 이후 홍문과에 들어가 부제학을 지내고 이

정광필의 아버지 정난종 재실 승달재

조참의로 승진하였다. 정광필은 1504년(연군 10)에는 연산군에게 항소했다가 아산으로 귀양을 갔으며 중종 즉위 뒤 복관되어 대사헌, 우참찬, 예조와 병조의 판서, 우의정, 좌의정을 역임하고, 1516년(중종 11) 영의정이 되었다. 정광필은 1519년 기묘사화己卯士禍가 일어나자 파직되고, 1537년(중종 32)에는 김안로의 참소로 김해金海에 귀양 갔다가 그해 김안로가 패하자 석방되었다. 1538년(중종 33) 사망 이후 중종의 사당에 함께 모셔진 정광필의 자는 사훈士勳, 호는 수천守天, 시호는 문익文翼이며 본관은 동래東萊이다.

풍성한 문장으로 유명한 시인 정유길 정유길은 이황, 김인후金麟厚와 함께 독서당에 선발되어 사가독서하였으며, 풍성하고 섬세한 문장을 자랑하며 시에도 능하였다.

정유길 묘소

정유길은 1515년(중종 10) 태어나 1538년(중종 33) 문과에 장원급제
한 뒤 전적, 도승지, 대사헌을 거쳐 예조판서, 이조판서에 오른 뒤 4조
朝의 왕을 모시며 좌의정을 지냈다. 1588년(선조 21) 세상을 떠난 정유
길의 자는 길원吉元, 호는 임당林塘이며 저서로『임당유고林塘遺稿』를
남겼다. 정유길의 아버지는 부사 정복겸鄭福謙, 할아버지는 정광필이
다.

억울한 목숨을 구한 정창연　정창연은 좌의정 정유길의 아들로
1552년(명종 7) 태어나, 1579년(선조 12) 진사에 합격하고 그해에 문과
에 급제하였다. 정창연은 1582년 선조가『통감강목通鑑綱目』을 강론
할 때 이항복 등과 함께 선발되어 왕의 고문이 되었다. 정창연은 이후
호당에 들어가 학문에 전념하였으며 선조 대에는 예조판서와 지중추
부사로 승진하였다.

정창연 신도비각

1614년(광해 6) 우의정에 오른 정창연은 영창 대군을 죽인 강화江華
부사 정항鄭沆을 사형하라고 주장한 정온이 극형을 당하게 되자 목숨
을 구해 주었다. 그는 1618년에는 인목 대비를 폐위시키려는 의논이
일자 아예 조정에 나가지 않아 물의를 일으켰다. 1623년에 일어난 인
조반정 이후 정창연은 좌의정에 오르고 기로소耆老所(기사耆社)에 들
어가 궤장机杖을 받았다.

광해군의 비 유柳씨는 정창연의 생질녀였으므로 광해군 때 옥사가
있으면 그의 도움을 구하는 일이 종종 있었다. 정창연은 상대가 억울
한 상황에 처한 줄 알면 신분을 가리지 않고 구출하기 위해 힘을 쏟았
고, 실제로 살린 자도 많았다. 그러나 집에는 조금도 그와 같은 얘기
를 비치지 않았으므로 자제들조차 정창연이 누구를 살렸는지 몰랐다
한다. 1636년(인조 14) 세상을 떠난 정창연의 자는 경진景眞, 호는 수
죽水竹이다.

정광필의 증손 정지연　정랑 정유인鄭惟仁의 아들 정지연은 1527년
(중종 22) 태어났다. 그는 서경덕徐敬德에게 가르침을 받았고 사림士林
들 사이에 명망이 높았으며, 1569년(선조 2)에는 문과에 급제하였다.
정지연은 여러 벼슬을 지내고 1579년(선조 12)에는 대사헌을 거쳐
1581년 우의정에 올랐다. 정지연이 자는 연지衍之, 호는 남봉南峰으로
1583년(선조 16) 세상을 떠났다.

정승을 여섯 차례나 지낸 정태화　1602년(선조 35) 참판 정광성鄭廣

城의 아들로 태어난 정태화는 1628년(인조 6) 동생 정치화와 함께 문과에 급제하였다. 그는 1634년(인조 12)에는 청나라 사신의 원접사 종사로 선발되었으며, 1635년에 북변이 위급해질 때를 대비하여 설치한 원수부元帥府의 원수종사가 되었다.

정태화 묘비

1636년에 청나라 군사가 갑자기 급습하여 원수는 도망하고 우리 군사는 대패하는 위급한 상황이 발생하게 되었다. 이때 정태화는 패잔병을 수습하여 화살과 돌을 이용해 항전하는 공을 세우고 집의가 되었다. 이후 정태화는 볼모가 되어 선양으로 가게 된 소현 세자를 배종하였으며, 그곳에서도 뛰어난 재주로 인해 이름을 떨쳤다.

조선으로 돌아온 뒤 호령湖嶺 안찰사로 있던 정태화는, 조정이 명나라와 체결하였던 밀약이 청나라에 탄로되어 난처한 상황에 빠지자 봉황성鳳凰城에 보내졌다. 정태화는 청나라의 협박을 잘 막아내며 조선이 어려움에 처하지 않도록 일을 무마하였고 우의정, 좌의정을 거쳐 6차례나 영의정을 지냈다. 그가 1671년(현종 12) 기로에 들어가게 되었을 때, 노환으로 조정에 나갈 수 없게 되자 현종은 가마를 타고 들어오도록 명하였다.

정태화는 1673년(현종 14) 사망 이후 현종의 묘정에 배향되었으며 그의 자는 유춘囿春, 호는 양파陽坡이며 시호는 익헌翼憲을 받았다가 충익忠翼으로 바뀌었다.

선양에 다녀온 정지화 명상 정광필의 5
대손인 정지화는 이조참판 정광경鄭廣敬의
아들로 1613년(광해 5) 태어나 어린 나이로
진사에 합격해 관직에 들어섰다. 정지화는
1636년(인조 14)의 병자호란 때는 아버지
와 같이 남한산성으로 왕을 호종하였으며,
이듬해 제릉齊陵 참봉이 되고 그해 정시에
장원급제하였다.

정지화 묘비

　이후 정지화는 사서로서 왕세자를 따라
선양에 다녀온 뒤 교리, 이조정랑, 응교,
집의, 사인 등을 거치고 원주原州 목사가 되어 선정을 베풀었다. 정지
화는 효종이 즉위한 뒤에는 세자시강원 보덕에 책봉되었으며, 이어
진주사의 서장관으로 연경에 가서 중국에 보내던 공물인 세폐를 삭감
하는 임무를 완수하였다. 조선으로 돌아온 정지화는 병조참의, 황해
도 관찰사, 승지, 대사간, 전라도·함경도·평안도의 관찰사를 역임
하고 형조판서, 호조판서, 예조판서, 대사헌을 거쳐 1674년(현종 15)
우의정에 이르고, 뒤에 판중추부사에 올랐다.

　이때 사헌부와 사간원 양사에서 대비의 복상 기간을 어떻게 할 것
인가 하는 문제로 송시열宋時烈을 비롯한 서인들이 상소를 당하자, 정
지화는 극력 반대하였다.

정지화는 영중추부사와 좌의정을 지내고 병으로 사임한 뒤 1688년 (숙종 14) 하세하였다. 그의 자는 예경禮卿, 호는 남곡南谷이다.

영중추부사로 생을 마감한 정재숭　영의정 정태화의 아들인 정재숭은 1632년(인조 10) 태어나 1651년(효종 2) 사마에 합격하였다. 그는 1660년(현종 1) 문과에 급제한 뒤 여러 벼슬을 거쳐 1685년(숙종 11) 호조판서로 있다가 우의정을 지내고 영중추부사가 되었다. 1692년(숙종 18) 하세한 정재숭의 자는 자고子高, 호는 송와松窩이다.

청나라에서 객사한 정석오　정석오는 1691년(숙종 17) 태어나 1705년(숙종 31) 약관의 나이로 문과에 급제하고 1746년(영조 22) 좌의정에 올랐다. 그는 1748년(영조 24) 청나라에 사신으로 갔다가 십리보十里堡에서 객사하였다. 정석오의 자는 유호攸好이다.

명재정관으로 이름을 알린 정홍순　정홍순은 참판 정석삼鄭錫三의 아들로 1720년(숙종 46) 태어나 1745년(영조 21) 문과에 급제하였다. 그는 나라의 재정을 맡아 보던 탁지부와 대동미, 포 등의 출납을 담당하던 선혜청의 당상으로서 국가의 재물을 효율적으로 주관하며 근세의 명재정관으로 이름을 알렸다. 정홍순은 그 뒤 호조와 예조의 판서를 거쳐 좌의정까지 지냈다. 1784년(정조 8) 세상을 떠난 정홍순의 자는 의중毅仲, 호는 호동瓠東, 시호는 정민貞敏과 충헌忠憲이다. 정홍순은 영의정 정태화의 후손이다.

퇴관 후 기로소에 들어간 정존겸   정존
겸은 좌의정 정유길의 8세손으로 1722년
(경종 2) 태어나 1751년(영조 17) 문과에 급
제하였다. 그는 교리, 부제학, 이조판서를
거쳐 1786년(정조 10) 우의정을 지내고 영
의정에 이르러 퇴관하고 기로소에 들어갔
다. 1794년(정조 18) 하세한 정존겸의 자
는 대수大受, 호는 양암陽菴과 원촌源村,

정존겸 초상

시호는 문안文安이다.

민생의 고락을 내 일처럼 생각한 정원용   1783년(정조 7) 돈령부 도
정 정동만鄭東晚과 예조판서 이숭우李崇祐의 딸 사이에서 태어난 정원
용의 자는 선지善之, 호는 경산經山, 시호는 문충文忠이다.

　그는 72년 동안 벼슬아치로 지내면서, 높은 관직에 올라갔을 때에
도 처음의 자세를 잃지 않고 정무를 근면히 수행하였다. 정원용은 조
정의 득실이나 민생의 고락을 자신의 일처럼 생각하여, 다른 사람은
아무렇지 않게 지나갈 일에 대해서도 관심을 두고 신경을 썼다. 그는
임금을 섬김에 있어서도 충성과 정직이라는 신하로서의 기본 마음가
짐을 잃지 않았다.

　정원용의 아내는 예조판서 강릉江陵 김씨 김계락金啓洛의 딸이었는
데, 그는 집안 대소사나 자식들의 문제는 아내에게 맡긴 채 관심을 두
지 않았으며 일상생활에 있어서도 지극히 검소하였다.

정원용 묘소

정원용은 1802년(순조 2) 정시에 급제한 뒤 사간원 대사간으로 문례관問禮官이 되어 청나라 사신을 영접하였으며 이어 관서 위문사, 강원도 관찰사를 역임하며 도민의 구호를 위해 힘을 쏟았다. 정원용은 동지사로 명나라에 다녀온 뒤 헌종 때에 이르러 예조판서와 이조판서를 역임하고 통정대부, 가선대부, 자헌대부, 숭정대부를 거쳐 우의정에 이르렀다가 좌의정에 올랐다. 1848년(헌종 14) 영의정에 오른 정원용은 이듬해 즉위한 철종 대부터 고종 대에 이르기까지 양조의 임금을 섬기고 영중추부사에 이르렀다. 그는 1873년(고종 10) 91세의 나이로 축하연을 받고 하세하였다.

정원용은 저술 활동도 활발히 하여 『경산집經山集』 40권, 『황각장黃閣章』 21권, 『북정록北征錄』 10권, 『수향편袖香編』 3권, 『문헌촬록文獻撮錄』 5권 등 많은 책을 남겼다.

고갈된 국고를 타개하고자 힘쓴 정범조   정범조는 1859년(철종 10) 문과에 급제한 뒤 1880년(고종 17) 제도 개혁 당시 대호군이 되었으며, 감공사 당상, 경리사 등을 역임하고 이조·병조·형조의 판서를 지냈다. 호조판서에 오른 정범조는 국고가 고갈된 상황에서 해결책을 마련하고자 진력하였으며, 우의정을 거쳐 좌의정에 올랐다.

정범조의 태어난 해는 확실하지 않으며 1897년(고종 34/ 대한 건양 2) 세상을 떠났다. 그의 자는 우서禹書, 호는 규당葵堂이며 아버지는 영의정 정원용이다.

을사사화의 간신 정순붕의 아들 정작이 살던 회현동 3가

회현동 3가, 충무로 1가, 명동 2가에 걸쳐서는 식초를 파는 집이 있었으므로 한자로 '식초 락酪' 자를 써서 타락골이라 하였다. 타락골은 한자명으로 타락동駝酪洞이라 하고, 줄여서 낙동酪洞으로도 불렀다.

타락동은 남산 골짜기 곳곳에서 흘러내리는 계곡물이 지금의 퇴계로 근방에서 한데 모여 건천동 방면으로 흘렀다. 타락은 우유를 일컫

정순붕 묘소

는 단어로 옛날에 우유는 매우 희소한 음식이었기에, 귀한 손님이 올 때 특별히 내놓는 접대용이거나 왕실용으로 진상되었다. 남산 계곡의 물이 곧잘 우유에 비유되었는데, 남산 골짜기의 계곡을 그만큼 깨끗한 물로 인정하였다고도 볼 수 있겠다. 우유를 넣어 쑨 죽은 고급 영양식이었기에 타락죽은 더욱 특별하게 취급하였다.

타락동에 살던 선조 때의 문장가 정작鄭碏의 아버지는 을사사화에 가담하여 죄 없는 이들을 죽음에 이르게 한 정순붕鄭順朋이었다. 정작은 아버지의 패악이 세상 사람들의 이름에 오르내리며 지탄을 받고 이로 인해 관직을 박탈당하자, 마음을 잡지 못하고 술로써 방탕한 생활을 하였다.

정작은 선조 즉위 이후 좌랑으로 복관하였으며, 의약에 조예가 깊었으므로 1596년(선조 29)에는 『동의보감東醫寶鑑』 편찬에 참여하고 사평에 이르렀다. 정작은 벼슬에서 물러나 술을 가까이 하며 세월을 소일하던 때에도 시는 손에서 놓지 않았으며, 예서에도 뛰어났다.

1533년(중종 28) 태어나 1603년(선조 36) 세상을 떠난 정작의 자는 군경君敬, 호는 고옥古玉이며 본관은 온양溫陽이다.

중구 남산동
- 과거를 준비하던 서생들이 모여 있던 곳 -

남산골은 지금의 남산동 1가, 2가, 3가 지역과 회현동 일부 지역에 걸쳐 남산 북쪽 기슭에 있던 마을로, 한자명으로 남산동南山洞이라 하였다. 남산동에는 예로부터 가난한 선비와 청렴한 관원들이 살았으므로

"남산골 샌님이 원 하나 내지는 못해도 뗄 권리는 있다."
는 말이 전하기도 했다.

『조선왕조실록』이나 각종 문집 등에는 조선 후기, 왕이 백성들 모르게 잠행潛行으로 종종 남산골 선비촌을 다녀온 일화가 보인다. 선비들의 글 읽는 소리가 멀리 경복궁까지 들릴 정도라고 표현한 것을 보면 꽤 많은 숫자의 선비들이 과거 준비를 하며 남산골에 모여 살았음을 알 수 있다.

남산동에는 복구형伏龜形터와 재산루在山樓터가 있는데 복구형터는 타락동에 있는 집터를 말한 것으로, 남산의 정간正幹이 내려와 거북이가 엎드린 것과 같으므로 무학 대사가 복구형이라 하였다. 타락동의 서쪽은 세종 때의 문용공文庸公 조말생趙末生의 집이 있었고 동쪽은 정조 때 우의정을 지낸 윤저동尹箸東의 집이 있었는데 이 두 곳은 좌우 눈의 혈穴이라고 한다.

재산루터는 회현동 2가 끝에 있던 누각 자리를 가리키는 것으로, 우리 은행 본점 부근이다. 청성淸城 부원군 김석주가 출생한 집터의 모양이 범과 같으므로, 범은 산에 있는 것이라 하여 집의 이름을 재산在山루라 한 것이다. 재산루 아래 있는 우물은 물맛이 매우 좋았으며 우물 동쪽의 돌벽에 창벽蒼壁이란 두 글자가 새겨졌고 넓은 바위 위쪽에는 연지硯池도 있어 명소로 알려져 있다.

남산동에 살았던 영의정 이경여   이경여李敬興는 1609년(광해 1) 급제하였으나 벼슬에 뜻이 없어 강원도에 머물며 흥원강興原江가에서 산수를 즐기며 소일하였다. 이경여는 인조반정 때 부교리로 관직에 취임한 이후 반정을 성공시킨 이괄李适이 난을 일으키자 인조를 모시고 공주公州로 향하였다. 1636년(인조 14) 12월에는 병자호란이 일어나자 이경여가 인조를 모시고 남한산성으로 피난하였다.

1642년(인조 20) 친명파였던 이계李烓가 명나라 상선과 몰래 무역을 하다가 청나라에 발각되어 의주에 구금되는 일이 발생하였다. 이계는 풀려나기 위해 최명길, 이경여, 신익성, 이명한李明漢 등이 명나라와 밀통한다는 사실과 또 조선에서 청나라 연호를 사용하지 않음을 고발하였다. 이경여는 이계의 고언으로 연루되어 선양에 억류당하였다.

조말생 신도비

조선으로 돌아온 이경여는 조선을 대표하는 사신으로 1644년 다시 선양에 갔다가 1642년의 일로 인해 구속되었으나 이듬해 세자와 함께 돌아올 수 있었다.

이경여는 이어 소현 세자의 빈 민회빈愍懷嬪 강姜씨의 사사를 반대하다가 진도에 유배되고, 1648년(인조 26)에는 삼수三水에 위리안치되었다. 이경여는 인조가 서거하고 효종이 즉위하자 복관되어 1650년(효종 1)에는 영의정이 되었으나 이듬해 청나라의 간섭으로 파면되었다.

이경여는 1585년(선조 18) 이수록李綏祿의 아들로 태어나 1657년(효종 8) 생을 마감하였으며 자는 직부直夫, 호는 백강白江, 시호는 문정文貞이며 본관은 전주全州이다.

문과에 장원급제한 조말생 고려 말인 1370년(공민 19) 서운정書雲正 조의趙誼의 아들로 태어난 조말생은 조선 개국 후인 1401년(태종 1) 문과에 장원급제하며 관직에 들어섰다. 그는 요물고 부사, 감찰, 정언, 헌납을 거쳐 이조정랑으로 있던 해에 중시를 치러 2등으로 합격한 뒤 전농시 부정, 사헌부 장령, 예문관 직제학 등에 보직되었다.

조말생은 이어 판선공감사, 승정원 동부대언, 지신사를 역임하고 이조참판에 올라 가정대부가 되었으며 형조판서에서 병조판서로 전임된 뒤 군정을 맡아 태종을 시종하며 각별한 총애를 받았다. 조말생은 세종 때에는 예문관 대제학을 거쳐 판중추원사에 이르러 궤장을 하사받고 영중추원사로 승진하였다.

1447년(세종 29) 세상을 하세한 조말생의 자는 근초謹初, 시호는 문강文剛이며 본관은 양주楊州이다.

남인과 대립한 서인 김석주   병조판서 김좌명金佐明의 아들로 1634
년(인조 12) 태어난 김석주는 효종 때 진사에 장원으로 급제하고, 1662
년(현종 3) 문과에 또다시 장원급제하였다. 그는 전적을 지내고 옥당
에 들어가 오랫동안 학업에 전념하고 우승지에 이르렀으며 숙종 즉위
뒤에는 도승지, 이조참판, 부제학을 지내고, 이조판서로 특진하여 대
제학을 겸임하였다.

1674년(숙종 즉위) 자의慈懿 대비의 복상 문제에 따른 논란이 일어
나자 김석주는 남인 허적 등과 결탁하여 서인에서 갈려 나간 노론 송
시열, 김수항 등을 조정에서 숙청하고 수어사에 이어 도승지로 특진
되었다.

그러나 남인 정권이 강화되자 김석주는 다시 서인들과 손을 잡고

김석주의 아버지 김좌명 묘소

왕에게 상소하여 송시열을 처형하지 못하게 하고, 숙종의 국구 김만기金萬基를 몰아내려는 남인을 따르지 않도록 만들었다. 그 공으로 김석주가 어영대장을 겸하게 되자 이를 시기한 남인과 영의정 허적의 서자 허견은 역모를 꾀하려 하였다. 김석주는 혐의를 사전에 알아채고 상소하여 허견 일당을 제거하는데 공을 세워 보사保社공신 1등으로 청성淸城 부원군에 봉해졌다. 김석주는 이후 병조판서를 거쳐, 1658년 우의정에 이르러 호위대장을 겸직하였다.

숙종의 국구 김만기 묘비

교서관 정자 허견은 아버지의 세력을 믿고 방자함이 극에 달해 황해도에서 수천 그루의 재목을 도벌해 집을 짓고, 유부녀인 이차옥李次玉을 강탈하는가 하면 청풍淸風 부원군 김우명金佑明의 첩과 싸워 치아를 부러뜨리기도 했다. 이에 좌윤 남구만南九萬이 상소하여 허견을 처벌할 것을 청하는 등 배척을 받았다. 김석주는 1680년 허견이 복창군, 복선군, 복평군 등과 역모를 꾀한다는 고변을 하였고, 이로써 주살당하고 가산은 적몰되었다.

김육 초상. 김석주 할아버지

김석주는 1684년(숙종 10) 죽은 지 4년 만에 남인이 다시 권세를 잡음으로써 작위가 박탈되었으나 이후 복귀되었다. 그의 자는 사백斯百, 호는 식암息庵, 시호는 문충文忠, 본관은 청풍淸風이며 저서로『식암집息庵集』을 남겼다. 영의정 김육金堉은 김석주의 할아버지이다.

인조의 장인 한준겸   선조가 신임하여 승하할 때 유명을 내린 일곱 신하의 한 사람으로서 유교칠신遺敎七臣으로 불리었던 한준겸韓浚謙은 인조의 국구이기도 하다.

한준겸은 1557년(명종 12) 판관 한효윤韓孝胤의 아들로 태어나 생원에 장원으로 급제한 뒤, 진사에 7등으로 합격해 태릉泰陵 참봉이 되었다. 한준겸은 1586년(선조 19)에는 문과에 급제하고 사국史局에 선발되어 검열이 되었다.

한번은 선조가 문제를 출제하여 유신儒臣들에게 글을 짓도록 했는데, 한준겸은 이때 수위로 뽑혀 호랑이 가죽을 상으로 받기도 했다.

한준겸이 금천 현감으로 재직하던 중 정여립의 반란이 일어나자, 난에 관련된 것으로 지목당한 사위 이진길李震吉을 천거한 일이 있다는 이유로 수감되었다. 풀려난 한준겸은 1592년(선조 25) 예조정랑을 거쳐 원주 목사, 지평 등을 지내고 1597년(선조 30) 승지가 되었다. 이해에 왜병이 쳐들어오자 한준겸은 명나라 제독 마귀麻貴를 도와 말꼴과 식량 등을 수집해 저장하는데 힘을 쏟고 이후 경기도 관찰사, 대사성, 영남 안찰사를 지냈다.

한준겸은 문신 정인홍鄭仁弘을 싫어하여 그의 집 앞을 지나면서 단한번도 방문하지 않았는데, 이로 인해 정인홍의 일당 문홍도文弘道의 무고를 받고 파직당하였다. 그는 1600년에는 병조참판, 이듬해에는 4 도 체찰사 부사를 겸하고 호남 안찰사와 예조참판에 보직되었다.

당시 변경에는 호적들의 침범이 잦았으므로, 한준겸은 4도를 지키는 도원수에 보직되어 부제학을 겸임하고 호조판서, 관서關西와 영북嶺北의 안찰사가 되었다. 그러나 1613년(광해 5) 대북파가 반대파와 영창 대군을 제거하기 위해 일으킨 계축옥사癸丑獄事가 발생하자 한준겸도 연좌되어 붙잡혔다가 쫓겨났다. 한준겸은 충원忠原에서 5년 동안 귀양살이를 하던 중 지중추부사의 소명을 받고 5도 도원수를 겸하여 중화中和에서 북변의 국경을 방어하였다.

인조반정이 성공한 이후, 한준겸은 임금의 장인으로서 영돈령부사에 오르고 서평西平 부원군이 되었다. 그는 1624년(인조 2) 이괄의 난에는 왕을 모시고 공주로 갔으며, 1627년(인조 5)의 정묘호란丁卯胡亂에는 세자를 전주全州에 모시고 갔다가 적이 물러간 뒤 한양으로 돌아와 죽었다. 한준겸의 자는 익지益之, 호는 유천柳川, 시호는 문익文翼이며 본관은 청주淸州이다.

남산동에 살았던 허생을 주인공으로 한 「허생전」

「허생전許生傳」은 연암燕巖 박지원朴趾源이 지은 한문 소설로『열하일기熱河日記』의 「옥갑야화玉匣夜話」에 실려 있다. 박지원은 주인공 허생의 상행위를 통해 상인들이 폭리를 얻기 위해 물건을 사재기하고 비싼 값을 받기 위해 물건 팔기를 꺼리는 매석賣惜으로 물건이 동나는 경제 상황을 비판하고, 무위도식하는 양반들의 무능을 함께 풍자하였다.

주인공 허생은 살림에 쪼들리자 10년을 작정하고 시작한 공부를 7년 만에 포기하고는, 돈을 빌려 장사를 시작해 많은 돈을 벌었다. 그는 이렇게 번 돈으로 가난한 사람과 해적들을 구제하기 위해 노력하였다. 이 사실을 알게 된 정승 이완李浣은 허생의 인물됨을 인정하고 그를 찾아가 정치를 의논하였다. 그러나 다음날 이완이 허생을 나라의 인재로 등용하기 위해 찾아가니 사라지고 없었다.

「허생전」의 저자 박지원은 벼슬을 싫어하던 중 1777년(정조 1) 권신 홍국영洪國榮에 의해 벽파로 몰려 신변의 위협을 느끼자, 황해도 금천金川의 산속으로 들어갔다. 금천에서 경제, 정치, 군사, 문학을 공부하며 독서에 전념하던 박지원은 서양의 신학문을 함께 접하였던 홍대용洪大容과도 다시 만나 자연과학을 탐구하며 지동설地動說을 주장하였다.

박지원은 북학파北學派의 한 사람으로 노론파의 홍대용, 박제가朴齊家와 함께 선진적인 외국 문화를 받아들일 것을 주장하고, 정약용丁若鏞 등과 실학實學 연구에 힘을 쏟았다.

박지원은 1780년(정조 4) 친족 박명원朴明源이 진하사 겸 사은사가 되어 청나라에 가게 되자 수행원으로 따라 들어가 중국의 학자와 교류하면서 식견을 넓혔다. 그는 귀국 후에는 『열하일기』를 저술하여 학계에 큰 영향을 미쳤으며, 50세의 나이로 처음 관직에 올라 선공감 감역, 한성부 판관, 안의安義 현감 등을 역임하였다.

박명원 묘소

　박지원은 정조의 요청으로 1799년(정조 23) 농사 경영에 관한 농서 『과농소초課農小抄』에 「한민명전의限民名田議」 1편을 첨가하여 토지 소유의 제한과 농정 개혁을 강조하였다.

　박지원의 단편소설 「양반전」, 「허생전」, 「호질虎叱」 등에서는 양반 계급과 부패한 관리를 비판하고 무인도에서의 이상향을 묘사하였다. 그중 「양반전」은 1955년 양재연梁在淵이 국역하여 『현대문학』 제1권 5호에 실리면서 널리 알려지게 됐다.

　박지원은 1737년(영조 13) 박필균朴弼均의 아들로 태어나 1805년(순조 5) 하세하였으며 자는 중미仲美, 호는 연암燕巖, 시호는 문노文度, 본관은 반남潘南이다. 위에 열거한 박지원의 작품 외에도 『광문자전廣文者傳』, 『민옹전閔翁傳』, 『예덕선생전穢德先生傳』 등이 있다.

종구 명동

-격변기에 서로를 포악하게 죽이고 죽음을 당한 백성들-

명동明洞은 조선 초 한성부 남부 명례방明禮坊에 속한 지역으로 지금의 동명은 명례방의 '명' 자에서 온 것이다. 명동은 갑오개혁 때는 남서 명례방 명동계의 명동, 대룡동계 대룡동, 소룡동계 소룡동, 종현계 종현, 저동계 저동과 회현방 낙동계駱洞契 낙동으로 이루어졌다.

명동 2가에 위치하는 사적 제258호 명동 성당은 1894년(고종 31)에 공사를 시작해서 1898년(고종 35) 완성되었으며, 우리나라 최초의 벽돌로 만든 교회당으로써 순수한 고딕 양식으로 건립하였다.

명동 성당 자리는 흥선 대원군 때 조선 최초로 순교한 김범우金範禹의 집으로 초기의 천주 교회당으로 쓰였던 곳이다. 1785년(정조 9) 김범우의 집에서 이벽李檗, 이승훈李承薰, 정약전丁若銓, 정약용, 정약종丁若鍾, 권일신權日身 등 천주교 신자 수십 명이 모여 설교하다 발각되는 일이

이승훈 초상

발생했다. 다른 사람은 양반이나 명문 출신인 관계로 징계에 그쳤으나, 집주인 김범우는 중인 출신의 역관이었기에 붙들려 담양潭陽으로 유배 가는 도중인 1787년(정조 11) 사망하였다.

1883년(고종 20)에 블랑 백Blans白 주교가 명동 성당 자리를 구입하

정약종 초상

고 교회를 건축하려고 하자 조선 정부는 왕궁을 비롯해 서울 장안을 빤히 내려다 볼 수 있는 위치라 하여 여러 가지 이유를 들며 반대하였다. 그러나 1886년(고종 23) 조불 수호 통상조약을 체결하고, 블랑 주교가 조선 정부와 오랜 교섭을 벌인 끝에 건축 허가를 얻게 되었다.

이로써 이듬해인 1887년부터 1890년(고종 27)까지 종현의 등성이를 깎아 터를 만들었으며, 종현에서 덕수궁德壽宮 안 궁녀들의 움직임이 내려다보이자 각 전각에 발을 늘어뜨렸다. 한편 인근 마을 사람들은 물론 새문안의 거주자들은 높은 북달재에 더 높은 뾰족한 탑이 서게 되면 하늘이 노하게 된다 하여 저마다 전전긍긍했다고 한다.

명동 성당이 위치한 고개는 북달재 또는 종현鍾峴이라고 했는데 임진왜란 때 명나라 장수 양호楊鎬가 이곳에 진을 치고 시각을 알리기 위해 남대문에 있던 종을 옮겨 달면서 불리게 된 이름이다.

명동 2가에는 중화인민공화국 대사관이 자리하고 있다. 1992년 8월 24일 이전까지에는 중화민국(대만) 대사관이었으나 한국이 중화인민공화국과 국교를 체결하면서 대만 대사관은 철폐되있다.

대사관터는 흥선 대원군 집권 때 천주교를 박해했던 포도대장 이경하李景夏가 살던 집이었다. 이경하가 어찌나 혹심하게 천주교인을 살육하였는지 울던 아이도 "낙동 대감"하면 울음을 멈추었으며, 그가 자택으로 신자들을 잡아들여 고문했기에 염라대왕을 빗대어 염라 대감이라고도 불렀다. 이경하는 익종의 아내 조 대비의 친척으로 훈련대장, 어영대장, 형조판서 등을 지내고 보국숭록대부에 올랐다.

타락동에 중국 대사관이 자리하게 된 것은 1882년(고종 19) 임오군란 이후 한양에 청나라 군대가 주둔하고 상무총판 진수당陳樹棠이 일대를 점유하면서부터이다. 진수당의 후임으로 위안스카이(원세개遠世凱)가 들어와 진수당이 거주하던 집을 총리아문總理衙門으로 고치면서 개축하고, 10여 년간 조선의 내정을 간섭하였다.

위안스카이는 임오군란이 일어나자 북양北洋 대신 겸 직례直隸 총독 이홍장李鴻章의 명으로 경군전적영무처차석慶軍前敵營務處次席의 직책으로 한양에 들어와 흥선 대원군을 포로로 하고 군란을 진압하였다. 위안스카이는 일본 세력을 견제하는데 성공한 뒤 통리조선통상교섭사의가 되어 조선에 주재하게 되었다. 2년 뒤인 1884년 갑신정변이 일어나자 그는 재빨리 창덕궁昌德宮을 포위해 신정부를 조직한 개화당의 민씨 일파를 몰아내고 일본 군대를 철퇴시킨 뒤, 고종을 청나라 영사로 옮겨 버렸다.

1885년(고종 22) 흥선 대원군을 조선 조정으로 복귀시킨 위안스카이는, 이듬해 7월에는 고종을 폐위시키고자 하였다. 위안스카이는 1893년에는 청나라에 신식 총포를 구입하도록 하고, 1894년(고종 31) 동학東學농민운동이 일어나자 조선의 요청에 따라 청나라 군사를 파견하였다. 일본 군대 역시 조선으로 진군하면서 청일淸日전쟁이 발발하였고, 위안스카이가 이해 6월에 이홍장의 명에 따라 청으로 귀국하면서 조선에서의 직접적인 영향력은 줄어들었다.

위안스카이가 주둔했던 본진 앞인 충무로 입구에서 명동~을지로 입구까지를 원대진전袁大陣前이라 불렀는데 청나라 군사들의 횡포가 어찌나 심했던지 길에 서서 조선 사람들의 통행을 막기까지 하였다. 위안스카이가 살던 집은 1910년(순종 3/ 대한 융희 4) 체결된 국권피탈에 의해 잠시 일본인이 수용하였으나 1920년대에 중국과 국교가 전개되면서 다시 중국인 소유로 되었다.

윤선도 「오우가」 시비

북달재에는 조선 시대 시조 작가로 유명한 윤선도尹善道가 살았다. 윤선도의 집은 『동국여지승람』에는 제비 형국의 명당이라 기록하고 있으며 영조 때에는 허목許穆의 집이 되어 그가 직접 쓴 「여산부동如山不動」이라는 네 글자를 주련柱聯으로 걸었는데 비바람을 맞아도 씻기지 않았다 한다.

명동 성당 남쪽에는 성종이 가장 신뢰하고 아꼈던 칠휴거사七休居士 손순효孫舜孝가 살았다. 그는 풀로 지붕을 이은 집지를 짓고 못을 파서 연꽃을 심어 놓고는 후학들을 가르치는 것으로 낙을 삼았다. 손순효는 또한 술을 좋아해서 성종이 하루에 석 잔 이상 마시지 말도록 주의를 주면서 은으로 된 술잔을 하사한 일도 있었다.

시조 문학의 대가 윤선도가 살던 북달재

윤선도는 어려서부터 총명하고 글을 좋아하여 경사經史를 비롯한 백가서百家書에 환해 모르는 것이 없었다. 그는 의약, 복서卜筮, 음양陰陽에 관한 이치에도 정통하였고 시조에도 매우 뛰어난 재능을 발휘하였다.

윤선도는 1587년(선조 20) 부정 윤유심尹唯深의 아들로 태어나 숙부 윤유기尹唯幾의 양자가 되었다. 그는 남인으로서 광해군 때 진사시에 급제하였으며, 초야에 있을 때에도 상소하여 북인 이이첨, 영의정 박승종朴承宗, 왕후의 오빠 유희분柳希奮 등이 나라를 그르친 죄를 샅샅이 고하였다. 이 상소로 인해 윤선도는 경원慶源에 안치되어 귀양살이를 8년 동안 하다가 인조반정으로 용서되었다.

윤선도는 1628년(인조 6)에는 봉림鳳林 대군(효종)과 인평麟坪 대군

인평 대군 신도비

의 사부가 되어 배움을 주고 올바른 길로 이끈 공이 인정되어 인조와 왕비에게 깊은 신임을 받았다. 윤선도는 1633년(인조 11) 문과에 급제했으나 집권파인 서인들이 인정하지 않고 배척하려 하자, 벼슬을 버리고 귀향하였다.

1636년 병자호란이 일어나자 윤선도는 전라도와 경상도의 수군을 거느리고 강화도로 향했으나, 그가 도착했을 때는 이미 청나라 군사에게 함락된

뒤였기에 되돌아갈 수밖에 없었다. 이후 윤선도는 남한산성에 피신해 있는 왕을 문안하지 않은 죄로 영덕盈德으로의 귀양에 처해졌다.

효종이 즉위하여 윤선도에게 승지, 예조참의 등을 벼슬을 내렸으나 이때에도 서인들에게 몰려 고향으로 내려가야 했다. 윤선도는 1660년 효종이 서거하자 조 대비 복제 문제를 논쟁하다가 서인들에게 누명을 쓰고 삼수에 안치되어 또 한 차례 귀양살이를 겪었다.

그는 1665년(현종 6) 용서되어 귀향하였으며, 1671년(현종 12) 하세하였다. 윤선도의 자는 약이約而, 호는 고산孤山, 시호는 충헌忠憲, 본관은 해남海南이며 이조판서에 추증되었다. 참찬 윤의중尹毅中은 윤선도의 조부이다.

중구 봉래동
- 일본 거류민들이 왜의 장군을 환영해 맞이한 마을 -

봉래교蓬萊橋의 이름에서 연유한 봉래동蓬萊洞의 명칭은 동학농민 운동이 발발했을 당시로 거슬러 올라간다. 1894년 일본은 청나라와 텐진에서 맺은 텐진 조약을 빙자해 대도소장이 5천 명의 혼성여단을 이끌고 한양으로 입성하였다. 이에 용산 지역과 도성 내에 실고 있던 일본 거류민들은 같은 민족인 일본 군대를 열렬히 환영하면서 대도소장이 건넜던 다리를 봉래교로 칭하였다.

남대문 밖 남서쪽에 위치한 봉래동 1가는 조선 초에는 한성부 서부 반석방盤石坊 지역에 포함되다가 1894년 갑오개혁 때 한성부 서서 반석방 고순청계古巡廳契 순동巡洞·자암동紫岩洞, 연지계蓮池契 해동海洞·분동盆洞·남정동·연지동이 되었다.

봉래동 1가에는 조선 시대에 상업이 성하던 시장 칠패七牌가 있어 주변은 칠패길로 불렸으며, 현재 이를 알리는 표석이 세워져 있다. 칠패라는 명칭은 서울의 치안과 방범을 위해 1670년(현종 11)부터 삼군문三軍門에서 한성부 전 지역을 8패로 나누어 3일에 한 번씩 교대로 순찰한데서 시작되었다. 각 1패는 지금의 방범 1개 초소에 해당되었다. 어영청에서는 남대문 밖의 서빙고, 마포, 용산에 이르는 지역을 맡아 순찰하였으며, 봉래동 지역은 일곱 번째 지역에 해당되었으므로 칠패가 된 것이다.

칠패 시장에서는 주로 생선을 거래하였으며 종로 시전, 배오개 시장과 함께 한양의 3대 시장으로 꼽혔다. 생선을 주로 취급하는 외어물전은 서소문西小門 밖에 있었고, 건어물을 취급하는 내어물전은 종로에 있었다.

칠패 등지 외어물전의 상인들은 18세기 중엽에는 상권의 확대를 꾀하며 내어물전보다 탁월한 상술을 발휘하여, 내어물전 상인들의 상권을 크게 위협하였다. 그 예로 1746년(영조 22) 11월에 내어물전에서 제출한 소장의 내용을 보면 상권이 확장되고 시장 경제가 발달하면서 상인들 사이에 오갔던 갈등이 파악된다.

〈남문 밖 칠패 시장에서 다량의 난매亂賣를 하고 무리를 동대문 밖과 동작진銅雀津 등에 보내어 남북으로부터 한성에 들어오는 어상

漁商들을 유인하여 칠패에 들여다 놓고 성안에 있는 중도아 中都兒를 데리고 와서 난전을 벌이고 있다. …중략… 이러한 건어와 어물은 모두 칠패의 난전배가 분급한 것이다. 그리하여 본전本廛은 도산 실업할 지경이고 금명간 파시罷市할 수밖에 없다.〉

동작진

중도아는 상인과 상인 사이에서 물건을 중매하여 사고파는 행위를 하던 중간상인을 말한다. 칠패의 상인들이 중간상인을 통해 물건을 다량으로 구입해 판매를 하니 본래의 상점들은 파산할 지경에 이르렀다고 하소연한 것이다.

봉래동과 순화동巡和洞에 걸쳐 있던 자암동紫岩洞은 염천교 일대로 다리 동쪽의 철도 근처에 있던 자연암에서 자줏빛이 났기 때문에 자색 바위, 자암, 자바위, 자연紫烟 바위, 또는 잼바라는 이름으로 불렸다. 자암 마을에서는 한음漢陰 이덕형이 출생하였다.

자암동은 조선 시대에 객주客主가 많이 모여 있던 곳으로 객주는 자암동 외에 동대문, 시구문屍軀門, 서대문 밖에도 있었다. 자암동의 객주가 취급하던 물품은 건어물과 생선, 과일, 젓갈 등으로 다양하였다. 이 가운데 거래량이 가장 많은 품목은 북어와 젓갈류로 새우, 조개, 꼴뚜기, 밴댕이, 황새기 등이 주종을 이루었다. 한편 상인들이 숙박하고 화물의 보관과 운송 등을 취급하던 여각旅閣은 한강 연변의 뚝섬,

한강리, 서빙고, 용산, 마포, 서강에 있었다.

꺼져가는 나라의 불꽃을 되살린 선구자 한음 이덕형 출생지

이덕형은 이항복과 절친한 사이로 어린 시절 기발한 장난을 잘하여 야담으로 많은 일화가 전해진다. 이덕형은 북인 이산해의 사위가 되어, 남인과 북인 사이에서 중간노선을 지키다 뒤에 남인 편으로 가담하였다.

이덕형은 1561년(명종 16) 지중추부사 이민성李敏聖과 문화文化 유柳씨 사이에서 태어나 1580년(선조 13) 별시문과에 을과로 급제하며 관직에 들어섰다. 그는 승문원 보직을 지내고 정자가 된 뒤 1583년(선조 16) 사가독서를 하였으며 이듬해 박사를 거쳐 수찬, 교리, 이조좌랑, 대사간, 대사성을 역임하였다.

이덕형은 1592년(선조 25) 31세의 젊은 나이로 예조참판에 올라 대제학을 겸임하였으며, 이해 임진왜란이 일어나자 동지중추부사로서 싸움을 중단시키고자 일본의 사신 겐소(현소玄蘇), 유천조신柳川調信 등과 화전和戰을 교섭하였으나 실패했다.

그는 이후 선조를 정주定州까지 호종하고, 청원사로서 명나라에 건너가 원병을 요청하고 지원군 파견에 성공하였다. 귀국 후

이항복 집터 필운대 안내문

한성부판윤에 오른 이덕형은 명나라 원병이 들어오자 명장 이여송李如松의 접반관으로 전쟁 동안 그와 행동을 같이하였다.

이덕형은 이듬해 병조 판서로 승진하고 1594년에는 이조판서로 전직하여 훈련도감 당상을 겸임하였다. 그는 1595년(선조 28)에는 경기도, 황해도, 평안도, 함경도의 체찰부사를 지냈으며, 1598년에는 38세로 우의정에 승진하고 좌의정에 올라 훈련도감 도제조를 겸하였다. 그는 1601년(선조 34)에는 행판중추부사로 경상도, 전라도, 충청도, 강원도의 도체찰사가 되어 전쟁 직후 민심을 수습하고 군대의 정비를 위해 노력하였다. 이덕형은 한편으로 쓰시마 섬(대마도對馬島)을 정벌할 것을 건의했으나 허락받지 못하였다.

이듬해 영의정으로 승진한 이덕형은 1606년(선조 39) 한때 영중추부사의 중요치 않은 직책으로 밀려나기도 했으나, 1608년에 광해군이 즉위하자 진주사로 명나라에 다녀와 영의정으로 복직하였다.

이덕형은 1613년(광해 5)에는 대북파의 영수 이이첨의 사주를 받은 삼사三司에서 영창 대군의 처형과 영창 대군의 생모 인목 대비를 폐모할 것을 주장하자 반대하다가 삭직되었다. 그는 양근楊根(현 양평)에 내려가 있던 중 그해 세상을 떠났다.

이덕형은 인조 때 복관되었으며 포천抱川의 용연龍淵 서원, 상주의 근암近巖 서원에 제향되었다. 글씨에도 뛰어난 재능을 보였던 이덕형의 자는 명보明甫, 호는 한음漢陰·쌍송雙松·포옹산인抱雍散人이며 시호는 문익文翼이다.

중구 순화동
- 초병들의 순찰 관청이 있던 곳 -

의주로 변 이화 여자고등학교와 중앙 일보가 자리한 곳에 위치한 순화동巡和洞의 지명은 광복 이후 명명된 것으로 순청동巡廳洞의 순 자와 화천정和泉町의 화 자를 따서 만든 것이다.

순화동은 조선 초에는 한성부 서부 반석방 지역이었으며, 1894년의 갑오개혁 이후에는 서서 반석방 미전하계美廛下契 차동車洞 · 치동治 洞, 연지계 간동簡洞, 구순청계舊巡廳契 순동자암동巡洞紫岩洞이었다. 해방 이후인 1946년 10월 1일에는 서대문구 순화동이 되었다가 1975 년 10월 1일 중구 순화동으로 바뀌어 오늘에 이르렀다.

남대문과 서소문 중간에 있던 순청동을 사람들은 흔히 순랫골이라 고 불렀으며, 마을에 순청이란 관아가 있었기 때문에 붙여진 이름이 다. 순청은 조선 초에 한양의 방범을 위해 한밤중에 돌던 순찰대를 지 휘하고 감독하던 곳이었다.

『수선전도首善全圖』 등 옛 지도는 남대문과 서소문 중간을 순청골이 라 표기하였다. 이곳에 순청을 설치한 이유는 남대문과 가깝고, 또한 중국 사신이 묵던 태평관 바로 뒤편이었기 때문이었을 것이다.

중앙 일보 사옥 앞의 순화 빌딩 일대는 조선 시대에 수렛골이라 불 렀다. 1902년에 그려진 서울의 지도에 보면 서소문 밖을 수렛골, 한자 음으로 차동車洞이라 표시했음을 알 수 있다. 수렛골이라는 이름을 얻은 이유는 숙박 시설이 몰려 있어 수레를 끌고 다니는 사람들이 모여 들었기 때문이라고도 하고, 『한경식략』을 보면 숙박업소의 방이 좁고 많지 않아 젊은이들이 대청마루나 수레(車)에서 잠을 잤기 때문이라는 기록이 있다.

현재 중앙 일보사가 자리 잡은 순화동의 남쪽 일부는 조선 시대에는 풀무골 또는 치동이라 불리던 지역이다. 풀무골이라는 이름은 이곳에 풀무질을 해서 쇠를 달궈 연장을 만드는 대장간이 몰려 있었음에 기인하였다.

순청동과 풀무골 일대는 조선 시대에 철물이 거래되던 곳이기도 했다. 그 영향으로 1990년대 초까지도 인근의 봉래동 1가에 철물을 취급하던 상가가 있었으나 삼성 생명 건물을 신축하면서 없어졌다.

어질고 정숙했던 인현 왕후의 태생지 수렛골

현재 순화동의 동화 약품 북쪽 일대 수렛골은 숙종의 계비 인현仁顯 왕후가 탄생한 마을로, 영조는 1761년(영조 37) 8월에 「인현왕후탄강구기仁顯王后誕降舊基」라는 글을 새겨 세우도록 했다. 인현 왕후가 태어난 집은 1984년에 헐려 이전되었다.

수렛골은 추모동追慕洞이라고도 불렸는데, 영조의 어필이 새겨진 인현 왕후의 추모비가 있었기 때문이다. 인현 왕후는 민유중閔維重의 딸로 14세에 숙종의 계비가 되었으나 20세가 되어도 왕자를 낳지 못하자 궁중에서는 장희빈張禧嬪을 후궁으로 천거하여 왕자 이윤李昀(경종景宗)을 낳았다. 그러나 기사환국으로 이윤을 원자로 정하는 과정에서

민유중의 아버지 민광훈 묘소

인현 왕후는 장희빈의 무고로 폐위당하여 이후 6년 동안 폐서인으로 지내야 했다. 인현 왕후는 1694년(숙종 20)의 갑술옥사甲戌獄事로 복위되었다.

인현 왕후의 아버지 민유중은 노론의 중진으로서 당론에 적극적으로 활약하였으나, 항상 예법을 준수하고 경서經書에 밝아 사람들에게 명망이 높았다. 또한 그는 서인 송준길宋浚吉에게 학문을 익히고 같은 노론 일파인 송시열을 스승으로 높이며 고난과 영예를 나누었다.

민유중은 1630년(인조 8) 민광훈閔光勳의 아들로 태어나 1650년(효종 1) 문과에 급제한 뒤 영돈령부사에 이르렀고, 여양驪陽 부원군의 책봉을 받았다. 민유중은 점차 외척으로서 정권을 오로지한다는 비난이 일자 관직에서 물러나 조용히 지내다 1687년(숙종 13) 생을 마감하였다. 민유중의 자는 지숙持叔, 호는 둔촌屯村, 시호는 문정文貞이며 본관은 여흥驪興이다.

연안 이씨를 높이 보는 이유

순화동에는 팔홍문八紅門이 있었는데 이
는 연안延安 이李씨 일가의 충심과 절개,
효성을 기려 인조가 정문旌門 8개를 세우
도록 한 것이다. 참봉 이지남李至男과 그의
아들 이기직李基稷, 이기설李基卨, 그리고
딸은 효자·효녀로, 이기설의 두 아들 이
돈오李惇五와 이돈서李惇敍는 충신으로, 또
이지남의 아내 정鄭씨와 손자 이돈오의 아
내 김金씨는 열녀로 각각 정문을 받았다.

충신 이돈서 묘비

이 8개의 정문은 당시 '잼배 팔홍문'이라 불렸으며, 인조는 특별히
「효자삼세孝子三世」란 액자를 내려 대문에 걸도록 하였다.

이돈오의 4대조 이계장李繼長은 올바른 행실과 경서에 밝은 실력이
널리 알려져 참봉에 임명되었으나 나가지 않았다. 연안 이씨는 4대를
계속하여 여섯 번 정문이 세워진 고금에 보기 드문 문벌이었다.

연봉蓮峯 이기설의 아들 이돈오는 높은 학문만큼이나 의로운 행실
을 구하였으며, 조정에서 이러한 명성을 듣고 선공감역의 교지을 내
렸으나 나가지 않았다. 이돈오가 광해군 대에 익위사 시직으로 있던
중 인목 대비에 대한 폐모 논의가 일어나자, 그는 벼슬을 버리고 고향
으로 돌아갔다. 이돈오는 인조가 반정에 성공해 즉위하자 장례원 사

평을 비롯한 내외 벼슬을 지내다가 그만두었다.

1636년(인조 14) 병자호란이 일어나자 이돈오는 어머니를 모시고 강화도로 건너가 훈국낭청이 되어 군수품을 관리하였다. 이듬해 적이 강화에 침입한다는 말을 들은 이돈오는 어머니와 처자식을 피란시킨 뒤 자신은 성에 들어가 적과 대결하다 목숨을 잃었다. 산으로 피신한 이돈오의 아내는 적이 가까이 오자 시어머니에게 마지막 인사를 남긴 채, 칼로 목을 찔러 자결하였다. 이돈오의 자는 자전子典으로 좌참찬을 추증받았으며, 숙종 때에는 시호 충현忠顯이 내려졌다.

고양팔현高陽八賢 홍이상의 후손이 살았던 마을

『한경식략』에 보면 수렛골에는 조선 선조 때 종2품의 대사헌을 지낸 모당慕堂 홍이상洪履祥의 후손들이 대대로 살았다고 기록되어 있다. 정확한 위치는 알 수 없지만 홍이상의 집은 행랑채 외에 안채만 40간이나 되는 큰 규모였다고 한다.

홍이상은 홍수洪脩의 아들로 1549년(명종 4) 태어나 어린 시절 행촌杏村 민순閔純에게서 학업을 익혔다. 그는 1579년(선조 12) 문과에 장원급제한 뒤 예조와 호조의 좌랑을 지내고 정언, 수찬, 지제교, 기랑, 교리, 집의, 응교, 직제학, 동부승지 등 여러 벼슬을 거쳐 이조참의에 올랐다.

홍이상은 임진왜란 때는 예조참의로서

홍이상 묘비

왕을 서경西京까지 무사히 모신 공으로 병조참의가 되었으며, 성절사로 명나라에 다녀와 대사성을 지내고 대사헌에 올랐다. 이때 영남의 유생 문경호文景虎가 정인홍의 사주를 받고 상소문을 올려 우계牛溪 성혼成渾을 배척하려 하자, 홍이상은 성혼을 변호하다가 안동 부사로 좌천되고 이어 청주 목사가 되었다.

홍이상은 광해군 초에 조정으로 불려 올라와 대사간이 되고 도헌, 부제학을 역임하였으나 1612년(광해 4) 이이첨과 정인홍 일파의 모함으로 개성 유수로 좌천되었다. 홍이상은 병으로 사직하고 만년에는 향리에서 가족과 함께 쉬면서 한가한 나날을 즐기다 1615년(광해 7) 하세하였다. 그의 초명은 인상麟祥, 자는 원례元禮, 호는 모당慕堂이며 본관은 풍산豊山이다.

폭군 연산군에게 좋은 추억으로 남은 강희맹의 집

순화동에는 성종 때 이조판서를 지낸 강희맹姜希孟도 살았는데 그의 집에 있던 소나무는 대부송大夫松 또는 금띠솔로 불리었다. 정3품의 당상품작堂上品爵까지 수여받은 이 소나무 앞을 지날 때면 당상관을 만났을 때와 똑같이 말에서 내려 길에서 예를 갖추고 지나야 했다.

연산군이 돌도 되기 전인 1477년(성종 8)에 중병을 앓자, 당시 궁중의 관례대로 민가에서 치료하기로 결정되었다. 왕자가 기거할 곳이니 욍세자를 기를 만한 법도 있는 집이어야 했고 성종은 승정원에 원자를 믿고 맡길 만한 집을 물색하도록 명하였다. 어린 연산군이 지낼 곳으로 강희맹의 집이 이의 없이 선택되었고, 강희맹의 아내 안安씨는 방 안의 온도를 알맞게 조절하고 조리를 잘하여 왕자는 10일 만에 쾌차되었다.

강희맹 집터

이로써 감사 안숭효安崇孝의 딸 안 씨는 현부賢婦와 현모賢母로서 당대 사대부 가문에서 무척 선망하는 인 물이 되었다.

이 일을 계기로 연산군은 수시로 강희맹의 집을 드나들었고 정원에 있던 고 목에 올라가 놀기도 하였다. 왕위에 오른 연산군이 어느 날 강희맹의 집 앞을 지나 다가 울안의 노송을 보고는 자신의 어린 날을 회상하며 안씨 부인의 공과 덕을 기 린다 하여 소나무에 당상관의 대부 벼슬을 주고 금대金帶를 둘러주었다 한다.

강희안 묘비.
「상 인수부윤 강공희안지묘
하 정부인 김씨지묘」

강희맹의 조부는 대사헌 강회백姜淮伯, 아버지는 지돈령부사 강석덕姜碩德이다. 강석덕은 세종 때 오례五禮 편수에 핵심 역할을 맡았으며 가풍을 올바 로 세워 슬하에 명인을 배출하였다.

강석덕의 아들로 부윤 강희안姜希顏과 좌찬성 강희맹이 있다. 강희 안은 시는 당唐나라의 왕유王維에, 글씨는 진晉나라의 왕희지王羲之와 원나라의 조맹부趙孟頫에, 그림은 송나라의 유용劉墉과 곽희郭熙에 비길 정도로 재덕을 겸비하였다.

강희맹이 형조판서로 있을 때는 밝은 판결을 신속히 내려 옥에 억울하게 갇힌 사람이 없었다. 옛날에는 옥이 비면 임금으로부터 상을 하사받는 관례가 있었으므로, 주변에서는 강희맹에게 상을 내리려하였다. 그러자 그는 옥에 죄수가 없는 것과 옥을 비게 한 것과는 차이가 있는 법이라면서

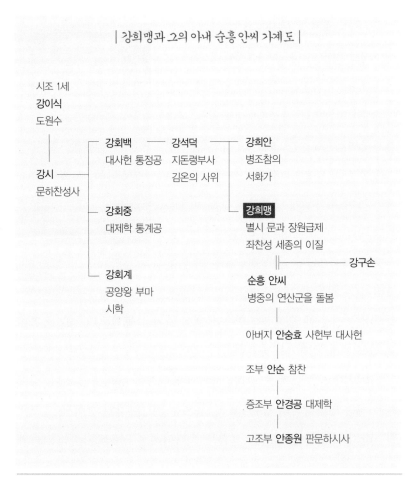

| 강희맹과 그의 아내 순흥 안씨 가계도 |

시조 1세
강이식
도원수

강시
문하찬성사

강회백
대사헌 통정공

강석덕
지돈령부사
김온의 사위

강희안
병조참의
서화가

강희맹
별시 문과 장원급제
좌찬성 세종의 이질 ————— **강구손**

순흥 안씨
병중의 연산군을 돌봄

아버지 **안숭효** 사헌부 대사헌

조부 **안순** 참찬

증조부 **안경공** 대제학

고조부 **안종원** 판문하시사

강회중
대제학 통계공

강회계
공양왕 부마
시학

"옥사를 잘 처리하는 것에 상을 내리는 것이 아니라 옥사를 필요 없도록 한 정치에 상이 내리는 법입니다. 나는 전자일 뿐 후자가 아니기에 상을 받을 수 없습니다."
라고 말하여 상신을 못하게 하였다.

진주 강씨 강희맹의 혈족

고려 말, 조선 초의 문신 강시   강시姜蓍는 고려 말인 1339년(충숙 복위 8) 태어나, 1357년(공민 6) 성균시에 합격하여 문하찬성사를 지냈다. 그는 청성군菁城君에 봉해졌으며 진산군晋山君이라는 기록도 있다. 1392년 조선의 개국 이후 한때 유배되었던 강시는 곧 풀려나와 상의문하찬성사商議門下贊成事를 지내고 1400년(정종 2) 하세하였다. 강시의 시호는 공목恭穆, 본관은 진주晋州이다.

강희맹의 조부 강회백   1357년(공민 6) 강시의 아들로 태어난 강회백은 고려 말인 우왕禑王 때 문과에 급제해 관직에 들어섰다. 강회백은 총명한 인품으로 공양왕 때에는 세자의 스승이 되었으며 이어 밀직사사, 대사헌을 지냈다. 그는 스스로 부당하다고 생각되는 일에는 따르지 않았으므로 새로운 나라를 세우려는 이성계 일파인 조준趙浚, 정도전鄭道傳 등과 반목하였다. 고려가 망하고 조선이 개국하자 강회백은 진양晋陽으로 귀양을 갔으며, 이후 동북면도 순열사를 지냈다. 1402년(태종 2) 세상을 떠난 강회백의 자는 백보伯父, 호는 통정通亭이며 저서로 『통정집通亭集』을 남겼다.

정도전 제단.
「조선개국원훈 봉화백 문헌공 삼봉정선생 배 경숙택주 경주 최씨」

강회백 묘소와 신도비

강희맹의 아버지 강석덕 강석덕은 청렴한 성품을 바탕으로 향을 피
우고 단정히 앉아 시를 지었으며 글쓰기 재주 또한 뛰어났다. 1395년

(태조 4) 강회백의 아들로 태어난 강석덕은 부모에 대한 효성이 극진한 것으로도 사람들의 인정을 받았다.

강석덕은 세종조에 사헌부집의, 이조와 형조의 참판, 지돈령부사 등을 지내고 1459년(세조 5) 하세하였다. 그의 자는 자명子明, 호는 완역재玩易齋, 시호는 대민戴民이다.

문장에 뛰어났던 강희맹 1424년(세종 6) 강석덕의 아들로 태어난 강희맹은 1447년(세종 29) 문과에 급제해 관직에 들어섰다. 그는 세조 때는 형조판서, 예종 때는 남이를 죽인 공으로 익대공신에 오르고, 성종 때에는 이조판서와 좌찬성을 지냈다. 경사에 밝고 문장과 글씨에 뛰어났던 강희맹은 『희맹박람강기希孟博覽强記』, 『사숙재집私淑齋集』 등의 저서를 남겼다. 강희맹의 자는 경순景醇, 호는 사숙재私淑齋, 시호는 문량文良이며 1483년(성종 14) 하세하였다.

강희맹의 아내 순흥 안씨의 혈족
순흥 안씨 부인의 고조부 안종원 안종원安宗源은 고려 말인 1324년(충숙 11) 첨의찬성사 안축安軸의 아들로 태어났다. 그는 17세로 과거에 급제해 충목왕 때 사한이 되었는데, 동료 심동로沈東老의 나이가 많고 직위는 낮았으므로 양보하였다.

안종원은 1년 후 삼사도사에 임명되고 공민왕 초기에는 전법정랑이 되었으며, 이때 맡은 소송 사건을 법에 따라 공명정대하고 신속하게 처결해 백성들의 칭송을 받았다. 그는 시어사를 거쳐 양광도楊廣道 안렴사로 있던 중 홍건적紅巾賊의 난을 피해 내려온 공민왕을 충주에서 맞이하였다. 공민왕이 음죽陰竹으로 옮기면서, 관리와 백성들이 모두 도망치자 안종원은 책임을 지고 지청풍군사知淸風郡事로 좌천되었으나 이후 전법총랑으로 승진하였다.

그 무렵 공민왕의 신임을 받던 승려 신돈辛旽에게 아부하는 자가 많았으나 안종원은 권력에 굽히지 않다가 강릉 부사의 외직으로 밀려났다. 안종원은 진중하면서도 명랑하고, 검박함과 부지런함을 함께 지녔기에 선정을 베풀고 백성들의 사랑을 받으며 행복한 시간을 보냈다.

신돈이 죽자 안종원은 사헌시사를 거쳐 우사의대부에 이르렀으며, 우왕이 즉위하자 좌의대부 유순柳珣 등과 환관들의 폐단을 막고자 노력하였다. 그는 이어 성균관대사성, 우상시, 대사헌을 거쳤으며 판승경부사로 재직 중 흥녕군興寧君에 봉해졌다. 안종원은 문하평리 겸 대사헌으로 공신의 호를 받았으며, 이후 순흥군順興君으로 개봉되었다.

최영崔瑩이 간신들을 죽이고 안종원을 문하찬성사로 기용하며 관리의 채용을 맡겼으나 곧 사임하였다. 안종원은 공양왕 때는 판삼사사에 임명되고, 흥녕 부원군이 되었으며 조선 시대로 들어서는 판문하부사가 되었으나 얼마 되지 않은 1393년(태조 2) 세상을 떠나

최영 영정

고 말았다. 안종원의 자는 사청嗣淸, 시호는 문간文簡이다.

순흥 안씨 부인의 증조부 안경공 안경공安景恭은 고려 말인 1347년
(충목 3) 태어나 1365년(공민 14) 국자감시에 합격하고 산원, 낭장 겸 사
헌규정을 거쳤다. 그는 우왕이 즉위한 후인 1376년(폐왕 우 2)에는 의
영고 부사로서 문과에 급제하였으며 전리좌랑, 전법좌랑, 사헌지평,
예의정랑을 역임하였다.

안경공은 1382년(폐왕 우 8)에는 경상도 안렴사로 있으면서 합주陝
州에서 사노비들이 스스로를 검대劍大 장군, 초군抄軍 장군, 산군散軍
장군 등으로 칭하고 난을 일으키자 진압하였다. 그는 이후 삼사좌사,
판통례문사, 진현관 제학, 판전교시사, 지제교, 예의판서를 거쳐 전법
판서가 되었다.

안경공은 전법판서로 있던 1390년(공양 2) 정몽주鄭夢周가 윤이尹彝
와 이초李初의 옥사에 연루된 사람들을 두둔하자 탄핵하였다가 오히
려 좌천되었다. 안경공은 이듬해에 예문관제학에 보임되고, 1392년
(공양 4)에는 좌부대언을 거쳐 좌대언에 올랐다. 그는 이해에 조선 건
국이 추진되자 참여하여 중추원 도승지에 제수되었으며 개국공신을
책봉할 때 삼등공신에 올랐다.

안경공은 1393년(태조 2)에는 사헌부 대사헌 겸 도평의사사 보문각
학사, 전라도 관찰출척사를 지내고 이듬해에는 흥녕군興寧君에 봉해
졌다. 그는 1406년(태종 6)에는 판공안부사, 판한성부사를 거쳐 1410
년에는 판개성부사가 되었다.

안경공은 1411년(태종 11)에는 정탁鄭擢, 유창劉敞, 조견趙狷, 한상경
韓尙敬, 조온趙溫 등 조선 개국공신들과 1398년(태조 7) 왕자의 난 때
주살된 정도전과 남은南誾의 죄를 감해 줄 것을 요청하다가 대간의 탄
핵을 받았다. 그는 1416년에는 보국숭록대부, 집현전 대제학에 특별
히 제수되고 흥녕 부원군으로 진작되었다.

조선 개국공신 정탁 묘소

조선 개국공신 유창 신도비와 재실. 유창의 배위는 둔촌 이집의 딸이다.

1421년(세종 3) 하세한 안경공의 자는 손보遜甫, 시호는 양도良度이다. 안경공의 아버지는 조선 건국에 참여하여 판문하부사에 오른 안종원이며, 할아버지는 충목왕 때 찬성사를 지낸 안축이다.

순흥 안씨 부인의 조부 안순 안경공의 아들 안순安純은 1371년(공민 20) 태어나 1388년(폐왕 우 14) 문과에 급제하였다. 조선으로 들어서 그가 사헌잡단雜端으로 있던 1398년(태조 7), 대사헌 조복趙璞의 경솔한 형 집행을 반박하여 조정에 자신의 이름을 각인시켰으며 승정원 우부대언으로 특진되었다.

안순은 우대언을 거쳐 이조우참의를 지내고, 1409년(태종 9)에는 동지총제에서 경상도 관찰사를 거쳐 1419년(세종 1)에는 공조판서, 함길도 관찰사를 지내고 참찬의정부사가 되었다. 그는 1424년에는 호조판서, 1432년(세종 14)에는 판중추원사 겸 호조판서를 지내고 1435년 의

정부 찬성사에 이르렀다.

안순이 은퇴해 금천에 머물자 세종은 여러 차례 시의侍醫를 보내 문병하고 먹을 것과 약을 보내 주었다. 안순의 자는 현지顯之, 호는 죽계竹溪, 시호는 정숙靖肅이며 1440년(세종 22) 세상을 떠났다.

강희맹의 장인 안숭효　순흥 안씨 부인의 아버지 안숭효는 성실함을 바탕으로 실무를 빈틈없이 수행하였으며, 백성들의 생활 형편에도 많은 관심을 기울였다.

안숭효는 진사시에 합격한 뒤 음보로 벼슬길에 나가 지사간원사, 호조참의를 지내고, 1454년(단종 2) 경기도 관찰사가 되었다. 그는 이어 덕녕德寧 부윤을 역임하면서 세조의 집권에 협조하여 좌익원종공신佐翼原從功臣 2등에 책록되었으며, 대사헌에 제수되어 관기의 확립에 힘을 쏟았다.

안숭효 신도비. 「가정대부 사헌부 대사헌 순흥안공 휘 숭효 신도비」

아비석(碑石)은 집현전 대제학(大提學)을 지내 신문숙공(文肅公)
안숭선(安崇善)의 신도비(神道碑)이며 이비문(碑文)을 지으신 분은
어이며 이비문(碑文)을 사육신(死六臣)의 한분이신 매죽당(梅竹堂)
의 한분이신 매죽당(梅竹堂) 성삼문(成三問) 선생입니다.

안순효의 형 안숭선 신도비(좌)와 신도비 내력(우)

안숭효는 공조참판, 호조참판 등을 지내면서 주된 행정의 업무를
주관하고 이어 중추원부사의 한직에 머물러 지냈다. 1459년(세조 5)
충청도 지역에 흉년이 심각하여 재덕을 겸비한 인물이 요청될 때, 안
숭효가 동지중추원사 겸 충청도 관찰사로 선발되어 탐관오리를 숙청
하였다. 그는 몸을 돌보지 않을 정도로 전력을 기울여 유랑민들에 대
한 구제 사업을 펼쳤으나 이듬해인 1460년(세조 6) 안타깝게도 과로로
임지에서 숨지고 말았다.

안숭효의 자는 계충季忠, 호는 한백당寒栢堂이며 아버지는 판중추원
사를 지낸 안순, 형은 좌참찬 안숭선安崇善이다.

중구 북창동에 살았던 허목과 심상규

북창동은 조선 후기에 우의정을 지낸 미수眉叟 허목이 태어나 어린 시절을 보낸 곳으로 그는 그림, 글씨, 문장에 두각을 나타냈다. 허목은 특히 전서가 뛰어나 동방 제1인자라는 찬사를 받았으며 그림으로는 〈묵죽도墨竹圖〉, 저서로는 『동사東事』, 『미수기언眉叟記言』, 『방국왕조례邦國王朝禮』 등을 남겼다.

예빈시에 이웃한 송현松峴에는 심상규沈象奎가 살았다. 송현은 남송현이라고도 부르던 곳으로, 소나무가 많이 자라는 고개라는 뜻과 함께 소나무처럼 재주가 뛰어나고 곧은 청송靑松 심씨가 산다 하여 붙여진 지명이다.

심상규는 1832년(순조 25)에 우의정에 기용되어 절검과 사치 금지, 국가에 바치는 조공 규제책을 시행하였다. 백성의 생활을 개선시킬 이용후생利用厚生의 중요성을 주장한 심상규는 이를 위해 백성의 생활을 제조업으로 근본을 두어야 한다고 강조하였다.

심상규는 문장과 필법에도 뛰어나 국왕의 지침서인 『만기요람萬機要覽』을 편찬하고, 『순조실록』의 편찬 총재관을 지냈으며 정조, 순조, 익종翼宗의 어제御製를 지어 바쳤다.

북창동北倉洞은 남대문로와 태평로太平路에 걸쳐 있는 마을로 조선 초에는 한성부 남부 호현방好賢坊과 서부 양생방養生坊 일부 지역이었다. 1894년의 갑오개혁으로 행정구역을 개편하면서 북창동은 한성부 남서 회현방 소공동계 소공동·사축동司畜洞, 양동계陽洞契 철교동鐵

橋洞, 예빈동계禮賓洞契 예빈동, 송현계松峴契 송현동과 서서 양생방 창동계倉洞契 창동, 상동계 상동, 태평동계太平洞契 태평동·양동·철교로 이루어졌다.

북창동에는 조선 시대 관아인 선혜청 외에도 무악에서 이전해 온 짐승을 기르는 사축서가 있었다. 또한 손님의 접대와 연회를 즐기던 정자 및 종실 대신의 공궤供饋를 맡던 예빈시도 세종로 부근에서 옮겨 왔다. 예빈시 앞에 있는 큰 못에는 많은 물고기가 살았는데, 관원들은 묵은 쌀을 먹이 삼아 물고기를 길렀다. 못에 관한 소문을 들은 태종은

"쌀이 썩었다고 하여도 소채보다는 나을 것이다. 일반 사람들이 굶주려도 모두 구제하지 못하는데 어찌 쌀로 고기를 기를 수 있느냐. 다시는 그런 일이 없게 하라."

고 엄명을 내렸고, 뒤로는 고기를 기르지 못하였다고 한다.

1778년(정조 2)에는 중구 소공동에 있던 남별궁南別宮 안으로 예빈시를 옮기고 주로 중국 칙사를 접대하는 일을 맡도록 했다. 이렇게 하여 북창동에 예빈시의 빈터만 남게 되자 예빈시 텃골을 줄여 빈텃골이나 공대동空垈洞으로 불렀다.

대원군 배척에 박차를 가한 이유원

남창동南倉洞에는 조선 중기에 이항복이 전나무 두 그루를 심고 살았던 집이 있는데, 정승 이유원李裕元이 조선 말엽에 구입하여 정원을 가꾸며 정자를 짓고 살았다.

이항복이 살면서 정자를 짓고 홍엽정紅葉亭이라 하였음은 근처에 단풍나무를 많이 심었기 때문이었다. 그런데 이유원이 그의 집을 구입하고 보니 이항복이 심었던 전나무 중 한 그루만이 남아 있으므로 곁에 자라고 있는 전나무와 같은 크기의 나무를 한 그루 구해 심고, 정자를 새로 지었다.

이유원은 낙성식을 열면서 조정의 권력 있는 사람은 모두 초대하였으며 여기에는 흥선 대원군도 포함되었다. 이유원이 대원군에게 정자 이름을 지어주도록 부탁하자 전나무(회檜) 두 그루가 높이 서 있으므로 쌍회정雙檜亭이라고 써 주었다.

후일 누군가 흥선 대원군에게 쌍회정이라는 이름을 지어준 뜻을 묻자 대원군은 말하기를

"송宋나라 미회美檜는 회檜 한 자로도 나라를 그르쳤는데 하물며 이유원의 전나무는 두 그루이니 오죽하겠는가."

하며 비웃었다. 이 말을 전해들은 이유원은 당장 전나무 두 그루를 베어 내고 쌍회정의 현판은 떼어 불태워 버렸다. 이유원은 회나무 사건을 계기로 대원군 배척 운동을 더욱 강하게 전개하였다.

이유원이 죽고 난 뒤 집은 일본인 소유가 되어 다시 홍엽정이라 고쳐 불렀으나 지금은 사라져 옛 자취를 찾아볼 수 없다.

쌍회정 동쪽에 있던 언덕에는 일곱 그루의 소나무가 서 있어 칠송정七松亭으로 불렸다. 이곳에 있던 정자가 모두 없어진 이후에도 높은 지대로 인해 도성 안을 한눈에 바라볼 수 있었으므로 시민들은 칠송정에 오르는 것을 큰 일로 삼았다.

이유원은 이조판서 이계조李啓朝의 아들로 1814년(순조 14) 태어나 1841년(헌종 7) 문과에 급제하여 영의정까지 이르렀다. 이유원은 1882년(고종 19)에는 전권대신으로 일본의 변리공사 하나부사 요시모토(花房義質화방의질)와 제물포濟物浦 가관에서 만나 선후 조약 6관款, 수호조규 속약 2관을 상의한 뒤 조인하였다.

이유원은 학식이 넓을 뿐 아니라 예서隸書에도 뛰어나, 그가 연경을 방문했을 때 이유원의 글을 본 청나라 조정에서도 높은 평가를 받았다. 그는 저서로『임하필기林下筆記』30권,『가오고략嘉梧藁略』,『귤산문고橘山文稿』를 남겼다. 1888년(고종 25) 세상을 떠난 이유원의 자는 경춘京春, 호는 귤산橘山과 묵농默農, 시호는 충문忠文이다.

명현들의 훈령을 외면했던 매국노 송병준

친일파 송병준宋秉畯도 남창동에 거주하였다. 그는 함경남도 장진군長津郡에서 태어나 서울로 올라온 뒤 당시의 세도가이자 독립운동에 투신했던 민영환의 식객으로 있었다.

무과에 급제한 송병준은 수문장을 비롯한 훈련판관, 도총부 도사,

사헌부 감찰을 지냈다. 1882년(고종 19) 구식 군대의 군인들이 신식 군대인 별기군과 달리 차별 대우를 받고 급료까지 밀리자 불만을 품고 임오군란을 일으키게 되는데, 송병준은 이때 겨우 목숨을 건졌다. 송병준은 1884년의 갑신정변 이후에는 일본의 밀령을 받고 일본에서 망명 생활을 하던 김옥균을 암살하러 건너갔다. 그러나 송병준은 도리어 김옥균의 정신에 깊은 공감을 받고 동지가 되었다.

귀국한 송병준은 김옥균과 공모한 혐의를 받고 구속되었으나 민영환의 주선으로 특사로 풀려났다. 그는 이후 여러 관직을 역임하며 흥해興海 군수, 양지陽智 현감을 지냈으나, 조정에서 요주의 인물로 계속하여 주목을 받았다. 이에 송병준은 다시 일본으로 망명하여 노다 헤이지로(야전평차낭野田平次郎)라는 일본 이름으로 개명하고 야마구치현(산구현山口縣)에서 살았다.

그러던 1904년에 러일전쟁이 일어나자 송병준은 일본 군의 통역사로 귀국하여 윤시병尹始炳, 이용구李容九 등과 함께 일진회一進會를 조직하였다. 그는 일진회는 국민의 생명과 재산을 보호할 것이라고 떠들어 댔으나 실상은 일본의 앞잡이로 활동하였다. 1907년(순종 즉위/대한 광무 11) 이완용李完用을 필두로 한 내각에서 송병준은 농상공부대신, 내부대신을 지내고 재차 일본으로 건너가 한일합방을 주창하며 일본의 국권 피탈에 대한 정당성을 부여하고자 했다. 매국 행위 뒤인 1910년 귀국한 송병준은 그해 강압적인 합방을 성사시킨 공로로 일본으로부터 백작伯爵의 작위를 받았다. 송병준은 1858년(철종 9) 태어나 1925년 세상을 떠났으며 본관은 은진恩津이다.

남인 세력이 뿌리를 둔 남대문 남지

남대문로 5가에는 남지南池라는 아름다운 연못이 있었다. 조선 시대에는 한성부의 동쪽, 서쪽, 남쪽에 각각 연못이 있어 장원서掌苑署에서 관리하고 연꽃의 연밥은 왕실용으로 사용하였다. 동쪽의 동지東池는 동대문 밖 경모궁景慕宮에 있었으며, 서지西池는 돈의문 밖 모화관 옆에, 남지는 숭례문 밖에 있었다.

장원서는 궁중 정원의 꽃과 과일나무를 가꾸던 조선 시대 관청으로, 청사는 한양 북부 진장방鎭長坊에 있던 성삼문成三問의 옛집에 두었다. 『경국대전』 간행 당시에는 장원서의 임용 규정에 대해 제조 1명, 정6품의 장원 1명, 정6품과 종6품의 별제 2명으로 하였으나, 『속대전』으로 개정한 이후에는 장원을 없애는 대신 종8품의 봉사 1명을 새로 설치하였다. 다시 『대전통편大典通編』이 편찬된 뒤에는 별제의 품계를 종6품으로 통일시켰다.

한편 장원서의 잡직으로 종6품의 신화愼花, 종7품의 신과愼果, 정8품의 신금愼禽, 종8품의 부신금副愼禽을 각 1명씩 배정하였으며 정9품의 신수愼獸와 종9품의 부신수 각 3명 그리고 서리書吏 4명을 두었다. 서리는 뒤에 서원書員으로 강등되었다.

장원서에는 경원京苑과 외원外苑이 있었는데 경원은 용산과 한강 등지에, 외원은 강화, 남양, 개성, 과천, 고양, 양주, 부평富平 등지에 있었다. 장원서는 연산군 때 일시 폐지되었다가 중종 때 다시 설치되었으며, 1882년(고종 19)에 아주 없어졌다.

남대문로 5가는 조선 초에는 한성부 서부 반석방 지역이었으며 1894년의 갑오개혁 때는 한성부 서서 반석방 연지계 양동 · 소리문동 小里門洞 · 대리문동 · 연지동 · 남정동 · 익동益洞 · 도저동挑楮洞이 되었다.

남대문로 5가의 남산 광장에는 백범白凡 김구를 기념하는 백범 광장과 안중근 安重根 의사 기념관이 있다. 백범 광장에는 대한민국 임시정부 대통령을 지낸 김구와 부대통령 이시영李始榮의 동상이 서 있다. 안중근 의사 기념관에는 안중근의 영정, 사진, 관계 문헌을 비롯해 보물 제 569호로 지정된 옥중 유물 등을 전시하고 있으며 광장에는 안중근 동상과 친필 휘호를 새긴 탑 등이 있다.

대한민국 임시정부 부대통령
이시영 묘비

또 대우 재단 빌딩이 위치한 곳은 조선 선조 때 영의정을 지낸 한음 이덕형의 집터이다. 동자동東子洞과 후암동厚岩洞의 자연 마을 도동桃洞의 경계 부근에는 이덕형이 경전을 낭송한 자리라고 하여 송경재 또는 송경현誦經峴이라고 불린 고개가 있다.

조선 후기 실학자인 이규경李圭景이 중국과 조선을 비롯해 여러 나라 고금의 사물을 고증한 『오주연문장전산고五洲衍文長箋散稿』를 보면

〈남지는 남인이 세력을 펼치는데 막대한 공헌을 하였다.〉

고 되어 있다. 위 책은 총 60권으로 이루어져 있다.

이규경의 자는 백규伯揆, 호는 오주五洲와 소운嘯雲이며, 형암炯庵 이덕무李德懋의 손자이다.

남지는 정조 때까지 메말라 있던 것을, 1823년(순조 23) 봄과 여름에 남대문 밖의 사람들이 돈과 쌀을 모아 연못에 쌓여 있던 흙모래를 걷어내고 깊이 판 다음 물을 길어 옛 모습을 되찾게 하였다.

그런데 이날 남인으로 영의정까지 지내다 파직되었던 채제공蔡濟恭이 복직되었고, 남인으로서 과거에 급제한 사람이 4명이나 되었기 때문에 남지로 인해 남인이 득세한다는 말이 나오게 되었다. 또한 당론이 분분해지면서 서지는 서인, 동지는 동인, 남지는 남인을 비유하여 각각의 연못에서 꽃이 융성하면 그 파에 해당하는 당론이 득세한다는 설이 돌았다. 이 설에 의미를 둔 파당은 서로 반대편의 연못에다 밤중에 몰래 오물을 넣거나 꽃을 꺾고 뿌리를 잘라내 연못을 황폐하게 만드는 경우도 많이 있었다.

채제공 신도비각

채제공은 1720년(숙종 46) 지중추부사 채응일蔡膺一의 아들로 태어나 1743년(영조 19) 문과에 급제하였다. 그는 승문원 부정자를 비롯한 여러 요직을 거치고, 암행어사로 호남을 다녀온 뒤 승지에 올라『열성지장列聖誌狀』과『어제보편御製補篇』을 편수하고 호피 등의 물품을 하사받았다.

이조참판을 거쳐 호조참판이 된 채제공은 1771년(영조 47) 동지정사로 청나라에 다녀온 뒤, 정조 즉위 초에 형조판서가 되었다. 이때 채제공은 김상로金尙魯를 비롯한 노론들이 사도 세자를 죽음에 이르도록 한 죄를 밝혀내어 처벌하도록 하였다.

채제공은 이어 병조판서가 되었으나 홍국영과 뜻이 맞지 않아 사임하였다. 그러나 1776년(영조 52) 영조 서거 이후 즉위한 정조 살해 계획이 드러나자 채제공은 수궁대장이 되어 궁성을 수비하였고, 이에 정조가 마음을 놓았다 한다. 그는 1780년(정조 4)에는 규장각제학이 되어 서명응 등과 함께『국조보감國朝寶鑑』을 찬수하였으며, 우의정과 좌의정을 거쳐 1793년(정조 17) 영의정에 이르렀다.

정조가 자신에 대해 보이는 믿음과 은총에 감명한 채제공은 충성을 다하고자, 밤낮을 가리지 않고 나라의 안정을 위해 매진하였다. 그는 이후 편파 없는 표준의 법도(황극皇極)를 세울 것, 당론을 없앨 것, 의리를 밝힐 것, 탐관오리를 징벌할 것, 백성의 어려움을 근심할 것, 신력의 기강을 바로잡을 것 등의 6조를 진언하였다.

한편 채제공은 서양의 학문을 사학邪學이라 하며 배척하고 천주교 신자들의 탄압에 힘을 쏟았으나, 그들을 척결의 대상이라기보다는 교화의 대상으로 삼았다. 천주교도에 대한 박해가 시작되자 채제공은 서학과 천주교의 신봉을 묵인하던 신서파信西派의 영수로서 공서파攻西派에 맞섰다.

1791년(정조 15)에는 남인인 윤지충尹持忠과 권상연權尙然이 조상의 신주를 불태우고 제사를 폐지하는 진산珍山 사건이 발생하였다. 반대 파들은 진산 사건을 계기로 남인과 천주교를 연결시켜 남인의 영수인 채제공을 와해시키려 하였고, 1792년 박종악朴宗岳이 우의정에 임명 되면서 채제공은 해서海西의 풍천豐川으로 유배되었다.

1799년(정조 23) 판중추부사로 있던 채제공이 죽으니 정조는 친히 축문을 지어 제사하도록 했다. 1801년(순조 1)에는 그의 인척 중에 천 주교도가 많았다는 이유로 관직을 추삭당하였으나 1823년(순조 23) 복관되었다. 채제공은 저서로 『번암집樊巖集』 59권을 남겼으며 그의 자는 백규伯規, 호는 번암樊巖, 시호는 문숙文肅이며 본관은 평강平康 이다.

같은 우물물을 먹은 정치판의 불량아 김안로·허항·채무택

남대문로 5가에 살았던 김안로는 1537년(중종 32) 허항許沆, 채무택 蔡無擇과 함께 중종의 제2계비 문정文定 왕후 윤尹씨를 폐하려다 붙잡 혀 유배 후 사사되었다. 세상에서는 이들 셋을 가리켜 정유삼흉丁酉三 兇이라 일컬었다.

김안로는 1481년(성종 12) 김흔金訢의 아들로 태어나 1506년(중종 1) 문과에 장원하고 호당에 들어갔다. 기묘사화 후 이조판서로 승진한

간신 김안로의 아버지 김흔 묘소   김희의 묘지 표석으로 김안로와 김희가
부자간임을 알 수 있다.

김안로는 1524년(중종 19) 아들 김희金禧가 중종의 딸 효혜孝惠 공주와
혼인하여 연성위延城尉에 봉해지자 권력 남용이 잦아졌다. 이에 그는
영의정 남곤과 대사헌 이항의 탄핵을 받고 경기도 풍덕豊德에 유배되
었다.

　원한을 품은 김안로는 심정과 이항李沆을 죽이고 정권을 장악하여
우의정과 좌의정을 역임하였으며, 1524년
에는 대사헌을 거쳐 이조판서가 되었다.
김안로는 권력을 유지하기 위해 여러 차례
옥사를 일으켜 경빈敬嬪 박朴씨와 복성군
福城君 이미李嵋를 사사하는가 하면 이언
적, 이행李荇, 정광필 등을 귀양 보냈다.

　김안로의 자는 이숙頤叔, 호는 희락당希
樂堂·용천龍泉·퇴재退齋, 본관은 연안延
安이며 저서로 『용천담적기龍泉談寂記』가

김안로 묘비. 「희락당 김공지묘」

경빈 박씨 묘비   복성군 묘소

있다.

김안로의 일당 허항은 사마시에 합격하고 1524년(중종 19) 문과에
급제하였다. 1531년(중종 26) 『신증동국여지승람新增東國輿地勝覽』 개
정 작업에 참여한 이행이

〈허항의 별서別墅(별장)는 청학동靑鶴洞, 심정의 별서는 소요당逍遙堂,
이행의 별서는 한연당閑燕堂이다.〉

라고 기재하자 정언으로 있던 허항은 이행이 자신의 별장을 청학동
전체인 것처럼 쓴 데 대해 논박하였다.

허항은 성품이 간악하여 채무택, 홍인洪麟 등과 함께 권신 김안로의
앞잡이가 되어 대사헌에 올랐으며, 무고한 자를 반역죄로 몰아 살생
을 함부로 행하였다. 허항의 자는 청중淸仲, 본관은 양천陽川이며 조
부는 우의정 허종許琮, 아버지는 부사 허확許確, 형은 허흡許洽이다.

채무택 역시 이간질을 일삼으며 사람들 사이에 불화를 일으키는 등

허종 초상. 허항 조부

의 수법으로 김안로의 세력 확장에 앞장섰다. 채무택과 허항은 김안로의 사주를 받아 벼슬아치들이 사석에서 한 농담이나 술자리에서 오간 얘기까지 문제 삼으며 중형에 처하였다. 채무택의 간사함과 아집은 김안로 못지않았다고 한다.

채무택은 1524년(중종 19) 문과에 급제해 대사헌에 이르렀으며 현감 채준蔡俊의 아들로 초명은 무역無斁, 자는 언성彦誠, 본관은 인천仁川이다.

이들 정유삼흉에 의해 화를 당한 이행은 사간 이의무李宜茂의 셋째 아들로 1478년(성종 9) 태어났다. 이행은 1495년(연산 1)에 급제해 관

문간공 눌재 박상 묘소

충암冲菴 **김정 부조묘**

직에 들어섰으며 1515년(중종 10) 대사간으로 있으면서 중종의 첫 번째 왕비였던 폐비 신愼씨의 복위를 주장하는 박상朴祥과 김정金淨에 대해 강하게 반대하였다.

이행은 대사헌으로 있던 1517년 무고를 받자 벼슬을 버리고 면천沔川에서 숨어 살았다. 그는 기묘사화 이듬해인 1520년(중종 15) 복직되어 공조참판, 대제학에 임명되고 1527년 우의정을 거쳐 1530년(중종 25)에는 좌의정에 이르렀다. 이행은 김안로의 간사함을 공격하다가 1532년 함종咸從으로 귀양을 갔으며 1534년(중종 29) 그곳에서 병사하였다.

이행의 자는 택지擇之, 호는 용재容齋, 시호는 문헌文獻, 본관은 덕수德水이다. 이행은 저서로 『용재집容齋集』을 남겼을 뿐 아니라 그림에도 소질이 뛰어났다.

중구 정동
- 태조의 계비 신덕 왕후의 정릉이 있던 자리 -

정동貞洞에는 조선 시대 태조 이성계의 계비 신덕神德 왕후 강康씨의 정릉貞陵이 있었기 때문에 정릉의 '정貞' 자를 따서 만들어진 지명이다. 정릉은 1408년(태종 8) 5월에 동소문 밖 사을한리沙乙閑里로 이장되었으며 현재 성북구 정릉로 12길 103번지에 자리하고 있다. 처음의 정릉 자리는 정동 4번지 영국 대사관과 중구 세종대로 125번지에 있던 서울특별시의회 의사당 일대에 있었다.

덕수궁과 그 북서쪽 일대에 자리한 정동은 조선 초에는 한성부 서부 황화방皇華坊 지역이었으며, 갑오개혁 이후 한성부 서서 황화방 군

조선 태조의 계비 신덕 왕후의 정릉

무안 대군 이방번 묘비   세자빈 심씨의 묘소. 뒤편에 남편 의안 대군의 묘소가 있다.

기시계軍器寺契 대정동, 소정동이 되었다. 일제강점기로 들어선 1914년 4월 1일에는 서부 대정동과 소정동을 합쳐 지금의 정동이 되었다.

신덕 왕후는 강윤성康允成의 딸로 1392년(태조 1)에 현비顯妃로 책봉되었으며 무안撫安 대군 이방번李芳蕃, 의안義安 대군 이방석李芳碩, 경순慶順 공주를 낳았다.

강윤성은 고려조 충혜왕 때 문과에 급제한 뒤 한림학사, 이부시랑, 판삼사사, 문하찬성사 등을 지냈다. 강윤성은 태조의 국구가 되면서 상산象山 부원군에 봉해지고 경안백慶安伯에 추봉되었으며 자는 대경大卿, 호는 용담龍潭, 시호는 문정文貞이다.

조선을 개국한 이성계는 역성혁명은 성공시켰으나 자식들이 권력투쟁을 벌이는 사이에서 가슴앓이를 하는 참담한 사정에 놓여 있었고 그토록 사랑하던 아내를 구할 힘은 더욱 없었다. 태조의 사랑을 받던 신덕 왕후는 1396년(태조 5) 8월에 결국 심화병으로 세상을 떠나고 말았다.

태조는 아내의 죽음에 상심하여 10일간이나 조회를 폐지한 것은 물론 백성들의 일상생활이 이루어지는 시전市廛까지도 폐지하도록 명하였다. 신덕 왕후의 묏자리를 찾던 태조는 국법을 위배하면서까지 정동 자리에 능을 조성하였으며, 친히 능침 공사를 감독하며 왕후의 명복을 빌기 위한 원당願堂으로 흥천사興天寺를 능 동쪽에 건립하도록 했다. 태조가 신덕 왕후를 얼마나 총애하였는가를 짐작케 하는 대목이다.

1398년(태조 7)에는 왕명에 의해 흥천사 북측에 사리전舍利殿을 세웠다. 흥천사에 모신 사리는 우리나라에서 유일하게 석가여래의 사리를 모시고 있던 경상도 양산梁山 통도사通度寺에서 일부를 가지고 와 봉안한 것이다. 흥천사는 1424년(세종 6)에는 각 종파를 정리하여 선종의 총본산으로서 도회소都會所를 설치하였으며, 전답을 넉넉히 하사받아 승려 120여 명이 상주하였다.

왕조가 바뀌면서 점차 쇠락하던 흥천사는 1510년(중종 5)의 화재로 완전히 폐허가 되고 말았다. 이후 흥천사의 종은 흥인문興仁門(동대문)에 걸렸다가 1747년(영조 23)에는 경복궁 정문인 광화문光化門에 달기도 했으며 지금은 덕수궁에 보관되어 있다. 종은 1461년(세조 7)에 만들어진 것이며, 흥천사 자리는 태평로의 시의회 의사당 서쪽의 덕수궁 동북쪽으로 추측된다.

성종의 형 월산 대군이 살던 덕수궁

정동 5번지에 있는 사적 제124호 덕수궁은 서울의 5대 궁궐 중의 하나이며 성종의 형인 월산月山 대군의 사저로서 경운궁慶運宮, 서궁西宮, 명례궁明禮宮으로도 불리었다. 선조 대에 있었던 임진왜란으로 궁궐이 소실되자 왕은 덕수궁을 시어소時御所로 사용하며 잠시 머물렀다. 덕수궁에는 광해군도 머물렀으며 선조의 계비 인목 대비 김씨가 유폐되었던 곳이기도 하다.

조선 말에는 을미사변乙未事變으로 명성明成 황후가 시해되자, 큰 충격을 받은 고종이 1896년(고종 33/ 대한 건양 1) 2월 11일에 아관파천俄館播遷을 단행하면서 태후와 태자비를 덕수궁으로 옮기게 하였다.

고종은 이로부터 5일 뒤에는 덕수궁의 수리를 명령하였으며 8월 10일에는 또다시 왕의 명령으로 보수 공사가 이루어졌다. 공사가 마무

덕수궁 대한문

덕수궁 내 즉조당

리된 9월 4일에는 경복궁 집옥재集玉齋에 있던 열성묘列聖廟의 어진을 이곳으로 옮기고 명성 황후의 빈전을 덕수궁 내의 즉조당卽阼堂으로 옮겼다.

왜장이 말을 매어 두던 왜송골

정동 34번지의 왜송골倭松谷은 임진왜란 때 왜장이 소나무에 말을 매어 두던 자리라 하여 불리게 된 이름이다. 왜송골은 과거 배재 고등학교 자리이며, 배재 고등학교는 현재 강동구 고덕동高德洞으로 이전하였다.

1886년(고종 23) 왜송골에 설립되었던 배재 학당의 이름은 고종이 직접 지었으며, 학교 현판은 외무아문 김윤식金允植을 통해 선교사 아펜젤러Henry Gerhard Appenzeller에게 하시하였다. 배재 고등학교가 있던 자리에는 배재 공원이 조성되어 시민들의 휴식처로 이용되고 있다.

김윤식은 유신환俞莘煥에게서 수학하고 1874년(고종 11) 문과에 급제하였으며 1881년에는 영선사로 청나라 톈진에 파견되었다. 김윤식은 이듬해에는 홍선 대원군의 집정을 배척하는 민씨 일파와 결탁하고 청나라 총독 이홍장에게 원조를 청하여 청나라 군사 4천5백 명을 지원받았다. 한편 오장경吳長慶의 지휘 아래 우리나라로 들어온 청나라 군은 홍선 대원군을 잡아간 데 그치지 않고 조선의 내정까지 간섭하려 들었다.

김윤식은 1884년(고종 21)에는 전권대사의 자격으로 러시아와 통상 조약을 체결하였으며, 1894년(고종 31)의 갑오개혁 이후에는 김홍집 내각의 외부대신으로 활동하다가 친일파로 몰려 10년간 귀양살이를 하였다.

1910년 국권피탈이 이루어질 때 가담한 김윤식은 일본 정부로부터 자작子爵을 받았으나, 1919년의 삼일운동에 동조하면서 작위를 반환하였다. 그는 당시 이름 높은 석학으로 인정받으며 일본 학사원의 회원으로 활동하기도 했다.

김윤식은 1835년(헌종 1) 김익태金益泰의 아들로 태어나 1922년 사망하였으며 『운양집雲養集』 16권, 『천진담초天津談草』, 『음청사陰晴史』, 『병합사併合史』 등의 저서를 남겼다. 김윤식의 자는 순경洵卿, 호는 운양雲養, 본관은 청풍淸風이다.

이인좌 난의 불씨를 끈 선각자 최규서의 집터

정동에 있던 어서각 자리는 조선 숙종과 경종 때 우의정을 지낸 최규서의 집터이기도 하다. 최규서는 이인좌李麟佐의 난을 간파하여 고

변함으로써 난을 평정하고 공신이 되었으나 녹훈을 원치 않았다. 영조는 친필로 〈일사부정一絲扶鼎〉이라는 네 글자를 하사하여 보관하도록 하였는데, 일사부정은 '한 가닥 실로 나라를 붙잡았다' 는 뜻이다.

최규서는 1650년(효종 1) 현감 최석유崔碩儒의 아들로 태어나 1710년(숙종 36) 문과에 급제한 뒤 전라 감사, 이조판서 등 여러 벼슬을 지냈다. 경종 때 우의정에 오른 최규서는 치사한 뒤 용인龍仁에 물러가 살다가 1735년(영조 11) 하세하였다. 최규서의 자는 문숙文叔, 호는 간재艮齋와 소릉少陵, 시호는 충정忠貞이며 본관은 해주海州이다.

대신에 오른 물장수 이용익

덕수궁 남서쪽 일대를 이르던 소정동小貞洞에는 금송아지 대감 댁으로 부르던 큰 기와집이 있었다. 이 집에는 함경도 명천明川의 상민 출신으로 물지게를 나르던 물장수에서 고종 때 대신으로 비약적인 승격을 했던 이용익李容翊이 살았다.

이용익은 발이 매우 빨랐기에 임오군란 당시 장호원에 숨었던 명성 황후와 고종의 연락을 담당하였고, 이것이 인연이 되어 명성 황후가 환궁하자 그는 단천端川 부사에 발탁된 뒤 병사로 승진하였다.

단천에는 금광이 있었는데 이용익은 금맥을 찾는 재주가 뛰어났으며, 채취된 금은 왕실의 재정 학장에 상당한 역힐을 하였니. 이용익은 한 금광에서 비둘기 모양의 금괴가 나오자 진상하였는데 고종이 다른 모양도 나오느냐고 묻자 그는

"금송아지가 나오면 반드시 바치겠습니다."

하고 약속하였다. 이때부터 고종은 이용익을 가리켜 '금독金犢'이라고 부르며 더욱 총애하였다. 또한 그는 외국인의 광산 채굴을 철저하게 금지하는 등 권한을 발휘했기에 외국인들은 이용익을 당돌하다고 생각하며 '미스터 돈키Mr. Donkey'라고 불렀다.

이용익은 1888년(고종 25) 남병사南兵使가 되었다가 북청 지역에 민란이 일어나자 탐관오리라는 탄핵을 받고 전라도의 신지도薪智島로 유배되었다. 그는 곧 풀려나 강계江界 부사로 등용되었으며 1891년에는 함남 병마절도사로 임명되었다.

한편 러시아는 1903년(고종 40/ 대한 광무 7)에 우리나라를 침략할 목적으로 압록강鴨綠江 어귀의 용암포龍岩浦로 들어왔다. 광대한 토지를 매수한 러시아는 용암포 인근에 집을 짓고 대포를 쏠 수 있는 포대와 통신을 수월히 하기 위한 전선 등을 가설하였다. 친러시아 세력의 선두에 섰던 이용익은 러시아가 우리 정부에 정식으로 용암포 일대의 조차 권리를 요구하자, 이를 승인하도록 적극 활동하였다.

이어 대장원경大藏院卿으로 재정권을 잡은 이용익은 화폐를 남발하여 독립협회 대표 정교鄭喬 등으로부터 탄핵을 받았다. 이로써 군부대신, 탁지부대신 등을 역임하던 이용익은 한일 의정서를 반대하여 일본의 미움을 받다가 일본의 세력이 커지자 지위가 점점 떨어졌다. 이후 이용익은 블라디보스토크Vladivostok에 망명하였다가 1907년(고종 44/ 대한 광무 11) 그곳에서 암살되었다. 이용익이 태어난 해는 1854년(철종 5)이며 자는 공필公弼, 호는 석현石峴, 본관은 전주全州이다.

중구 의주로
- 한양에서 천리 길 신의주로 가는 길목 -

　이화 여자고등학교 서쪽에 위치한 의주로義州路의 동명은 지금은 갈 수 없는 땅 신의주新義州로 가는 길목이라는 데서 붙여졌다.

　서소문 밖의 의주로에는 미전상신동米廛上新洞이란 자연 마을이 있었는데, 조선 시대에 곡식을 팔던 싸전으로 유명하였다. 『동국여지비고』 시전市廛조를 보면

> 〈싸전은 여러 가지 곡식을 파는데 모두 다섯 곳이 있다. 상하上下 싸전 중 상전上廛은 의금부 서쪽에 있고 하전은 이현梨峴 시장에 있는데 이들은 국역國役 삼분三分에 응한다. 도성문 밖의 싸전은 소의문昭義門 밖에 있어서 국역 이분에 응하였으며 유강酉江 싸전과 마포 싸전은 모두 분수가 없다.〉

라는 내용이 보인다. 이 기록을 보아도 소의문 밖에는 서울의 5대 싸전 가운데 하나가 자리 잡고 있었음을 알 수 있다. 그 밖에도 『동국여지비고』 장시場市조에는 한양에 장시가 열리는 곳을 종루가鐘樓街, 칠패, 이현 그리고 서소문 밖이라고 기록하고 있다.

　구중 의주로 1가는 조선 초에는 한성부 서부 반석방과 반송방에 속하였으며 갑오개혁 때는 한성부 서서 반석방 미전상계米廛上契 차동 사거리, 미전상계 신교・양대동涼坮洞・서장동西醬洞, 연지계 사거리, 반송방 경일계京日契 경교, 균장리계 고마동, 노첨정계盧僉正契 미동尾

洞, 수근답계水芹畓契 근보芹補, 청성군계靑城君契 신교 지역이었다.

현재 서소문 공원 일대는 송파구 가락동可樂洞에 농수산물 시장이 성립되기 전의 서소문 중앙 시장이었다. 당시 중앙 시장에서는 청과와 어물이 거래되었으며, 맞은편에 종합 시장과 수산 시장이 현존하는 것은 과거 시전으로서의 전통이 이어지고 있기 때문일 것이다.

의주로 1가와 의주로 2가의 경계이자, 의주로와 서소문길이 교차되는 지점에는 도성 사소문의 하나인 소의문이 있었다. 서소문 또는 소덕문昭德門이라고도 불리는 소의문은 동남쪽의 광희문光熙門과 함께 도성 안의 시신을 성 밖으로 운구하는 문이었다. 서쪽의 와우산臥牛山, 안산鞍山 등지로 나가는 시신은 모두 소의문을 통하였다.

순조 이후 천주교에 대한 탄압이 심해지면서 많은 천주교 신자들이 서소문 밖 참터(참지斬址)에서 처형되면서부터 이들의 시신이 대부분을 차지하기도 했다. 소의문은 조선 말엽인 1908년(순종 1/ 대한 융희 2) 철거되었으며, 1914년에는 도시계획이라는 명목으로 성벽도 헐리고 말았다.

한반도의 중앙 양천리 고개

양천리兩千里는 삼천리금수강산 한반도의 중앙에 위치하고 있어 북으로는 의주義州까지, 그리고 남으로는 부산 동래東來까지 각각 1천여 리라 하여 불리게 된 이름이다. 조선조에는 교통의 요지로서 의주로 향하는 연서로延曙路를 끼고 있어 각종 문서를 전달하는 파발擺撥이 설치되어 있었으며, 사신들의 행차가 거쳐 가는 역할을 하기도 했다.

의주와 부산의 중간임을 나타내는 표석

양천리는 녹번동礦磻洞 통일로 194번지 부근으로 양천리라 쓰인 표석이 있었다고 하는데, 하천 복개 공사를 하면서 유실된 것으로 보인다. 옛 문헌을 보면 양천리를 칭하는 다른 표현으로 양철리梁哲里, 양철리梁鐵里 등의 한자 표기가 보이나 특별한 뜻이 있어서 쓰인 것이 아니고 양천리를 소리나는 대로 쓴 임의적인 한자 표기로 추측된다.

양천리의 유래를 나타내는 세움 간판

옛날에는 녹번역에서 불광역으로 넘어가는 언덕 일대를 양천리 고개라 하였으며 양천리 고개를 경계로 윗동네는 둑비리, 아랫동네는 양천리 또는 아래양천리로 불렸다고 한다.

중구 광희동
- 사소문의 하나 광희문이 있는 마을 -

　광희동光熙洞의 동명 유래가 되는 광희문은 도성의 동남쪽에 위치한 사소문 가운데 하나이다. 광희문은 1396년(태조 5) 태조가 도성을 처음 축조할 때 만든 것으로 광희光熙라는 이름을 붙인 것은 밝고 환한 희망을 상징하는 광명光明의 문을 뜻한다.

　광희문은 광나루와 한남동 방면으로 통하는 중요한 문이었으며, 도성 안에서 사람이 죽으면 동쪽으로는 이 문을 통하여 시체를 내보냈으므로 시구문屍口門이라고도 불렀다. 광희문의 또 다른 속칭인 수구

광희문

문水口門은 개천 수구의 가까운 곳에 위치하여, 남산 동북쪽 일대의 물이 부근을 통과해 나갔기 때문에 붙여진 이름으로 보인다.

조선 초만 해도 광희문 밖으로 강도가 날뛰어 사람들이 불안해 하였고, 강도 집단이 솔숲이 무성한 남소문이나 동소문 부근에 숨어 살면서 자주 횡행하였다. 도적들은 보통 민가를 털었으나, 1547년(명종 2) 4월에는 봉사 신의충申義忠의 집 등 관원들의 집을 습격하여 재물을 약탈하고 사람을 살상하여 큰 소란이 일어났다. 1550년(명종 5) 1월에는 숭례문에서 수직하던 군사가 폭력배에게 결박되어 살해당하였으며 1554년(명종 9)에는 광희문 밖 일대가 온통 도적의 소굴이 되어 밤이면 인마가 통행하지 못할 정도였다.

1711년(숙종 37) 광희문의 홍예문虹霓門을 개축하였고, 8년 뒤인 1719년(숙종 45)에는 문루를 건축하여 광희문이란 현판을 걸었다. 이때의 『조선왕조실록』 기록을 보면 민진후가閔鎭厚가

"근자에 실록을 보니 국초에 도성을 창축한 후 각 문에 모두 문루를 건축하였으며 수구문은 옛날에 광희문이라 하였으니 금위영으로 하여금 편액을 써서 걸게 하자."

고 말한 기록이 있다.

지하철 2호선과 4호선이 환승되는 동대문 역사문화 공원역 남동쪽 출구와 퇴계로 남쪽에 위치한 광희동 2가는 조선 초에는 한성부 남부 명철방明哲坊 지역이었으며, 1894년의 갑오개혁 이후로는 남서 명철방 수구천내계水口川內契 석교동石橋洞, 배동裵洞, 동산리동東山里洞, 지예동知禮洞, 남성저동南城底洞, 형제동兄弟洞, 곡정동谷井洞과 청영

위계青寧尉契 남소동 지역이었다.

중구 필동
- 붓골의 유래, 그곳엔 누가 살다 갔나 -

조선 시대에는 필동筆洞에 한성부 5부 중의 하나인 남부의 부사무소가 있었으므로 부동이라 하다가, 부와 동 사이에 자연스럽게 'ㅅ' 소리가 연결되면서 붓골이라 부르게 되었다. 붓의 한자 훈은 '붓 필筆'이므로 필동으로 표기하였으며 필동은 현재 지하철 충무로역 서쪽 입구와 퇴계로 남북 쪽에 위치하고 있다.

과거에는 초동, 필동 2가, 묵정동, 충무로 4가와 5가에 걸쳐 묵사墨寺가 있었으며, 필동 2가 남쪽 남산 골짜기에는 피란사披蘭寺가 있었다. 묵사에서 먹을 만들어 시전에 내다 팔았기 때문에 일대를 먹적골, 먹절골, 묵사동, 묵동이라 하였다. 피란사가 자리한 곳은 경치가 아름답고 신비로운 느낌이 있어 피안사彼岸寺로도 불렀다. 인간이 사는 세상의 온갖 먼지와 잡다한 것에서 벗어난 세계에 있다는 뜻을 가진 피안사는 봄부터 겨울까지 철마다 사람들의 발걸음이 끊이지 않는 사찰로 십승지지十勝之地의 하나라고 할 정도였다.

필동의 동국 대학교 내에는 서울특별시 유형문화제 제20호인 숭정전崇政殿이 있다. 정각원正覺院 현판이 붙어 있는 숭정전은 원래 1616년(광해 8)에 경희궁의 정전正殿으로 건립되었다.

일제의 침략 이후인 1907년에는 경희궁 서쪽 지역이 통감부중학統監府中學으로 사용되었으며, 1915년에는 경성 중학교로 바뀌었다가, 1925년에는 일본의 조계사에 매각됨으로써 이전되었다. 숭정전은 1976년 9월 현재 위치로 이전해 개축하면서 법당으로 사용하고 있으며, 서울시의 경희궁 복원 계획에 따라 숭정전을 이전하지 않고 원형의 느낌을 살려 새로 지었다.

필동 2가는 남산 인근으로 귀록정歸鹿亭터, 남별영南別營터, 노인정터, 팔송정八松井 등 역사적 사적지가 많은 곳이며 아래의 인물 외에 이준경李浚慶이 살았던 곳이기도 하다.

전원생활을 동경한 조현명

귀록정은 조현명趙顯命의 정자로 평소 전원생활을 동경하던 그가 관직 생활을 하면서 집 근처에 지은 것이다. 조현명의 호 귀록歸鹿은 '사슴 수레를 함께 잡고 시골로 돌아간다'는 뜻이다. 조현명은 정자 밑에 푸른 실끈으로 사슴을 매어 놓고 언제든지 사슴이 끄는 수레를 타고 향리로 돌아갈 마음의 준비를 하고 있었다는 이야기도 전한다.

조현명 초상

조현명은 당쟁으로 시끄럽던 영조 대에 노론과 소론의 인재를 골고루 등용해 불필요한 당파 싸움을 없애자는 탕평론蕩平論을 주장하며

오명항 초상

붕당에 끼지 않았다. 조현명은 1690년(숙종 16) 조인수趙仁壽의 아들로 태어나 1719년(숙종 45) 문과에 급제하며 관직에 들어섰다. 조현명은 1728년(영조 4) 이인좌가 난을 일으켰을 때는 원수 오명항吳命恒의 종사관으로 출정하여 공을 세우고 풍원 부원군의 봉군을 받았다.

1740년(영조 16)에 우의정으로 영의정을 역임한 조현명은 청렴하고 검소한 성품과 어울리게 언행 또한 단정하였으며, 강직함을 바탕으로 공사를 분명하게 구분하였다. 1752년(영조 28) 하세한 조현명의 자는 치회稚晦, 호는 귀록歸鹿, 시호는 충효忠孝이며 본관은 풍양豐壤이다.

남별영 밖 윤황의 팔송정

남산 아래 남부 낙선방에 자리했던 남별영은 필동 2가에 있는 전통 문화 체험 공간인 한국의 집 건물 남쪽에 해당한다. 남별영은 금위영의 분영으로 역시 군사 주둔지였다. 금위영은 어영청 등과 함께 궁중을 지키고 임금을 호위한 것은 물론, 수도인 한양의 수비를 위한 군영으로서 경기도 이남 지역 수비병의 본영이었다.

남별영 남쪽에는 군량미를 저장하던 101간의 남창南倉이 있었고, 북쪽의 하남창은 104간이었으며, 남창 서쪽 기슭에는 17간에 달하는 화약고가 있었다. 남별영 계곡 아래 석벽에는 아계牙溪라는 글이 새겨져 있었으며, 이곳에 세운 정자 천우각泉雨閣은 남산 계곡 깊숙한 곳에 위치한 까닭에 무더운 여름이면 장안에서 이름난 사람들이 모이는 장소로 유명했다.

남별영의 서문 밖에는 윤황尹煌의 집과 그가 세운 팔송정八松井이 있었다. 글씨를 잘 써서 널리 이름을 알린 윤황은 1623년의 인조반정 이후 청렴한 관리로 지목되어 장령, 집의, 대사간, 동부승지, 이조참의를 역임하고 전주 부윤을 지냈다. 윤황은 이듬해에는 글을 올려 이괄의 난 때 검찰사를 지낸 연평군延平君 이귀李貴가 도망친 죄를 탄핵하였다.

이귀 초상

윤황은 1627년의 정묘호란 때에는 화친을 주장하는 후금을 배척하며 조정에서 인정받았다. 후금과 조선이 화약을 맺은 뒤 과거 후금과의 화친 정책을 반대했던 것이 문제가 되자, 1637년(인조 15) 김상헌과 정온은 자신들이 후금과의 형제 관계를 반대했다며 자수하였다. 이때 윤황은 병중이었으므로 그의 아들 윤문거尹文擧는 아버지에게 알리지 않았는데, 후일 사실을 알게 된 윤황은 아들을 책망하며 상소하였다. 윤황은 후금과 평화 협약을 맺지 말 것을 주장한 것은 자신이므로 청나라에 잡혀 가길 주청하였으나 인조는 허락하지 않았다. 그러나 상소문 중에 불손한 구절이 있다 하여 윤황은 영동永同으로 귀양을 가야 했다. 곧 용서되어 풀려난 윤황은 벼슬에서 물러난 뒤 은거하였던 이산尼山으로 돌아왔다.

1572년(선조 4) 윤창세尹昌世의 아들로 태어난 윤황은 1597년(선조 30) 알성시 을과에 장원으로 급제하여 승문원 정자에 보직되고 전적으로 승진하였다. 그는 감찰, 정언, 병조·예조·형조의 좌랑, 봉상시정, 군기감정을 지낸 뒤 간당들의 탄핵으로 벼슬에서 물러나 이산에서 은거하다가 인조반정 이후 복관되었다.

윤황의 자는 덕요德耀, 호는 팔송八松, 시호는 문정文正, 본관은 파평坡平이며 1639년(인조 17) 하세하였다.

만년에 노인정을 지은 조만영

노인정은 남산 북쪽 기슭의 국립 극장과 동국 대학교 사이 주택가에 있던 정자로 조만영趙萬永이 세웠다. 조만영이 만년에 정자를 지었던 까닭에 교유하던 이들은 대개가 관직을 떠난 노인들이었고, 그들과 정자에 모여 한가한 시간을 보내는 때가 많았으므로 노인정이라는 명칭이 생겼다. 정자터 뒤 바위에는 〈조씨노기趙氏老基〉라는 글자가 새겨져 있다.

조만영 초상

한편 청일전쟁이 일어난 1894년(고종 31)에 일제의 훈령을 받은 오토리 게이스케(대오규개大鳥圭介) 공사가 5개 조항의 내정 개혁안을 조선 정부에 제시하였고, 한국의 대신 신정희申正熙, 김종한金宗漢, 조정승曹

定承 등이 참여한 가운데 개혁안이 강제로 가결되었다. 내정 개혁을 위한 첫 번째 회의가 노인정에서 개최되었으므로 '노인정 회의'라 하였다. 일본이 제시한 개혁안은 일제의 침략과 내정간섭을 위해 제시된 것들이었기에 우리나라의 백성들에게 거센 저항을 받았다.

노인정은 주인이 몇 번이나 바뀌다 총독부의 소유가 되었고, 이후에는 불교 부인회에서 사용하였으나 현재는 사라지고 없다.

조만영의 딸이 익종의 빈이 되자 그는 헌종 초에 영돈령부사에 올라 풍은豊恩 부원군에 피봉되었고, 안동 김씨와 대립하며 세도를 부렸다. 조만영은 1776년(영조 52) 조진관趙鎭寬의 아들로 태어나 1813년(순조 13) 문과에 급제한 뒤 삼사를 거쳐 예조·이조·호조·형조의 판서를 지내고 한성부판윤에 이르렀다. 조만영의 자는 윤경胤卿, 호는 석애石崖, 시호는 충경忠敬, 본관은 풍양豊壤이며 1846년(헌종 12) 사망 이후 영의정에 추증되었다.

동국 대학교 인근에 살았던 예조판서 이안눌

필동에 있는 동국 대학교의 북문 부근은 인조 때 예조판서를 지낸 이안눌李安訥이 살았던 곳으로 〈동악 선생 시단東岳先生詩壇〉이라는 각자가 있었으나 최근에 훼손되었다.

시단은 이안눌의 현손인 이주진李周鎭이 영조 때 선조 이안눌을 기념하기 위해 새겨 놓은 것이다. 이주진은 좌의정 이집의 아들로 1692년(숙종 18) 태어났으며, 1714년(숙종 40) 생원시에 합격해 1725년(영조 1) 문과에 급제하였다. 이주진은 한림원 대교로 있던 1728년 간쟁

을 받아들이고 백성을 잘 보살필 것을
청하는 인군人君 6조의 상소를 올렸으
며 이조판서, 예조판서에 이르렀다.
1749년(영조 25) 사망한 이주진의 자
는 문보文甫, 호는 탄옹炭翁, 시호는 충
정忠靖이다.

이안눌 현손 이주진 초상

1571년(선조 4) 태어난 이안눌은 문
학에 대한 관심이 많아 1599년(선조
32) 문과에 급제한 뒤에는 특별히 동료
인 석주石洲 권필權韠과 선배인 윤근수尹
根壽, 오봉五峯 이호민李好閔 등과 가까이
지내면서 자신의 집에서 동악 시단이라는
모임을 가졌다.

이안눌과 문학적인 교류를 한 이호민은
이숙기李叔琦의 아들로 1553년(명종 8) 태
어나 1584년(선조 17) 문과에 급제하여 응
교, 전한을 거쳐 집의가 되었다. 1592년 임
진왜란이 발발하자 이호민이 용만(의주)까

동악 시단의 일원 이호민 신도비

지 선조를 모셨으며 랴오양(요양遼陽)에 가 명나라의 원조를 요청하고
장수 이여송의 도움을 받아 평양平壤 싸움을 승리로 이끌었다.

이후 부제학에 오른 이호민은 중국과의 왕래 문서를 맡아 주관하였
으며, 예조판서로 의인懿仁 왕후의 일생을 기록하는 지문誌文을 다시

썼다. 그는 대제학, 좌찬성에 이르러 호성扈聖공신에 책록되고 연릉군延陵君이 되었으며 뒤에 보국숭록대부에 올라 부원군으로 개봉되었다.

선조가 영창 대군을 세자로 책봉하려 하자 이호민은 적서의 구별 없이 장자를 옹립하여야 된다는 입장론立長論을 주장하였다. 선조가 서거하고 광해군이 즉위한 뒤에도 이호민은 고부청시 청승습사로 명나라에 건너가 예부에서 입장론을 피력하였다.

이호민은 인조반정 후 선조의 구신으로서 특별한 우대를 받다가 1634년(인조 12) 세상을 떠났다. 그의 자는 효언孝彦, 호는 오봉五峯, 본관은 연안延安이다.

한편 시문에 능하였던 이안눌은 4천 여 수가 넘는 시를 남겼으며, 그의 제자 중에도 이식李植과 같은 명류가 많았다.

이안눌은 1599년(선조 32) 문과에 2등으로 급제한 뒤 괴원槐院(승문원)에 들어가 형조와 호조의 좌랑을 역임하고 예조좌랑이 되었다. 이안눌은 이때 서장관으로서 진하사 정광적鄭光積과 명나라에 다녀와 성균관직강이 되었다. 그는 안동 부사, 호조참의, 충청 감사, 강화 부윤을 거쳐 인조반정 때 예조참판이 되었으나 나가지 않았다.

일찍이 특진관으로 있던 이안눌은 조정의 시비가 밝지 못하고 상벌이 공정하지 못함을 왕 앞에서 극언하며 고관들을 공박하였으므로 대개의 벼슬아치들에게 미움을 받으며 관직을 그만두었다. 이안눌은 청나라가 조사를 위해 조선에 왔을 때에는 실언을 하여 북변에 귀양을 가기도 했다.

정묘호란 이후 용서된 이안눌은 인조의
피란소인 강도江都에 이르러 유수가 되었
다가 형조참판, 함경도 관찰사를 역임하였
다. 이안눌은 사신으로 명나라에 건너가
인조의 아버지인 정원군定遠君의 추존을
허락받아 원종元宗이라는 시호를 받고 돌
아왔다. 그 공으로 이안눌은 정헌대부에
오르고 토지를 상으로 받았으며 예조판서
로 예문관제학을 겸하였다.

강화 유수 이안눌 불망비

1636년 조정에서 청렴 근면한 관리 5명을 뽑는데 이안눌도 포함되
어 숭록대부의 가자를 받고 형조판서 겸 홍문관제학에 임명되었다.
이해 겨울 병자호란이 일어나자 이안눌은 인조를 모시고 남한산성에
다녀왔으며 이듬해인 1637년(인조 15) 사망하니 좌찬성을 추증받고 청
백리에 녹선되었다. 이안눌의 자는 자민子敏, 호는 동악東岳, 시호는
문혜文惠, 본관은 덕수德水이며 이행의 후손이다.

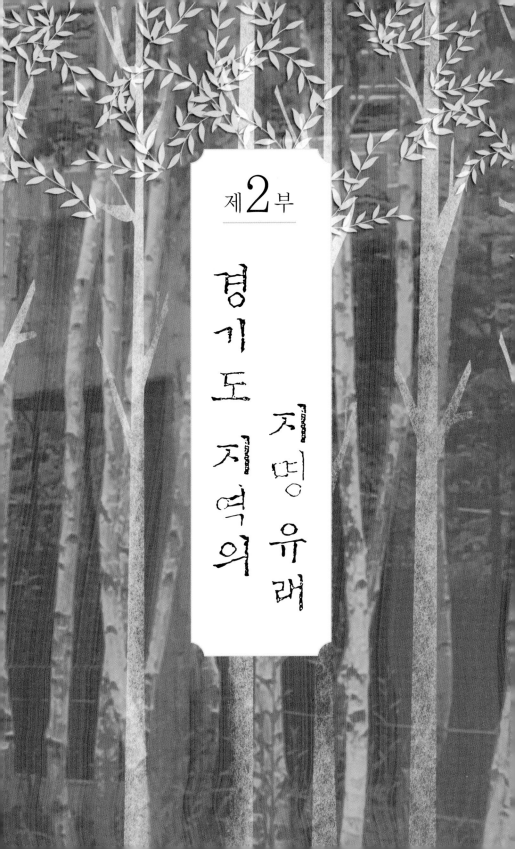

제2부

경기도 지역의 지명 유래

경기도 지역의 지명 유래

과천시 가자 우물
- 정조가 정3품 벼슬을 버린 맛좋은 우물 -

과천을 지나 남쪽으로 조금 더 가면 정조가 사도 세자를 만나러 가는 길에 들러 마셨다는 우물이 있다. 무더운 여름날 선친 묘를 참배하러 과천을 지나는 도중 정조가 갈증을 심하게 느끼자 신하가 근처에 있던 우물물을 떠 올렸다. 물을 마신 정조는

"물이 참으로 차고 맛이 좋구나."

하며 찬사를 아끼지 않았다. 정조는 억울하게 목숨을 잃은 아버지 사도 세자를 만나기 위해 자주 묘소를 찾았는데, 그때면 과천 고을의 동헌인 부림헌의 내사 온온사穩穩舍에서 쉬거나 이 우물물을 마시는 일

가자 우물

이 많았다.

정조는 부림헌의 내사에 온온사라는 이름을 하사한 것과 마찬가지로 물맛 좋은 이 우물에도 정3품의 당상堂上 벼슬을 제수하였다. 이후로 우물은 가자加資 우물이 되었고, 물맛이 좋고 차다 하여 찬우물이라고도 일컬었으며 동네는 찬우물이 있다 하여 찬우물 마을로도 불리었다.

여느 때와 마찬가지로 정조가 현륭원을 찾아가는 길에 가자 우물에서 물을 마시며 잠시 쉬게 되었다. 우연히 우물 위쪽 약 7백 미터 거리에 자리한 잘 치장된 묘소 하나를 보게 된 정조는 신하에게

"저기 잘 모셔진 묘소는 어느 집 누구의 묘인가."

하고 물었다. 머뭇거리며 나온 신하의 대답은 청풍淸風 김씨 김약로金若魯의 무덤이라는 것이었다. 김약로는 벽파로서 사도 세자의 잘못을 강하게 주장하며, 사도 세자가 죽도록 영조에게 협력한 인물이었다. 김약로의 묘소는 좌의정까지 지낸 벼슬아치답게 봉분 주위에는 병풍

석을 두르고 석물 또한 매우 화려하며 옥개석의 위에는 용머리까지 조각되어 있었다.

정조는 지난날 아버지의 억울함과 애처로움이 생각나, 지나는 길에 놓인 김약로의 묘소조차 보는 것을 피해 부채로 얼굴을 가리고 지나갔다. 멋들어지게 장식된 김약로의 묘소를 보는 일은 정조에게 매우 힘든 일이었을 것이다.

김약로에 대한 마음을 풀지 못한 정조는 그 묘소를 보지 않기 위해, 안양安養에 만안교萬安橋를 세우고 아버지를 만나러 가는 다른 길을 만들었다.

김약로는 대제학 김유金楺의 아들로 1727년(영조 3) 증광 문과에 병과로 급제해 승문원 정자가 되었으며, 이후 『숙종肅宗실록』 보충이 잘못임을 논하다가 유배당하였다. 이듬해 석방된 그는 1731년 정언이 된 뒤 지평, 교리, 수찬을 거쳐 1736년(영조 12)에는 승지, 1740년에는 개성 유수 등을 역임하였다. 김약로는 병조참판과 예조참판을 거쳐 1742년에는 평안도 관찰사, 1744년(영조 20)에는 공조·호조·병조의 판서를 지내고, 1746년 우참찬, 1747년(영조 23) 판의금부사, 1749년 우의정을 거쳐 좌의정에 이르렀다.

1752년 약방 도제조로 있던 김약로는 왕세손이 죽자 파직당하였으나 판중추부사로 다시 기용되었다. 그는 한때 동생 김취로金取魯, 김상로와 함께 높은 관직에 있으면서 세도를 부리기도 했다.

1694년(숙종 20) 태어나 1753년(영조 29) 세상을 떠난 김약로의 자는 이민而敏(또는 而民), 호는 만휴당晩休堂, 시호는 충정忠正이다.

1702년(숙종 28) 태어난 김상로는 진사에 합격한 뒤 1734년(영조 10) 문과에 급제하여 호조판서, 우의정을 거쳐 영의정에 이르렀다. 그러나 1776년 즉위한 정조는 김상로가 영조와 사도 세자를 이간하여 영조가 자신의 아버지를 죽이도록 했다는 이유로, 그의 관직을 빼앗고 아들 김치현金致顯과 김치양金致讓은 유배 보내고 손자 김종렬金鍾烈은 노비로 만들었다. 김상로의 사망한 해는 확실하지 않으며 자는 경일景一, 호는 하계霞溪, 시호는 익헌翼獻이다.

정조에게서 하사받은 온온사라는 이름

온온사穩穩舍는 조선 시대 과천현의 관아에 부속된 객사의 건물이었다. 관아는 관원들이 정무를 보는 건물의 총칭으로 관서官署 또는 공해公廨라고도 하였으며, 객사는 각 고을에 설치했던 관사로 객관客館이라고도 하였다. 객사는 지방을 여행하는 관리의 숙소 역할과 함께 궐패闕牌와 전패殿牌를 모셔 놓고 매월 초하루와 보름에 향궐망배向闕望拜를 행하는 기능도 갖고 있었다.

객사가 문헌에 처음 나타난 것은 고려 충렬왕忠烈王 때로 1279년(충렬 5) 8월에 객관을 지었다는 기록이 최초로 보인다. 그러나 삼국시대부터 지방 행정조직을 통괄하는 관청으로서 관아를 조성했던 기록이 보이므로 객사의 축조도 고려 충렬왕 때보다는 이른 시기에 시작되었을 것으로 생각된다.

관천의 객사였던 온온사가 축조된 것은 조선으로 접어든 1649년(인조 27)이었다. 1699년(숙종 25) 발간된 『과천현신수읍지果川縣新修邑

온온사

『志』에 의하면 여이홍呂爾弘이 현감으로 재직하면서 객사 동헌을 창건
한 것으로 되어 있다.

과천의 객사는 동헌東軒 외에 서헌西軒이 축조되어 동서의 두 채 건
물로 되어 있었음이 하나의 특징이다. 서헌은 남창조南昌祖에 의해
1666년(현종 7) 건축되었으며, 객사 건물이 두 채였음은 과천이 갖는
지리적 특징 때문으로 보인다. 조선 시대 전반에 걸쳐 왕이 남쪽 지역
으로 거둥할 경우에는 대개 과천을 경유하였고, 경우에 따라 왕이 묵
어가야 했으므로 이에 대비해 규모가 다른 곳의 객사보다 컸던 것으
로 추측된다.

과천 객사가 온온사란 명칭을 갖게 되는 것은 앞서 밝혔듯 정조 대
이다. 정조는 1790년(정조 14) 2월 아버지 사도 세자의 원묘인 영우원
永祐園을 수원의 화산으로 옮긴 뒤 이름을 현륭원으로 고쳤다. 그리고

화산으로 아버지를 참배하러 거둥할 때면 과천의 객사에서 머물며 쉬어가는 일이 있었다. 정조는 객사 주위의 경치에서 편안함을 느끼며 자주 머물다 떠났으므로 온온사라는 이름을 명하고 현판을 내렸다. 그리고 과천의 옛 이름인 부림富林을 따서 과천 관아의 동헌에는 부림헌富林軒이라는 현판을 하사했다고 한다.

객사 건물들은 후대로 오면서 과천의 관아로 사용된 것으로 보이는데, 1895년(고종 32)에 전국의 행정구역을 개편하면서 과천군의 청사로 사용되었다고 추정되나 확인할 수는 없다.

1914년 일제에 의해 시흥군始興郡, 과천군, 안산군安山郡이 통합되어 시흥군으로 편제되고 과천이 시흥군에 속한 하나의 면으로 강등되면서부터는 과천면의 면사무소로 사용되었다. 1932년에는 기존의 객사 건물을 헐고 면사무소 청사를 지어 사용하였다. 객사의 신축 건물은 해방 이후에도 계속해 과천의 면 청사로 사용되었는데, 당시의 사진을 보면 많은 유리창과 현판을 밖으로 결구한 모습으로 본래 객사의 모습을 변형시켰음을 알 수 있다.

온온사는 1982년 6월 2일에 경기도 지방유형문화재 제100호로 지정되었으며, 현재의 건물은 1986년 12월 12일에 청사로 사용되던 건물을 완전히 해체해 복원한 것이다. 온온사의 외형은 전라도 나주 지방의 객사 구조를 따른 것이라고 하나 본래의 모습인지는 확인할 길이 없다.

의왕시 왕곡동
- 환궁 길에 정조가 친림한 마을 -

왕곡동旺谷洞은 정조가 수원 화산에서 아버지의 능을 참배하고 환궁하는 길에 친림親臨했다 하여 왕림旺臨이라 쓰였다. 본래는 '임금왕王' 자를 써 왕림이라고 해야 맞으나 임금 왕 자는 일반 백성들은 사용할 수 없는 글자였으므로 임금 왕 자 앞에 '날 일日' 자가 있는 '아름다울 왕旺' 자를 사용하였다.

왕림 마을 위 동쪽 지역은 청풍淸風 김씨의 사당이 있으므로 별묘別廟 또는 웃말이라 칭하였으며, 왕곡동 마을 회관 인근은 향촌 또는 아랫말이라 하였다. 별묘 밑은 향촌과 별묘 사이에 있으므로 샛말 또는 간촌間村이라 부르고, 마을의 서남간에는 능만큼 큰 김치후金致后의 묘가 있다고 하여 새능말이라 불렀다. 마을의 남쪽 지역은 그늘진 곳이라 응당말 또는 음당촌陰堂村이라 불렸으며, 마을의 초입은 풍수학상으로 기러기가 앉아 있는 형국이므로 낙안동落鴈洞이라 하였다. 앞개울 건너에 있는 마을은 죽동竹洞이라 불렀다.

김치후의 본관은 청풍으로 1692년(숙종 18) 김태로金泰魯의 아들로광주廣州에서 출생하였다. 그는 1714년(숙종 40) 사마시에 합격하고성균관 유생이 되었으며, 1716년에는 동료 유생 80여 명과 함께 상소를 올려, 스승 송시열을 배반하고 소론의 파당을 만든 윤증尹拯의 반도덕성을 규탄하였다. 김치후는 1722년(경종 2)에는 영소전永昭殿 참

봉이 되고, 1726년(영조 2)에는 의금부도사가 되었으며 같은 해에 알
성문과에 장원으로 급제해 전적이 되었다. 그는 승지, 경연 참찬관을
거쳐 1730년(영조 6)에는 대사간이 되었다.

김치후는 그해에 영조가 당쟁의 폐단을 없애기 위해 선포한 탕평책
에 반대하다가 왕의 노여움을 사 위도蝟島로 유배되었으며, 2년 후인
1738년에 풀려나와 다시 대사간에 기용되었다. 김치후는 1742년 경
상도 관찰사에 이어 정주 목사로 임명되었으나 부임 도중인 1742년
(영조 18) 하세하였다. 그의 자는 사중士重, 호는 사촌沙村이며 저서로
『사촌집』이 있다.

과천시 관악산 연주대
- 고려왕조의 멸망에 통곡한 고려의 신하들 -

관악산은 서울특별시 관악구와 경기도 과천시, 안양시의 경계에 위
치한 산이다. 해발 629미터의 연주봉戀主峯은 관악산의 주봉으로 과
천시 중앙동中央洞에 위치하고 있다.

죽순이 칼처럼 솟은 듯한 연주봉에 오르면 북으로 서울, 남으로 수
원과 화성이 내려다보이고, 멀리 양주와 광주의 중첩된 산들이 펼쳐
놓은 그림 같은 풍광을 보게 된다. 한편으로는 서해가 바라보이는데,
저녁 무렵 지는 낙조의 빛이 눈이 부시도록 아름다워 예부터 신분의
높고 낮음을 가리지 않고 많은 이들이 관악산을 찾았다고 한다.

연주봉의 북쪽 10여 미터 지점에 있는 연주대戀主臺는 신라 시대 의상義湘 대사에 의해 창건된 것으로 원래 의상대였던 이름이 나중에 연주대로 바뀐 것으로 추측된다. 이에 관한 기록은 「관악산 연주대 나한법당 및 하법당 신건병지」와 「연주대 중건기」 등에 남겨져 있으며, 중건이나 중수 등의 연대와 내용에 있어서는 약간의 차이를 보인다.

서희 신도비

의상대가 연주대라고 불리기 시작한 것은 고려조의 신하가 조선왕조를 섬기지 않으려고 관악산에 올라 고려의 수도 송도松都를 바라보며 통곡하면서부터라고 전해진다. 연주대에 올라 고려의 패망을 아파한 신하들은 태조의 처남이자 신덕神德 왕후의 오빠인 강득룡康得龍, 서희徐熙의 후손 서견徐甄, 남재南在와 남은의 숙부 남을진南乙珍 등으로 고려에 충성을 바치고자 두문동杜門洞에서 은거한 72명을 본받은 것이다.

1392년 조선을 건국한 이성계는 직접 연주봉으로 와 축대를 쌓고 발복을 기원하였으며 원각암과 연주암 두 사찰을 창건했다고 알려져 있다. 태조는 이듬해에 연주대를 중건하였고, 조선 제4대 왕 세종은 연주대에서 2백 일 동안이나 기복을 하였다 한다.

1894년(고종 31)에는 판관 윤태일尹泰一이 자비를 들여 행문 스님, 이선덕李善德 등과 함께 연주대에 나한법당과 하법당을 새로 세운 것

남을진 묘비.
「고려 자헌대부 참지문하부사 겸
판전의감사 남공을진지묘.
배 군부인 순창임씨」

이라 기록되어 있다. 1894년이 아니라 1887년에 세웠다는 말도 있다.

연주대 위의 약사존상藥師尊像은 태종의 둘째 아들 효령孝寧 대군이 조성한 것이라 하며 철종 즉위시에는 김완송金完松이란 스님이 십육 나한상羅漢像을 봉안하였고 이때 법당도 중건되어 나한전으로 불리게 된 것으로 보인다. 1918년에는 주지 이경산李慶山 스님이 세 번째로 연주대를 중건하였으며, 1936년에는 김교훈金敎訓 주지가 4월 24일부터 5월 15일까지 시주 2천 원을 들여 중수한 것으로 기록되어 있다.

현재의 연주대는 깎아지른 듯한 연주봉 위에 인공으로 쌓은 축대가 30미터 높이로 쌓여 있고, 위에는 작은 법당 응진전應眞殿이 세워져 있다. 맞배지붕으로 지어진 법당의 내부에는 근래에 제작된 것으로 보이는 석가 삼존상釋迦三尊像과 십육 나한상이 모셔져 있다. 뒤로는 한 폭에 8분씩 하여 두 폭으로 구성된 십육 나한탱화를 봉안하였는데 연주암에 있는 다른 불화에 비해 안정된 양식에 색감이 화사해 잘 그려진 수작에 속한다. 한편, 십육 나한상 역시 생동감이 있으면서도 익살스러운 얼굴과 비례가 조화된 신체 표현에서 볼 수 있듯이 김완송 스님이 봉안한 나한상으로 추측된다.

연주대 응진전 옆에 있는 자연 암벽에는 마애불이 조각되어 있는

데, 이는 인공의 감실龕室을 마련하여 봉안한 것이다. 감실은 사당 안에 신주를 모셔 두는 장으로, 외부에 불창을 만든 감실부가 있으며 그 위에는 지붕형의 개석이 얹혀 있고 감실 밑에는 이를 받치는 갑석받침, 아래로는 장방형으로 된 간주석竿柱石 등 마치 조선 시대 석등의 모습처럼 꾸며져 있다. 옥개석 지면에는 서까래가 묘사되었고 지붕 끝단은 살짝 들려져 있다. 감실의 전면 창호 안쪽은 액자 모양으로 만들어 현재는 유리문을 끼워 여닫을 수 있도록 장치하였다.

내부에 있는 여래입상은 원래의 마애불 위에 석고를 사용하여 보수한 것으로서 통견通肩 법의에 오른손을 가슴 앞에 들어 지물持物을 잡은 모습이며, 왼손은 배 옆에서 약합藥盒을 든 약사여래상藥師如來像으로 표현하였다. 불상 뒷면에 있는 광배光背는 마모가 심해 정확한 원형을 파악할 수는 없지만 두광頭光과 신광身光이 구비된 거신광擧身光으로 이루어졌고 두광에는 화염문火焰文의 흔적이 보인다.

원래의 마애불이 어떠한 형상이었는지 분명히 단정할 수는 없지만 부처의 온몸에서 빛이 나오는 양식으로 미루어, 석탑의 조성과 관계가 있는 고려 말이나 조선 초기의 작품으로 추정된다. 여래입상은 「봉은사 말지」나 「관악산 연주대 나한법당 중수기」의 기록에 의하면 효령 대군이 연주암을 중건할 때 석탑과 함께 조성한 것으로 전해지며 원래의 명칭도 약사여래상이었음을 알 수 있다.

관악산을 불산이라 한 이유

관악산은 아주 먼 과거부터 과천이 변천하는 모습을 묵묵히 지켜온

정도전 사당 유종공종

명산이며, 풍수학상으로는 서울에 있어서의 조산朝山이다. 종주산宗
主山에서 내려온 산줄기인 내룡來龍은 경상도 태백太白산맥에서 마이
산馬耳山으로 갈라져, 충청도 속리산에서 중조中祖가 되었다가 역으로
치달아 한강을 경계로 하여 과천 벌판에 우뚝 솟아 삼각산三角山(북한
산北漢山)과 마주하고 있다.

과천 벌판에 우뚝 솟은 형상이 마치 관冠처럼 뾰족하다 하여 관악冠
岳이라 이름한 것이다. 관악산은 풍수지리학상 '왕도남방지화산王都
南方之火山' 즉, 서울의 남쪽에 있는 불산이라 하여 쳐다보기조차 꺼
려했다.

조선 초기에 왕궁터를 정하는 과정에서 관악산을 정남正南으로 하
면 궁성宮城을 위압하여 국가가 평안치 않다는 무학 대사의 주장과 남
면에 한강이 있으므로 무방하다는 정도전鄭道傳의 주장이 양립하였음
은 유명한 사실이다.

그래서 풍수설을 따라 불의 산인 관악산과 삼성산三聖山의 불기운을 끊고자, 서울 숭례문崇禮門(남대문) 바로 앞에 남지南池라는 연못을 만들었다. 다른 모든 성문의 현판이 가로로 되어 있는 것과 달리 숭례문만은 세로로 되어 있는데, 이것 또한 불산의 화기를 막는다는 뜻이었다.

예禮는 오행五行으로 따져 불火에 해당하고, 오방五方으로 따져서는 남南에 해당한다. 숭례문의 숭崇은 불꽃이 타오른다는 뜻의 상형문자이므로 '숭례崇禮'라는 글은 세로로 쓰여 있어야 불타오를 수 있게 된다. 숭례문의 타오르는 불로 불산인 관악산에서 한양으로 옮겨 붙을 불을 막을 수 있도록 한 것이다.

흥선 대원군이 집정하는 동안 경복궁을 재건하게 되었는데, 이때도 관악산의 불기운을 잠재우고자 물짐승인 해태 조각상을 궁전에 안치하였다. 뿐만 아니라 관악산 꼭대기에 우물을 판 다음 구리로 만든 용을 우물에 넣어서 화기를 누르려고도 했으며, 불을 막기 위한 부적으로 관악의 주봉인 연주봉에 아홉 개의 물 단지를 묻은 것도 그 때문이다. 풍수는 미신일 뿐이라고 이야기하는 사람도 많지만, 풍수를 믿음으로써 빚어지는 구체적인 형상은 실존한다.

실례로 서울 양반촌인 북촌에서는 관악산과 맞바로 보이는 집에서 자란 딸과는 혼인을 거절하기도 했으며, 주민들은 관악산과 마주 보이는 곳을 피하였고, 아이를 가진 여인들은 친정으로 가 아이를 낳는 풍습까지 있었다. 이는 과거 불을 반체제성의 상징적 대상이자 요망스럽고 음탕한 것으로 취급하여, 불기운이 여자와 결합하면 일부종사

一夫從事를 할 수 없다고 여겼기 때문이다.

연산군으로 인해 목숨을 잃은 여인이 묻힌 왕후 묘

관악산은 개성의 송악산松岳山, 가평加平의 화악산花岳山, 적성赤城의 감악산紺岳山, 포천의 운악산雲岳山과 함께 경기 오악五岳으로 일컫는다. 관악산은 비록 높거나 큰 산은 아니지만 태산준령泰山峻嶺이 가지고 있을 만한 커다란 바위가 중첩해 있으면서 장중함과 험난함을 갖추고 있다. 관악산은 비록 골짜기가 깊지는 않지만 그윽한 골에는 오랜 생사의 고락을 거친 노목들이 천연림을 이루며 신비한 경관을 이루고 있다. 관악산은 계절에 따라서도 각각의 풍치를 자랑하는 산으로 봄철에는 무리지어 피는 철쭉꽃, 여름에는 녹음과 서폭포의 장엄한 물소리, 가을의 선연한 단풍, 겨울의 설경은 관악의 면모를 한껏 내세운다.

높이 632미터의 관악산은 조선 시대 과천현을 지켜주던 진산鎭山이었으며 북한산, 남한산 등과 함께 서울 분지를 이중으로 둘러싸고 천연의 방벽을 이루었다. 관악산은 1968년에는 건설부 고시 제34호에 따라 도시 자연공원으로 지정되었으며, 1973년 관악구가 영등포구에서 분구되면서 산 이름이 구의 명칭이 되었다.

관악산 중턱에는 왕후 묘라 불리는 바위가 있는데 연산군과 관계한 전설이 전해져 온다. 조선 시대 제10대 임금인 연산군은 숲이 울창하고, 경치가 아름다운 관악산에서 사냥을 즐겨했다.

하루는 연산군이 내시 몇 사람을 데리고 사냥에 나섰다. 산기슭에 올라 냇물을 건너려다 갑자기 말을 멈춘 연산군은 내를 건널 생각은 하지 않고 저쪽 편에 있는 빨래터만을 계속해 바라보았다. 기다리다가 지친 내시가 마침내 말문을 열었다.

"전하, 어인 일로 내를 건너지 않으시옵니까?"

"갑자기 사냥을 하고 싶은 생각이 가셨도다."

"일기가 화창하여 사냥하기가 더없이 좋은 날씨인데 어찌하여 사냥하고 싶은 마음이 바뀌셨사옵니까?"

내시가 연산군의 마음을 읽지 못하고 대답하자 연산군이 맞은편의 빨래터를 가리키며 말하였다.

"그대들의 눈에는 저기서 빨래하는 처녀가 어떻게 보이느냐? 미인으로 보이는가, 아니면 박색으로 보이는가? 말해 보아라."

"전하, 비록 촌락의 처녀이오나 천하의 절색인 줄 아뢰옵니다."

"역시 과인의 눈이 틀림없구나."

연산군의 입가에 만족스러운 웃음이 돌았다. 한편, 빨래하던 처녀는 사냥꾼 대여섯 명이 자리를 뜨지 않고 힐끗힐끗 쳐다보는 것이 심상치가 않자, 두려운 마음에 하던 빨래를 주섬주섬 챙겨 급히 집으로 걸음을 재촉하였다. 멀리서 그것을 본 연산군은

"여봐라, 처녀의 뒤를 따라가 집을 알아보고 오렸다. 과인이 오늘밤은 호젓한 촌락에서 아리따운 처녀와 더불어 희포를 풀어 보이야겠다."

하며 처녀를 유심히 눈여겨보았다. 집으로 헐레벌떡 달려오는 딸을 본 처녀의 어머니가 놀라서 이유를 묻는 사이 요란하게 들려오던 말

발굽 소리가 처녀의 집 앞에서 멈추었다. 그리고는 사냥꾼 차림의 장정이 처녀의 어머니에게 말을 걸었다.

"여보시오, 부인. 당신이 저 처녀의 모친되시오?"

"그러하옵니다만 어린 것이 무슨 잘못이라도 저질렀습니까?"

"나는 상감을 모시고 있는 사람이오."

장정의 말에 모녀는 깜짝 놀라며 걱정스런 빛을 감추지 못했다.

"오늘 상감이 이곳으로 사냥을 오셨다가 날이 저물어 하룻밤을 유숙하고 가실 것이니 깨끗이 준비하도록 하오. 또 한 가지, 저 처녀가 오늘밤 상감을 모실 것이니 깨끗이 목욕하고 몸단장을 하여 상감의 침소에 들여보내도록 하시오."

너무나도 갑작스런 일에 모녀는 놀라 어찌해야 할지를 몰랐다. 처녀의 어머니가 신하들의 옷자락을 잡고 울며 사정했으나 그들은 들은 척도 하지 않으며 준비를 서두를 것을 재촉하였다.

처녀는 자리에 주저앉아 흐느끼며

"어머니, 만약 만우가 사실을 알게 되면 날 죽이고 자기도 죽을 거예요."

라고 말하였다. 만우는 처녀와 정혼한 아랫마을의 총각이었다.

이윽고 밤이 되자 처녀는 어쩔 수 없이 연산군이 기다리고 있는 방으로 들어갔다. 아랫목에 가로 누워 처녀가 들어오는 것을 본 연산군은

"이런 산골에 너 같은 천하제일의 여인이 있을 줄은 정말 몰랐도다. 어서 이리로 가까이 오너라."

하며, 처녀의 손을 잡아끌었다. 그러나 처녀가 눈물을 흘리자 연산군은 기분이 상해 호통을 쳤고, 고개를 숙이고 흐느끼던 처녀는 살며시 머리를 들며 연산군에게 조용히 아뢰었다.

"상감마마, 소녀는 이미 백년가약을 약속한 자가 있는 몸이옵니다."

"약혼자가 아니라 지아비가 있다 해도 괜찮다. 나는 만인의 어버이요, 만인은 내가 하고자 하는 일을 거역할 수 없도다!"

뒤늦게야 약혼녀의 소식을 듣게 된 만우는 미친 듯 처녀의 집으로 달려와 들어가려 하였으나, 문 앞에 지켜선 병사들이 막아서는 바람에 도저히 어찌할 수가 없었다. 이에 만우는 처녀와 연산군이 함께 있는 방을 보기 위해 방이 보이는 바위로 올라가 가슴을 치며 통곡하였다.

제아무리 임금이라고 하지만 남의 아녀자를 아무렇지도 않게 빼앗으니 원통한 일이었다. 당장에 임금에게 달려들고픈 심정이었으나, 만우는 터져 나오는 울분을 억눌러야 했다.

그러한 일이 있고도 처녀와 만우는 혼인을 하였으나, 이후로도 연산군은 이따금씩 관악산으로 사냥을 나왔다가는 처녀를 만나고서 환궁을 하곤 했다. 상처받은 처녀는 남편을 마주 대할 때마다 가슴 깊이 자책감을 느꼈다.

"내가 무슨 낯으로 서방님을 대할 수 있단 말인가? 이렇게 살 바에야 차라리 죽어 버리자."

결국 처녀는 뒷산으로 올라가 오동나무에 목을 매어 한 많은 세상을 하직하고 말았다. 아내를 발견한 만우는 충격에 눈물도 나오지 않았다. 아내의 시체를 바위 밑에 묻은 만우는 자취를 감추었고, 이후로 그를 보았다는 사람은 한 사람도 없었다.

얼마 뒤 관악산으로 사냥을 나왔다가 처녀의 집에 들른 연산군은 그간의 이야기를 듣고는 괘씸함에 분을 참지 못했다. 만우 부부가 꾀를 내어 죽었다고 거짓 소문을 퍼뜨리며 멀리 도망갔다고 생각한 것이다. 연산군은 화가 치밀어 신하들에게 소리를 지르며 고얀 것들을 당장 찾아내라고 난리를 쳤으며, 처녀의 무덤을 파서 시체가 정말 있는지 확인해 보도록 명하였다.

그런데 임금의 명에 따라 병사들이 막 무덤을 파려 하는 순간 어디선가 연산군을 부르는 처녀의 목소리가 들려왔다.

"상감마마, 상감마마……. 이부종사를 한 죄 많은 소녀, 죽음으로써 지아비에게 사죄함을 얻으려고 세상을 하직하였사옵니다. 마마는 어찌하여 소녀를 괴롭게 하시옵니까? 원하옵건대 차후로는 소녀를 괴롭히지 마시옵소서."

슬픔이 담긴 처녀의 목소리는 멀리멀리 퍼지더니 차츰 사라졌다. 참으로 기이한 일이었다. 깜짝 놀라 말을 잃었던 연산군은 겨우 정신을 차리고는 신하들에게 말하였다.

"여봐라! 무덤을 전과 같이 덮고 곱게 다듬어서 비석을 세운 다음 왕후 묘라 부르도록 하라."

그러한 일이 있은 뒤 연산군의 폐위와 함께, 왕후 묘는 임자 없는 무덤이 되어 버렸다.

양평군 조현리 조동
- 좌랑 조승달이 은거한 마을 -

조동(조좌랑골) 표석

조동曹洞이라는 지명의 근거를 제공한 사람은 우리나라에서 명문 벌족의 반열에 드는 창녕昌寧 조씨의 후예 조승달曹承達이다.

조승달 묘에 있는 비문에 의하면 조승달의 할아버지는 고려 공민왕조에 좌정승을 지낸 조익청曹益淸이며 아버지는 상호군 조의충曹義忠이었다. 조승달은 1366년(공민 15)에 등제하여 좌랑으로 첫 출사를 하였으며, 이때 신돈의 비행을 극간하다 세력에 밀려 먼 곳으로 쫓겨 가야 했다.

조승달이 지낸 좌랑 벼슬은 고려 시대에는 정5품관이었으며 조선으로 들어서 6조曹의 정6품관이 되었다. 고려의 좌랑은 개국 초부터 내려오던 원외랑員外郞을 1275년(충렬 1) 개칭한 것이다. 좌랑은 1275년에는 이부·호부·병부·예부·형부·공부의 6조를 고친 전리사·군부사·판도사·전법사의 4사, 1362년(공민 11)과 1372년(공민 21)에는 전리사·군부사·판도사·전법사·예의사·전공사의 6사司, 1389년(공양 1)에는 6조 등에 둔 벼슬이다.

좌랑은 1298년(충렬 24)에는 원외랑, 1308년(충렬 34)에는 산랑, 1356년(공민 5)에는 원외랑, 1362년(공민 11)에는 좌랑, 1369년(공민 18)에는 산랑, 1372년(공민 21)에는 좌랑이 되어 여러 번 명칭이 바뀌었다.

조승달의 태어난 연도에 대한 기록이 없다 보니 나이는 정확하게 알 수 없으나 그가 처음으로 급제한 1366년 당시를 대략 20여 세로 잡고 계산해 보았을 때 약 60세를 전후하여 연수를 누리지 않았나 추측된다.

조승달은 용문산 기슭인 양평군楊平郡 용문면龍門面 조동에서 은거하다가 1404년(태종 4)에 세상을 떠났다. 사후 조승달이 살았던 마을이 조씨가 살았다고 하여 조동이라는 명칭을 얻었고, 조씨가 살았던 마을의 고개는 조현曹峴, 시냇물은 조계曹溪라고 하였다.

조승달이 은거하던 용문산龍門山 자락은 천년 고찰 용문사龍門寺를 꼭 껴안고 있다. 용문산은 우리 민족의 기상을 뿜어내듯 웅장하면서도 모든 생명을 거부하지 않고 정겹게 맞아 주는 어머니의 품안 같은 명산으로 몇 번을 가도 다시 가고 싶은 산이다. 그러다보니 우리 선조들은 고귀한 벼슬자리에서 밀려날 때

용문사

면, 쉽게 돌아갈 수 있는 고향과 같은 용문산 인근을 터전으로 삼았던 흔적이 수없이 많다. 그중 한곳에 해당하는 조동은 널리 알려지진 않았지만 역사의 근거가 명확한 사료를 제공한 뜻 깊은 곳이라 하겠다.

창녕 조씨의 시조와 본관

조曺씨는 같은 뿌리에서 시작되었으면서도 본관을 달리하여 크게 10여 본으로 분류하였으나, 모두 창녕 조씨에서 분파된 계통이므로 오늘날에는 창녕 조씨 단일 본으로 통한다. 현재 창녕 조씨는 약 30여 파를 이루고 있으며, 그중 양평공파襄平公派는 좌랑 조승달의 할아버지 조익청의 시호에 의한 것으로 보인다.

창녕 조씨의 시조는 신라 제26대 진평왕眞平王의 사위로 전하는 계룡繼龍이다. 『조선 씨족 통보朝鮮氏族通譜』에는 계룡의 어머니가 한림학사 이광옥李光玉의 딸 예향禮香이라는 기록과 그의 출생에 대한 전설이 전해 온다.

예향은 경상도 창녕현昌寧縣 고암촌鼓岩村 태생으로 그녀의 나이가 혼기에 이르렀을 즈음 갑자기 배에 병이 생겼다. 병명을 알 수 없던 예향이 마을에 있는 화왕산火旺山의 용지龍池로 가서 목욕재계를 하고 기도를 올리자, 신기하게도 병이 완쾌되었을 뿐 아니라 몸에 태기까지 생겼다. 하루는 밤에 잠을 자는 예향이 꿈속에 건장한 남성이 나타나

"아이의 아버지는 용의 아들 옥결玉玦이다. 잘 기르면 자라서 경상卿相(재상)이 될 것이며 자손만대의 번영이 있을 것이다."

라고 말하고는 사라졌다.

달이 차서 예향이 아이를 낳으니 용모가 준수한 사내아이로 겨드랑이 밑에 '조曺' 자가 뚜렷이 쓰여 있었다. 이것을 본 학사 이李씨는 이상히 여겨 왕에게 사실을 알렸고, 왕 역시도 기이하게 생각하며 조씨 성과 계룡이라는 이름을 하사하였다.

자라서 진평왕의 사위가 된 조계룡은 창성昌城 부원군에 봉해지고 벼슬은 태사에 이르렀다. 그리하여 후손들은 본관을 창녕으로 하여

| 창녕 조씨 조승달 가계도 |

시조 1세
조계룡曺繼龍 태사공
|
10세
조한지曺漢知 평장사
|
14세
조중용曺仲龍 문혜공文惠公
|
23세
조익청曺益淸
순성직절동덕찬화공신純城直節同德贊化功臣
하성夏城 부원군, 시호 양평襄平
|
24세
조의충曺義忠 상호군
|
25세
조승달曺承達 좌랑

세계世系를 이어왔으나 문헌 자료를 실전하면서, 조계룡의 6대손 조겸曹謙을 중시조로 하여 대를 잇고 있다.

조겸은 신라 말에 아간시중을 지낸 충순공 조흠曹欽의 아들로 고려 태조太祖의 딸 덕공德恭 공주와 혼인하고 대악서승大樂署丞이 되어 음률의 교열을 맡아 보았다.

『창녕 조씨 가첩昌寧曹氏家牒』에 의하면 조겸의 손자 조연우曹延祐로부터 10세손인 조자기曹自奇에 이르기까지 내사문하성의 정2품 벼슬 문하시랑평장사를 8명 배출하며 가문의 번성을 누렸음을 알 수 있다.

양평공파의 중흥조 조익청의 일생

조승달의 할아버지 조익청은 고려 말 충숙왕 때 중랑장이 되었다. 조익청은 1331년(충혜 1) 원나라에서 추밀원사 윤수곤尹受困과 중승中丞 궐간厥干 등을 보내어 태자 타구첩목이安懼帖睦爾를 소환할 때 호군으로서 대청도大靑島로 나아가 그들을 맞이하였다.

충숙왕이 복위하자 조익청은 대호군이 되어 대언 윤환尹桓과 함께 이전 충혜왕이 가까이하며 어울렸던 불량한 무리들을 제거할 것을 모의하였다. 이를 위해 조익청은 상호군 오자순吳子淳, 대호군 홍서洪瑞의 도움을 받고, 순군 천호巡軍千戶 신청申靑에게 부탁하여 송팔랑宋八郎과 홍장洪莊 등을 잡아 고문하게 하였다.

그러나 얼마 뒤 충혜왕이 다시 왕위에 오르자 조익청은 제주濟州 안무사의 외직으로 좌천되었다. 그는 1343년(충혜 복위 4)에는 이운李芸, 기철奇轍과 함께 원나라의 중서성中書省에 글을 올려 충혜왕이 여색을 탐함과 도리에 어긋난 행실 등을 극언하면서 고려에 성省을 세워 백성을 편안하게 해줄 것을 건의하였다.

조익청은 1351년 공민왕이 즉위하자 찬성사가 되었으며 이듬해에는 공민왕이 원나라에 있을 때 호종한 공으로 연저수종공신燕邸隨從功臣 1등에 올랐다. 그는 좌정승에 올라 하성夏城 부원군에 봉해지고 순성직절동덕찬화공신純城直節同德贊化功臣의 칭호를 받았다.

조익청의 태어난 해는 확실하지 않으며 1353년(공민 2) 사망하여 1376년(폐왕 우 2) 공민왕의 묘정에 배향되었다. 그의 시호는 양평襄平이다.

안성시 일죽면
- 죽일 면장으로 인해 일죽면이 된 사연 -

안성安城의 고구려 때 이름은 내혜홀奈兮忽이었고, 신라 경덕왕景德王 때는 백성군白城郡으로 불리다가 고려 초에 지금의 이름을 갖게 되었다. 안성에 속한 면面에는 일죽면一竹面, 이죽면二竹面(현 죽산竹山面), 삼죽면三竹面이 있는데, 본래의 이름은 죽일면, 죽이면, 죽삼면이었다. 이는 세죽細竹으로 유명한 안성 지역에 대나무가 많이 나기 때문에 붙여진 이름이다.

죽일면, 죽이면, 죽삼면은 1914년 인근 마을이 안성군 소속이 되면서 생겼는데, 새로운 마을 이름을 부르다 보니 가장 문제가 되는 것이

일죽면 사무소 표지판

죽일면의 면장이었다. 죽일면의 면장을 사람들이 "죽일 면장"으로 부르게 되니 듣기에 따라서는 욕이었기 때문이다. 참다못한 죽일면 면장은 마을 이름을 바꾸어 줄 것을 하소연하였고, 이듬해 세 면의 본래 이름을 거꾸로 하여 일죽, 이죽, 삼죽으로 고쳤다 한다.

안성맞춤 안성에서 유명한 세 가지

경기도 최남단에 위치한 안성시는 남쪽으로는 충청남도 천안시天安市, 북쪽으로는 용인시龍仁市, 서쪽으로는 평택시, 북동쪽으로는 이천시와 맞닿아 있다. 안성에는 고즈넉한 사찰과 서민적이고 투박한 미륵불 등 다양한 역사가 숨쉬고 있지만 이곳은 특히 다음의 세 가지로 유명한 고장이다.

첫 번째는 가죽 꽃신과 청동기시대부터 제작된 것으로 전해지는 유기鍮器이다. '안성맞춤' 이라는 말은 유기와 가죽 꽃신의 수준 높은 품질에서 나온 것이다. 유기는 크게 쇠붙이를 녹여 거푸집에 부은 다음 굳혀서 만드는 주물鑄物 유기와 놋쇠를 녹여 부은 다음 두드려 만드는 방짜 유기로 분류하는데 안성에서 생산된 유기는 주물 유기이다. 안성에서 만든 제품은 궁궐의 진상품이나 불상, 종 등의 불구佛具와 함께 가정의 생활용품으로 애용되었다.

주물 유기는 안성에 사는 인간문화재 김근수金根洙 옹에 의해 명맥이 이어지고 있으며, 방짜 유기는 안산의 이봉주李鳳周 옹이 명맥을 잇고 있다.

안성에서 두 번째로 유명한 것은 포도이다. 안성에서 재배되는 포도는 다른 지방 포도에 비해 신맛이 덜하고 껍질이 얇으며, 씨가 거의 없어 최상품에 속한다. 안성 포도의 시초는 1901년 프랑스 신부 안토니오 공베르R. Antoie A. Gombert가 안성 천주교회에 부임할 때 프랑스에서 가져다 심은 것이라 한다.

마지막으로 '시끄럽기는 안성장 윗머리'라는 말이 있다. 예로부터 안성은 삼남三南의 농산물이 서울과 북쪽 지방으로 전해지는 길목이어서 상업이 크게 발달했다.

구한말 흥선 대원군은 경복궁 중건으로 인한 재정적 궁핍을 벗어나기 위해 당백전當百錢을 발행하였는데, 당백전 한 푼은 당시 유통되던 엽전 1백 푼의 가치를 지녔다. 그때는 모든 화폐의 가치가 동일하였기 때문에 요즘처럼 환전이라는 개념이 없었다. 따라서 상거래가 활발했던 안성장에서 돈을 환전하는 일이 자주 발생하였고, 당백전을 받는 사람은 적게 받은 것 같고 주는 사람은 많이 준 것 같으므로, 많으니 적으니 하면서 싸움이 잦았다.

시끄럽기는 안성장 윗머리라는 말은 결국 장날 시끄럽게 다투는 광경을 나타낸 말로 한편으로는 안성의 번창한 풍경을 대변한 것이라 하겠다.

인천시 옹진군
- 베트남에서 귀화한 왕조 화산 이씨의 피난지 -

옹진군甕津郡은 온화한 기후와 비옥한 토양을 신으로부터 선물받은 아름다운 도시이자, 허리 잘린 국토로서 남한의 경기도와 북한의 황해도 지역으로 나뉜 상처를 안은 지역이다. 남한 지역의 옹진군은 황해 앞바다 경기만京畿灣에 산재하는 여러 섬들로 이루어져 있으며, 37개의 유인도와 98개의 무인도로 구성되어 있다. 군청 소재지는 인천仁川광역시 남구南區 용현동龍現洞에 있으며 면적은 164.34제곱킬로미터에 7면으로 구분된다.

옹진군의 북쪽 지대는 황해도 서남단에 위치하고 있으며 동쪽과 북쪽은 벽성군碧城郡, 서북쪽은 대동만大東灣을 사이에 둔 장연군長淵郡이며 남서쪽의 대부분은 황해黃海에 접하고 있다. 북쪽의 지형은 굴곡이 심한 옹진甕津 반도와 부근 해역에 흩어져 있는 섬으로 나누어지며 면적은 696제곱킬로미터, 인구는 1942년을 기준으로 12만2291명에 달하였다.

북쪽의 옹진군은 멸악滅惡 산맥으로 인한 산군이 많이 형성되어 있다. 사맥 일대의 학산鶴山, 수대사秀垈山, 녹달신祿達山, 화산花山 등의 높이는 모두 5백 미터 이하로 사이사이에 작은 평지가 발달하였으며, 말단에는 크고 작은 반도와 만이 형성되어 있다.

해안선은 총연장 약 8백 미터로 꽤 크며 굴곡이 심한 리아스식 해안

의 특징을 나타내며 작은 섬 약 70개가 산재한다. 해안 일대는 아침저
녁으로 해수면 차가 심해 7미터에 달하며, 파도에 침식된 해안선의 높
은 곳에는 단구段丘가 발달해 있다. 화산 일대를 흐르는 강령천康翎川
은 치수 사업에 힘입어 유역 전답의 관개에 많이 이용되고 있다.

황해남도 옹진군 흥미면興嵋面 등산리登山里에는 등산곶登山串이 있
는데, 물이 맑고 해변에는 흰 모래가 깔려 있으며 소나무가 무성해 해
수욕장으로 유명하다. 등산곶 앞바다에는 동쪽으로부터 해주만海州
灣, 옹진만, 본영만本營灣, 대동만大東灣 등의 만과 용호도龍湖島, 창린
도昌麟島, 기린도麒麟島, 순위도巡威島 등의 섬이 있다.

등산곶은 옛날에는 국방의 요충지로 만호진萬戶鎭이 설치되어 있었
으며, 모래가 바람을 타고 하얀 모래사장을 이루어 사냥터로도 유명
했었다.

북면北面 화산동리花山東里에 있는 화산의 명칭은 고려 고종高宗 때
월남越南에서 귀화해 화산花山 이씨의 시조가 된 이용상李龍祥에게서
연유하였다. 월남은 베트남을 말하는 것으로 안남安南이라고도 불렸
다.

화산 이씨의 시조 이용상은 월남의 제8대 왕 혜종惠宗의 삼촌으로,
월남의 이씨 왕조가 진陳씨 왕조에게 찬탈되자 근친을 이끌고 망명길
에 올랐다. 바다에서 표류 끝에 1226년(고종 13) 옹진현 창린도에 상륙
한 이용상은 옹진군 조면 화산리花山里에 정착하였다. 창린도로 향하는
해변은 낙래외落來隈라 부르는데 이용상이 가지고 온 조상의 유물인
제기祭器를 떨어뜨린 곳이기 때문에 불리게 된 이름이다.

이후 이용상이 고려로 귀화하면서, 고종으로부터 화산군花山君이라는 봉작을 받고 관향도 화산으로 하였다. 그는 몽고가 고려로 침입하자 몽고 군을 물리치고 옹진을 수호하는데도 큰 공을 세웠다.

옹진군 봉성면 창령리에는 이용상의 후손이 살고 있으며 또한 조선이 개국하자 최초로 두문동으로 은거해 고려에 대한 의리를 지킨 호조전서 이맹예李孟藝(이맹운李孟芸), 임진왜란 때 19세의 나이로 문경聞慶 전투에 참전해 훈공을 세운 이장발李長發의 후예들도 살고 있다.

화산리에 있는 화산에는 화산성과 이용상의 유적들이 남아 있다고 한다. 산 정상에는 30여 명이 앉을 만한 평지에 망국단望國壇이 있으며 맞은편으로 광대산廣大山과 월성암越聲巖이 있고, 산 아래로는 미자동微子洞이 있다. 망국단은 이용상이 고국 쪽을 바라보며 베트남을 그리워하던 곳이고, 미자동은 옛날 은殷나라의 왕손 미자처럼 나라를 버리고 먼 나라로 피난와 살았다는 데서 붙여진 이름이며, 월성암은 베트남을 그리워하며 울부짖던 곳을 의미한다고 한다.

바닷가 마을 옹진군에 전하는 전설들

옹진군의 생활은 많은 부분 바다와 관계하고 있기 때문에 설화 또한 배경이 바다인 경우가 많으며, 유명한 인물이 등장하는 전설들도 많다. 임경업林慶業, 이성계, 도선道詵 대사, 무하 대사, 유성룡, 강감찬 등이 그에 해당되며 이밖에 효행 전설, 아기장수 설화, 고수레 유래담, 도깨비 이야기 등이 널리 전하고 있다.

지명과 관계한 설화로는 다음과 같은 이야기가 전한다. 신라가 당

명장 임경업 초상

나라와 동맹을 맺기 위해 사신을 보낸 출발점이 덕적도德積島로서, 이곳에서 출발한 배가 당나라의 수도까지 왕래하였다. 나당 연합군을 편성하기 위해 당나라의 소정방蘇定方은 대군을 이끌고 덕적도로 와 신라 군대와 연합하였고, 덕적도의 소야리蔬爺里는 소정방이 도래한 마을이라는 뜻에서 지은 이름이다.

조선 인조 때의 명장 임경업에 얽힌 일화도 널리 전하는데, 임경업이 배를 타고 옹진군 연평도延坪島 옆을 지나갈 때의 이야기이다. 같은 배를 탄 선원들이 식량이 다 떨어졌다고 하자, 임경업은 연평도에서 보리수 가지를 꺾어다가 잎사귀를 바다에 뿌리라고 하였다. 그랬더니 잎사귀가 모두 조기로 변하였기에, 연평도에서는 풍어제豐漁祭를 지낼 때 임경업 장군을 모시고 치성을 드린다고 한다.

그리고 백제百濟의 수호신이었던 용을 나당 연합군이 잡았을 때의 흔적이 남아 있다는 용바위 전설, 동네의 부녀자들을 바람나게 한다는 갓 쓴 비석 전설, 장수가 손으로 짚었던 흔적이 남아 있다는 장수바위 전설, 단종이 영월寧越로 유배당하자 관직을 버리고 백령도에 정착한 한 선비가 꿈에서 계시를 얻어 평양까지 가져다 심었다는 진촌리鎭村里 느티나무 전설 등이 있다.

이천이란 이름은 누가 지어 주었나

고려 시대의 역사적 사건과 관련하여 유래된 지명이 많이 있는데, 대표적인 이름 중의 하나로 이천利川을 들 수 있다. 『신증동국여지승람』을 비롯한 지리서를 보면 이천의 고구려 때 명칭은 남천현南川縣이었으며, 신라가 삼국을 통일한 다음에는 경덕왕에 의해 황무현黃武縣으로 바뀌어 한주漢州에 소속되었다. 고려 개국 이후에는 태조 왕건王建이 후백제를 공격할 때 한주의 지방 중 서목徐穆의 호족이 고려 군대를 도와 강(천川)을 잘 건너게 해 주었다. 이는 왕건이 전쟁을 승리로 이끌고 나라를 통일시키는 결정적 계기가 되었으며, 왕건은 『주역』의 '이섭대천利涉大川'이라는 말에서 이천이라는 지명을 가지고 왔다고 전한다.

이섭대천은 큰 내를 건너는 것이 이롭다는 뜻으로 도전 정신을 강조할 때 쓰이는 말이다. 이때 왕건을 인도하여 강을 쉽게 건널 수 있게 한 인물이 이천에 본관을 둔 서목徐穆으로, 작은 고을의 현縣이었다가 한주 소속의 황무군黃武郡으로 승격되었다.

이천시 원적산 여기수
- 홍건적을 피해 궁녀들이 몸을 던진 곳 -

이천시 백사면栢沙面 송말리松末里의 원적산圓寂山과 광주시 실촌읍

實村邑의 안산案山에서 흐르는 계곡을 따라 내려오면 크고 넓은 바위가 양편으로 널려 있다. 그리고 바위의 한쪽 벼랑 밑에는 여기수女妓水 또는 여계수女溪水라고 불리는 큰 못이 있다. 지금과는 달리 과거물 깊이를 알 수 없을 만큼 깊었다고 하는 여계수에는 고려 말 공민왕과 관련한 비화가 전한다.

고려 제31대 공민왕 때인 1359년(공민 8) 12월과 이듬해 9월 두 차례에 걸쳐 홍건적이 압록강을 건너 고려로 침공하였다. 원나라 황제가 믿는 라마교 승려들의 권력이 거세지고 지배층이었던 몽고 귀족들의 전횡이 심해지자 지배를 당하던 한족漢族들이 저항하다가, 원나라 군대에게 쫓겨 고려로 넘어온 것이다.

홍건적은 원나라 권력에 저항하던 한족들이 붉은 천 조각을 머리에 묶어 동지의 표시로 삼았기 때문에 붙은 이름이며, 대부분 백련교白蓮教와 미륵교彌勒敎의 신자들이었다.

홍건적들이 반란을 일으키던 초창기에는 한산동韓山童을 교주로 삼았으며 그가 전사하자 교도 유복통劉福通 등은 한산동의 아들 송아松兒를 황제로 삼고 국호를 송宋이라 하였다.

1359년 겨울에 모거경毛居敬 등을 두목으로 한 4만여 명의 홍건적은 얼어붙은 압록강을 건너 고려의 의주, 정주靜州, 인주麟州, 철주鐵州를 함락시키고 서경(평양)을 점령하였다. 그러나 이방실李芳實 등이 이끄는 고려 관군의 공격을 받은 홍건적은 70여 일 만에 무너져 내려 4만 명 중 3백여 명만이 살아 도망칠 수 있었다.

그러나 홍건적은 이듬해에는 10만여 명에 달하는 군사를 모아 각지

이방실 장군 묘소

를 노략질하기 시작했고, 만주를 침입하여 랴오양을 점령하였다가 다시 원나라 군대에 쫓겨 고려 영토로 들어왔다. 홍건적은 처음에는 수군을 동원해 고려의 황해도와 평안도의 해안 지대를 산발적으로 노략질하였으나 1361년(공민 10) 10월에는 반성潘城, 사유沙劉, 관선생關先生, 주원사朱元師, 파두반破頭潘 등이 10만의 무리를 이끌고 압록강을 건너 2차 침입을 하였다. 홍건적이 수도인 개경開京까지 육박해 오자 공민왕은 남쪽으로 피난해야 했으며, 왕이 이천에 도착하던 날에는 홍건적들이 개경을 함락하고 온갖 만행을 저질렀다.

공민왕은 12월에는 복주福州(현 인동)까지 넘어가 있었고, 성세운鄭世雲을 총병관으로 삼고 군사를 지휘해 적을 토벌하도록 명하였다. 고려군은 다행히 1362년 정월 홍건적을 대파하여 남은 무리들을 북쪽으로 몰아내기 시작하였으나, 싸움 와중에 개성은 함락되었고 성에 남아 있던 백성들이 앞을 다투며 도망가니 울부짖는 소리가 가히 천지를 뒤흔드는 것 같았다고 한다. 쫓겨나던 홍건적들은 개경에 주둔하며 가축을 잡아먹는 외에도, 갖은 약탈을 자행하고 행패를 부려 고려의 피해는 극심해졌다. 홍건적은 고려에 두 차례 침공하였다 전멸 상태에 빠졌으나, 이 전투로 인해 고려도 막대한 타격을 입었기에 점차 국운이 쇠잔해졌다.

공민왕이 이천으로 파천하던 날 왕을 모시고 따라온 궁녀들은 고려의 이 같은 소식을 듣고 왕조가 멸망할 것이라는 두려움에 휩싸였다. 궁녀들은 홍건적에게 욕을 당하는 것을 두려워한 나머지 입고 있던 치맛자락으로 얼굴을 가리고 이천시의 깊은 못에 몸을 던져 한스러운 죽음을 택하였다. 그리하여 후세 사람들은 이곳을 여기수女妓水라 부르게 되었다.

여기수는 현재는 산에 놀러오는 휴양객들의 여름철 피서지이자, 휴식처로 자리하고 있다.

이 현판은 고려 31대 공민왕(재위 1351-1374)이 1361년 12월에 홍건적의 침입을 피하여 수도 개경(현 개성)에서 안동(당시 복주)으로 피난하였다가 난이 평정되자 이듬해 환도한 후 피난중 안동사람들의 왕에 대한 충성심에 감복하여 당시 복주목(福州牧)을 안동대도호부(安東大都護府)로 승격시키고, 安東雄府 네 글자를 왕이 직접 써서 하사한 것이다. 安東雄府는 영남의 으뜸가는 곳이라는 뜻으로 행정과 역사의 중심지로서의 안동의 위상을 알려주는 유물이며, 공민왕이 또 하나 직접 쓴 낙동강변의 영호루 현판과 함께 천년의 전통을 간직하면서 안동을 지켜온 정신적 상징물이다. 1995년 안동시와 군이 통합되고 군청건물이 철거되면서 안동군청의 현판에 걸려 있던 진품은 안동시립민속박물관 전시실에 전시하고 복제품을 만들어 2003년 1월 2일 현위치에 걸었다.

홍건적의 난 때 복주로 피난했던 공민왕은 그곳 마을 사람들의 충성심에 감동하여 이후 '안동대도호부'로 승격시켰다.

이천시 안흥지

- 광채 나는 자채벼를 생산하는 이유 -

인류의 생명을 이어온 음식은 곡식을 비롯해 육류, 어류, 조류, 채소류 등 꼽을 수 있는 것이 많지만, 그 가운데서도 우리 민족은 쌀이란 곡식을 으뜸으로 삼으며 살아 왔다. 북으로는 만주 벌판에서부터 남쪽의 작고 큰 섬까지 농토를 일구며 전국적으로 많은 쌀을 생산해 왔지만, 역사를 살펴보면 신라에서부터 고려, 조선을 이어 오면서 군주나 귀족들은 여주驪州와 이천 지역에서 생산되는 쌀을 특히 선호하였다.

이천의 쌀에는 광채와 가시랭이가 있다 하여 자채紫彩벼라고 하였는데, 맛 좋고 영양가가 높은 쌀을 생산하기 위해 자연의 혜택에만 기대지 않고 농민들의 정성과 더불어 물 관리도 열심히 했기에 얻은 결과라 하겠다. 그래서 현재까지도 여주와 이천에서 생산되는 쌀은 귀한 대접을 받고 있다.

이천의 안흥 지역에서는 농사에 사용하기 위해 안흥지安興池에 물을 가두어 두었으며, 지금은 안

안흥지 안내문

흥 저수지로 개발되어 시민들의 휴식 공간으로서의 역할도 하고 있다. 안흥은 아무 탈 없이 창성한다는 뜻이다.

안흥지는 안흥 방죽 또는 방축防築으로도 불렸는데, 우리나라 연못의 전형적인 방죽 형태로서 네모진 연못으로 만들고 거기에 물을 보관했다. 방죽의 물로 이천의 넓은 논에 물을 대어 한반도 제일의 품질을 자랑하는 쌀의 주산지를 만든 것으로 고려와 조선 시대 조정의 대신들은 안흥지 앞에 논을 갖는 것을 영광으로 생각할 정도였다.

임원준任元濬이 지은 『애련정기愛蓮亭記』에는 안흥 방죽이 1456년(세조 2)에 축성한 것으로 되어 있으나, 역사적 여건과 지리를 유추해 볼 때 통일신라 말 이전인 것으로 추측된다.

안흥 방죽은 현대로 접어든 1970년대와 1980년대에는 연꽃으로 장관을 이루기도 하였으나 수원이 고갈되면서 점차 폐허로 변모되었다. 이천시에서는 나라의 예산을 보조받아 1997년부터 1998년까지 2년여에 걸쳐 대대적으로 연못을 준설하였으며, 시민들로부터 근처에 심을 나무를 지원받는 운동도 펼치며 옛 모습을 되찾을 수 있었다.

『삼국사기』에 의하면 이천은 지금으로부터 1천4백여 년 전 신라 진흥왕眞興王이 백제, 고구려와의 전투에서 승리한 뒤 새로운 행정구역 남천주南川州를 설치한 곳이다. 또 신라 제29대 태종무열왕太宗武烈王이 서기 660년 6월 김유신金庾信을 비롯한 5만여 명의 군사를 이끌고 남천정南川停에 올랐으며, 그의 아들 문무왕文武王이 남천정을 기반으로 삼아 삼국 통일을 이룬 유서 깊은 고도古都이다.

김자점을 처형시키고, 쌀을 윤기나게 만든 자점보

충신 임경업을 죽음에 이르게 한 역신逆臣 김자점金自點은 경기도 이천 백족산에 명당의 혈을 잡아 아버지의 무덤을 썼다. 지금의 장호원읍 오남리梧南里에 있는 이 자리는 고운 쟁반의 형상을 잘 갖추고 있었으나, 금반형金盤形 명당의 마지막 조건인 물이 없었다. 이에 김자점은 아버지의 묏자리 아래에 인공으로 보를 만들었다.

그런데 명당의 요건을 갖추기 위해 만든 이 보는, 아래 이천 마을의 넓은 들을 가꾸는 농민들에게는 신나는 발견이 되었다. 농민들이 가물 때 보의 물을 살금살금 빼어 관개수로 이용하기 시작한 것이다. 결국 백족산 명혈의 영험이 든 보의 물을 농민들이 흩어 놓는 바람에 왕가의 외척이었던 김자점의 말로가 기구해졌다고 한다.

반면 금반형의 영험이 깃든 물로 지은 이천의 벼는 사람을 훌륭하게 하는 자양이 된다는 말이 번졌다. 그리하여 이천에서 생산되는 쌀이 좋다는 말은 과학적인 이유에서가 아니라 풍수학적인 뜻 때문이라고 말하는 경우도 있었다. 김자점으로 인해 농사짓기가 편해진 이천의 사람들은 이 보를 일컬어 자점보自點洑라 이름하기 시작했다.

김자점의 할아버지는 강원도 관찰사를 지낸 김억령金億齡, 아버지는 김함金王函으로 그는 1588년(선조 21) 태어나 성혼에게서 수학하였다. 김자점은 음보로 출사하어 병조자랑에 이르렀으나 인목 대비의 폐비 논의에 반대하다가 광해군 재위 당시 집권 세력이던 대북파에 의해 정계에서 축출당하였다.

광해군의 실정이 거듭되자 김자점은 최명길, 이귀, 심기원沈器遠 등과 함께 반정을 모의하였다. 1623년(인조 1)에 군대를 모아 이귀, 이괄 등과 함께 홍제원을 넘어 궁궐로 진격한 김자점은 반정에 성공하여 정사靖社공신 1등에 봉해졌다. 이는 김자점이 세웠던 공보다 높은 것으로, 실세였던 김 상궁에게 뇌물을 준 결과였다. 이귀의 딸 이예순과 김자점의 동생은 혼인을 하여 사돈지간이 되었는데, 김자점의 동생이 병으로 일찍 죽자 이예순은 궁중의 무수리가 되었다. 이예순이 무

최명길 묘비

수리로 있으면서 김 상궁의 눈에 들자 김자점이 연줄을 대어 자신의 공신을 높인 것이다.

김자점은 1627년(인조 5)의 정묘호란에는 왕을 강화도로 호종하는 임무를 담당하면서 인조를 더욱 가까이 할 기회를 얻었고, 난이 끝난 뒤 한성부판윤을 거쳐 도원수에 임명되었다. 1636년 병자호란이 일어나자 김자점은 도원수가 되었으나, 청나라 군대의 움직임에 철저히 대처하지 못하고 토산兎山에서 크게 패하였다. 그는 이후에도 전투를 회피하여 적군의 급속한 남하를 방관하였으며, 이로써 전쟁이 끝난 직후 패전에 대한 책임을 지고 섬으로 유배를 당하였다.

곧 인조의 도움으로 풀려난 김자점은 강화 부윤을 지내고, 우의정에 올라 낙흥洛興 부원군에 봉해졌으며 사은사로 청나라에 다녀왔다. 김자점은 인조의 후의로 영의정에 올랐으며 효명孝明 옹주를 손자며

느리로 맞게 되었다.

김자점은 여기에 만족하지 않고 막강한 권력을 유지하기 위해 소현 세자를 죽이는 데 가담하였고, 민회빈 강씨에게 인조를 시해하고자 했다는 혐의를 씌워 사사시켰다. 이어 김자점은 소현 세자의 아들과 민회빈의 형제들을 제거하고, 청나라에 포로로 잡혀갔던 임경업이 귀환되자 고문으로 죽게 하였다.

그러나 1649년 효종이 즉위하자 전횡을 일삼던 김자점은 탄핵을 받아 강원도 홍천洪川으로 유배되었다. 앙심을 품은 김자점은 효종을 제거하기 위해 청나라에 사람을 보내어 조선의 왕이 청나라를 정벌하려 한다고 밀고하고, 청의 연호가 아닌 명나라의 연호가 기록된 장릉지문 長陵誌文을 증거로 제시하였다.

격분한 청나라는 즉시 군사를 국경선에 배치해 진위 여부를 가리고자 하였으나 효종이 기민한 수습에 나서고 이경석李景奭, 이시백李時白 등 중신들의 활약으로 사태가 마무리되면서, 김자점은 다시 광양光陽으로 유배되었다.

김자점은 이후에도 각지의 수령, 지방 장수들과 내통하여 숭선군崇善君을 추대하려 하였으나, 역모가 폭로되면서 1651년(효종 2) 아들, 손자와 함께 처형당하였다. 김자점의 자는 성지成之, 호는 낙서洛西이며 본관은 안동安東이다.

한편 서울시의 성산동城山洞도 김자점과 관련이 깊은 곳이다. 1651년 반역을 꾀하던 김자점은 성산동 일대에 대장간을 차린 다음 엽전을 위조하고 병기를 만들었다. 성산동은 대장간에서 풀무질을 한 곳이라는 데서 풀무골이라고 불리기 시작했으며 '풀무 야冶' 자를 써서 야동冶洞이라고도 하였다. 1950년대 초기만 해도 논밭이었던 성산동 일대에서는 녹슨 엽전이 적잖이 발견되었다고 한다.

김자점의 무리는 풀무골에서 멀지 않은 곳에 망보기를 세우고 대장 간에서 엽전과 병기를 제조하는 일을 보호하였다. 그들은 동시에 도 성 쪽을 감시하다가 사람이 나오면 지금의 마포구청 방면 고개로 달 려가 일을 잠시 중단하게 하였으므로, 소식을 전한 고개라 하여 소식 고개라는 이름이 붙여졌다. 김자점의 모반 혐의가 들통나면서 성산동 주변의 망 고개, 소식 고개, 풀무골 등지에 대한 수색 작업도 이루어 져 많은 사람들이 죽음을 당하였다.

이천시 단천리 장사 바위
- 치성으로 김명원이 태어난 마을 -

이천시 호법면戶法面 단천리丹川里 와룡산臥龍山 기슭에 있는 바위 는 영험이 깃든 것으로 알려졌다. 김만균金萬鈞이 아들을 낳기 위해 이 바위에 치성을 드려 장군이 된 김명원金命元을 낳았다고 하여 장사 將師 바위라 부르게 되었다고 한다. 김만균은 치성을 드릴 때 바위 밑 에 있는 샘물을 사용하였고 김명원이 이 물을 먹고 자랐다고 하여 샘 물은 장사 바위물이라고 하였다.

마을 가운데 있는 서당골과 마을 북쪽의 사장射場 터는 김만균이 경

김명원 신도비

김명원의 아버지 김만균 묘비

주 부윤, 강원 감사, 대사헌 등의 벼슬을 지내고 낙향하여 자제들을 교육시키던 장소였으므로 각각 불리게 된 이름이다.

마을 북쪽 약 1킬로미터 지점에 있는 김성金聖골 혹은 김성金姓골에는 비교적 큰 규모임에도 주인이 알려지지 않은 묘소 2기가 있다. 경주慶州 김씨 족보에 의하면 김명원의 5대조인 김계성金季誠과 4대조인 김종무金從舞의 묘가 실전되었다고 나와 있는데 이 무연분묘 두 기가 그들의 것이 아닌지 추정된다. 김계성은 조선 개국공신 계림군鷄林君 김균金稛의 막내아들이며, 김종무는 청백리로서 시호는 공호공恭胡公에 봉해졌다.

김성골에서 보면 세 개의 봉우리가 눈에 뚜렷이 들어오는데 당시에는 이와 같은 터를 크게 꺼려했다. 경주 김씨에서 미처 모르고 묘를 썼다가, 사실을 알게 되자 후환이 두려웠던 후손들이 묘지기 될 민한 근거를 없애고 찾지 않으면서 두 사람의 묘소는 실전되고 김성골이란 지명으로 유래되어 내려온 것이 아닌가 여겨진다.

문무를 겸비하였던 장군 김명원은 김균의 6세손으로 1534년(중종

29)에 태어나 퇴계 이황의 문하생이 되어 학문을 익혔다. 1561년(명종 16) 장원급제하여 관직에 들어선 김명원의 벼슬은 좌참찬에 이르렀으며, 정여립의 역모 사건을 수습한 공으로 경림군慶林君에 봉직되었다.

1592년(선조 25) 4월 임진왜란이 일어나자 김명원은 팔도八道 도원사로서 한양을 지키다가 패퇴하였고, 5월 8일에는 임진강臨津江을 방어하였으나 이마저도 실패하고 말았다. 김명원은 평양이 왜군에게 함락되자, 순안巡安에 주둔하면서 선조가 머물던 행궁行宮을 수호하였다.

김명원은 임진왜란 이후 호조, 예조, 형조, 공조 4조의 판서를 거쳤으며 1597년(선조 30)의 정유재란丁酉再亂에는 유도대장으로서 공을 세워 우의정에 올랐다. 김명원은 평난平難공신 좌의정 경림慶林 부원군에 피봉되었으며 1602년(선조 35) 69세를 일기로 세상을 떠났다. 그의 시호로 충익공忠翼公이 내려졌다.

김균 묘소

이천시 부발읍
- 서씨의 시조 서신일에게 은혜를 갚은 사슴 -

신라 조정에서 아간 벼슬을 지낸 서신일徐神逸은 신라가 망하고 고려가 개국하자 이천의 부발면夫鉢面(현 부발읍) 효양산孝養山에 와서 은거하며 동생과 함께 후진을 가르치며 소일하였다. 효양산은 이때만 해도 울창한 숲으로 뒤덮여 산짐승들이 득실거리는 외진 곳이었다.

사람들은 그를 가리켜 서 처사處士라 불렀는데 서신일에게는 나이 80이 되도록 슬하에 자식이 없는 것이 걱정이었다. 하루는 그가 수하 사람들과 밭에서 일을 하고 있는데, 난데없이 등에 화살이 박힌 사슴 한 마리가 숨을 가쁘게 쉬며 달려와 꼭 살려달라고 애원하는 듯한 눈빛을 보였다. 사냥꾼이 뒤에서 따라오고 있음을 직감한 서신일은 불쌍한 생각에 풀 더미 속에 사슴을 가려 주었다. 과연 얼마 뒤 사냥꾼 하나가 뛰어 와서는 사슴을 보지 못했느냐고 묻기에 서신일은 대답하기를

"본디 사람을 보면 피해 가는 것이 산짐승인 법인데 사슴이 올 리가 있겠소."

하였다. 사냥꾼이 급하게 사슴을 쫓아 멀리 사라지는 것을 확인한 서신일은 사슴을 집으로 데리고 가 등에 박힌 화살을 뽑고 정성껏 치료해 주었다. 사슴은 잠시 뒤 안정이 되었는지 그의 옷깃을 물고 어딘가로 인도하더니, 발굽으로 한 곳의 흙을 파헤친 뒤 숲 속을 향해 사라

서희 묘소

졌다.

　그날 밤 잠이 든 서신일의 꿈에 백발이 성성한 노인이 나타나더니

　"나는 이 산의 신령으로 그대가 낮에 살려준 사슴은 나의 자식이오. 그대 덕에 목숨을 건졌으니 마땅히 보답을 해야겠소. 내 자식이 땅을 파헤친 자리에 묘를 쓰면 아들을 얻을 것이며 후손들은 모두 귀하게 될 것이오."

이르고는 홀연히 멀어지는 것이었다. 꿈이 영묘하였으므로 서신일은 꿈속의 노인이 알려 준 그대로 하였고, 불과 얼마 뒤 아내에게 태기가 있어 여든의 나이에 아들을 얻게 되었다.

　그 아들이 바로 고려 조정朝廷에서 대광내의령大匡內議令의 높은 벼슬을 지낸 서필徐弼이었다. 서필의 아들은 993년 거란의 대군이 고려를 침입하자, 적장 소손령蕭遜寧과 담판하여 상대를 물리친 서희徐熙였으며, 서희의 아들 서눌徐訥은 삼중대광내사령三重大匡內史令이라는 높은 벼슬에 올랐다. 후손이 모두 크게 번성하니 이것은 사슴을 살려 준 서신일이 은덕恩德을 입은 것이라 하였다.

이천利川 서씨를 비롯해 모든 서씨의 시조인 서신일은 86세까지 건강하게 천수를 누리며 살다 생을 마무리하였다. 부발읍 산촌리山村里 효양산 남쪽 산중에 장사한 서신일 묘소의 신도비는 최두선 전 국무총리가 짓고 서예가 김충현이 썼다.

이천시 군량리
- 맹꽁이를 물리친 강감찬의 전설 -

고려 초기, 흰 수염을 늘어뜨린 노인이 이천의 대월면大月面 군량리郡梁里에 있는 군들 장터에 들러 시장 구경을 하고는 이곳의 자연 마을인 뒷말을 지나가고 있었다. 그런데 마을 사람들이 모여서 하는 이야기를 들으니 어디서 몰려들었는지 모를 맹꽁이 떼가 밤마다 마을이 떠나가도록 시끄럽게 울어대니 잠을 잘 수가 없다는 것이었다.

발길을 멈춘 노인이 마을 사람들에게 이르기를

"내 비록 재주는 없으나 맹꽁이들이 다시는 울지 못하게 해 주겠소."

하였다. 마을 사람들은 반신반의하였으나 손해될 일은 아닌 듯하여 노인의 요청대로 가장 큰 맹꽁이를 잡아왔다. 그러자 노인은 맹꽁이에게

"이 무리들아! 너희가 아무리 짐승이기로서니 만물의 영장인 사람들을 어찌하여 괴롭히는고. 가엾지만 이곳에서는 더 이상 소요를 부리지 말도록 하거라."

하며 사람에게 타이르는 듯하더니 놓아 주었다. 신기하게도 정말 이날 저녁부터 맹꽁이들은 벙어리가 되어 소리내어 울지 못하였고, 마을 사람들은 놀라움을 금치 못하면서도 기뻐하며 노인을 둘러싸고 감사의 인사를 올렸다.

이 노인은 강감찬 장군으로 벼슬에서 물러나 산천을 구경하고 오도양계五道兩界를 두루 유람하던 중 들린 군량리 뒷말에서 맹꽁이들이 일으키는 소요를 알자 해결해 준 것이었다. 사람들은 "강감찬 장군 만세"를 외치며 잔치를 베풀고 그의 은혜를 칭송했다고 전한다. 군량리에는 1천여 년이 지난 오늘까지도 맹꽁이가 소리 내어 울지 못하고 입만 뻥긋뻥긋 벌린다는 전설이 전하고 있다.

연천군 강서리 미수 나루
- 미수 허목이 사공을 부르던 곳 -

연천군漣川郡 왕징면旺澄面 강서리江西里는 서예가이자 의술가로 유명했던 미수眉叟 허목許穆이 살았던 마을로 그의 묘도 이곳에 있다. 연천에는 허목에 관한 이야기가 몇 가지 전해 오는데, 지금의 징파澄波 나루도 민간에서는 미수 나루라고 불렀다.

허목이 나들이를 하려면 반드시 이 나루를 건너야 했다. 때문에 나루에 당도한 그는 근처 주막에 앉아 무료한 시간을 보내고 있는 사공에게

"미수 왔다!"

라고 고함을 질러 강을 건넜으므로 미수 나루가 되었다고 한다.

허목과 가장 무서운 정적으로 지목되었던 우암尤庵 송시열이 노경에 불치의 병이 들었을 때의 일이다. 백약을 써도 아무런 효험이 없어 목숨이 급박한 지경에 이르자 송시열은 마지막 기대를 걸고 아들에게 명하여 이르기를,

"너는 나를 살리고 싶거든 미수에게 가서 내 병의 증세를 말하고 화제和劑(처방)를 내어 달라고 하여 그대로 약을 지어 오거라."

하였다. 아들은 그것은 절대로 안 되는 일이라며 반대하였다. 그렇지 않아도 송시열을 원수로 생각하고 있는데 허목에게 약을 지어 달라는 것은 아버지의 목숨을 제거할 기회를 주는 것과 같을지도 몰랐다. 그러나 송시열은 말하기를

송시열 집터 표석

"너는 아비가 시키는 대로 하거라. 이제는 어차피 다른 방법이 없으니, 그의 화제를 써서 죽는다면 그것이야 내 명이 다한 것일 뿐이니라."

하고 담담히 꾸짖으며 빨리 다녀올 것을 재촉하였다. 아들은 어쩔 수 없이 아버지의 말씀대로 허목을 찾아가 사실을 말하고 약제를 받아 왔다. 약 속에 독극물인 비상이 들어 있는 것을 확인한 송시열의 아들이 말하였다.

"이 화제대로 약을 지어 드시면, 아버지는 반드시 일어나시지 못할 것입니다. 제발 드시지 마십시오."

아들은 간절히 간하였으나 송시열은 아들의 말을 듣지 않고 허목이 처방한 대로 약을 지어 올 것을 호령하였다. 그런데 아들이 마지못해 달인 약을 먹자 송시열은 금방 쾌차해 일어나게 되었다. 송시열의 아들이 후에 허목을 찾아가 감사의 인사를 하면서

"선생님께서는 어찌하여 화제에 극약인 비상을 넣으셨습니까?"

하고 물으니, 허목은 대답하기를

"자네가 증상을 말하면서 대감께서 어린 손자 아이의 오줌을 드셨다고 하지 아니하였는가? 어르신네의 병환은 바로 요독尿毒 때문이었으니, 그 독을 제거하기 위함이었네."

하였다. 이 이야기는 허목과 송시열의 적대적인 정치적 대립 관계를 초월하여, 생명을 존중하는 인간관과 신뢰를 깨닫게 하는 교훈이 되어 전설처럼 전해 오고 있다.

연천군 아미리 썩은 소
- 고려 왕건의 혼이 쉴 장소를 정한 곳 -

썩은 소는 연천군 미산면嵋山面 아미리峨嵋里 임진강 변에 있는 소
로 후소朽沼라고도 불린다. 고려를 멸망시키고 조선을 세운 이성계는
왕위에 오르면서 고려 왕족인 왕王씨를 멸족시키려 하였다. 고려의 왕
씨들은 성이라도 바꾸어 생명을 보존하고자 전田씨, 전全씨, 김金씨,
옥玉씨, 금琴씨, 박朴씨 등으로 하고 피신하였다.

그중에 나라가 바뀌면서 자신들의 뿌리까지도 사라질 것을 염려한
왕씨 몇 사람은 모여 의논하기를,

"우리들이 이렇게 변성變姓을 하더라도 조상님은 한 분이니, 왕건
태조 할아버지의 신주는 안전한 곳에 편안히 머무시도록 해 드립시
다."

하였다. 그들은 돌로 배를 만들어 송도에 안치된 왕건의 신위를 모신
다음, 송도 앞 예성강禮成江에 띄우며 말하였다.

"송도 땅에서 모진 고난을 당하시느니 차라리 돌배를 타시고 안전
한 곳을 찾아 피신하소서."

왕건의 신위를 모신 돌배는 임진강과 힘류 지점에 도달하여 역류한
뒤, 강원도 철원鐵原과 경계인 황해도 안악安岳까지 올라갔다. 돌배는
다시 강을 따라 내려오기 시작하여 지금의 미산면 동이리東梨里 근처
의 임진강 어느 벼랑 밑에 멈추더니 움직이지를 않았다. 돌배에 같이

타고 있던 왕씨들은 고려의 시조인 태조가 피신 장소를 결정했다고
보고, 이곳에 신위를 모시기로 하였다.

왕씨들은 배에서 내리면서 쇠로 만든 닻줄을 매어 놓고 동이리에
내려 사당을 지을 명소를 물색하였다. 장소를 정한 다음날 왕씨들이
강가로 돌아와 보니, 하룻밤 사이에 쇠로 만든 닻줄이 썩어 끊어진 채
돌배는 어디로 갔는지 흔적도 없었다.

왕씨들이 급히 하류 쪽으로 향하며 배를 찾아보니 돌배를 매어 놓
았던 곳에서 4킬로미터쯤 떨어진 곳의 누에머리(잠두蠶頭)로 불리는
절벽에 붙어 있었다. 이에 왕씨들은 잠두 절벽 위에 사당을 지어 태조
왕건의 신위를 모시고 숭의전崇義殿이라고 명명하였다. 그곳이 미산
면 아미리에 있는 숭의전 자리라고 한다.

지금도 청명한 날에는 누에머리 절벽 밑에 가라앉은 돌배가 보인다
는 전설이 있으며, 하룻밤 사이에 쇠 닻줄이 썩었다고 하여 썩은 쇠라
고 불리던 것이 오랜 세월이 흐르면서 말소리가 변함과 함께 오늘날
에는 썩은 소로 불리고 있다.

평택시 이충동
- 조광조와 오달제 두 충신이 살았던 마을 -

이충동에 세운 충의각 표석

평택시 이충동二忠洞은 두 명의 충신이 살았던 마을이라는 뜻으로, 중종 대의 문신 조광조趙光祖와 인조 때 삼학사三學士의 한 사람인 오달제吳達濟를 말한다.

한편 평택시는 우리나라에서 가장 작은 고을 팽성현彭城縣이 확장된 것이며, 평택의 중심지는 부용산芙蓉山이 있는 팽성읍이다. 부용산은 소나무 숲이 우거지고 넓은 평택의 평야를 한눈에 바라볼 수 있는 전망 좋은 곳에 자리하고 있는데, 부용산에 올라가 소리를 지르면 군 백성이 전부 모였다고 한다.

포승읍浦升邑 만호리晚湖里에서 서쪽 바다를 보면 거대한 바위가 우뚝 솟아 있는 것이 보이는데, 나라를 지킨 바위에 전하는 일화가 있다. 임진왜란 당시 왜군이 아산만으로 침입하자, 이 바위는 신통하게도 수군을 지휘하는 장군으로 변하였고 주변의 작은 섬들은 모두 군졸로 보였다. 당도한 왜군들은 자신을 향해 돌진하는 장군과 병졸들을 보고 놀라 도망칠 수밖에 없었고 그 후로 바위의 공을 기려 '영웅바위' 라 부르기 시작했다.

평택시 이충동에는 조광조와 오달제가 머물렀던 동네임을 증거하는 유허비가 1800년(순조 즉위)에 세워졌으며, 바깥에는 두 사람의 유허비를 보호하는 비각인 충의각忠義閣을 건립하였다.

1800년에 진위면振威面의 유림들은 조광조와 오달제를 기리는 비를 세우는 것을 허가받고, 비석을 만들어 마을로 들어오고 있었다. 유림들은 유허비를 이충리에 있는 조광조의 집터에 세우려고 마차에 싣고 가는 도중이었는데, 말이 갑자기 울어대기만 할 뿐 움직이지를 않았다. 마부가 계속 채찍질을 해도 꼼짝하지 않자 선비들은 일대를 조사하기 시작했고, 말이 멈춘 자리에서 동편 아래쪽이 오달제의 집터가 있던 곳임을 알게 되었다. 선비들은 하늘의 뜻이 이곳에 비를 세우는 것이라 받아들이고 유허비를 내려 세웠으며, 2006년에는 이충 지구 택지 개발에 따라 비각의 위치를 30미터 가량 서쪽으로 옮겨 공원화했다.

유허비는 범상치 않은 이유로 세워졌기에 사람들은 비석에 영험이 깃들어 있다고 믿었으며, 토속신앙의 형태로 점차 소원을 빌기 시작했다. 백성들에게는 비석의 앞에서 소원을 빌거나 비석의 머리에 돌을 올려놓고 소원을 비는 경우, 또는 소원을 품고 뒤로 돌아서서 돌을 던져 비의 머리에 돌이 얹히면 소원이 이루어진다는 말 등이 전해졌다. 비석은 주로 아이를 못 낳는 여인들에게 효험이 있었다고 한다.

지금은 충의각을 세워 비를 보호하고 있지만 요즘도 비각 안에 들어가 초를 켜고 비는 행위가 있는 듯, 가끔은 촛농과 비석 머리에 얹혀 있는 돌이 보이기도 한다.

이상 국가 건립을 꿈으로 남겨야 했던 조광조

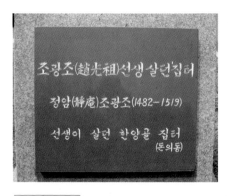

조광조 집터 표석

조광조는 18세 때 어천魚川 찰방으로 부임한 아버지를 따라갔다가, 희천熙川으로 귀양 와 있던 성리학자 한훤당寒暄堂 김굉필金宏弼을 찾아갔다. 어려서부터 학문에 대한 관심이 컸던 조광조는 김굉필에게서 깊은 자극을 받았으며,『소학』과『근사록近思錄』으로 학업을 닦으며 이를 토대로 경전 연구에 응용하였다.

조광조는 1510년(중종 5) 진사에 1등으로 합격하고 1515년(중종 10) 안당安瑭의 천거로 조지서造紙署 사지司紙에 임명되었다. 그러나 그는 과거를 보고 당당히 벼슬에 오르고자 알성시를 치러 급제하였다. 조광조는 전적, 사간원 정언, 홍문관수찬, 교리, 응교, 승지를 지내고 부제학이 되어 소격서昭格署의 폐지를 단행하고 유학을 올바로 세운 정치를 구현하려 하였다. 중종 역시 연산군 대에 문란해진 정치를 바로 세우고자 유학을 중요시하고 학문과 법을 기반으로 정치를 하고자 했기에, 조광조는 중종의 눈에 들어 각별한 대우를 받았다.

대사헌에 오른 조광조는 세자부빈객을 겸임하였는데, 당시는 조광조를 필두로 한 사림들이 요직에 올랐기 때문에 오래된 폐단을 개혁하며 과거 성종 때의 법이 차츰 다시 실행되기 시작했다.

또한 조정은 조광조 등의 계청으로 1519년(중종 14) 4월 현량과賢良
科를 설치하고 실력과 실천력을 겸비한 선비 120명을 추천하였으며,
그중 중종은 직접 장령 김식金湜 등 28명을 선발하였다. 이후 조광조
등이 그들을 홍문관, 사간원, 시종 등 요직에 등용하니, 조정에는 차
츰 간신들이 설 자리를 잃게 되었다.

조광조 등의 사림들은 성리학에 의거한 철인哲人 군주주의를 내세
워 기존에 권력을 장악하고 있던 훈구파勳舊派들을 소인배라 무시하
며 배척하였다.

왕의 절대적인 신임과 현량과 설치로 인해 탄력을 받은 사림파는
건전하고 올바른 풍속과 기풍을 기른다는 목적으로 미신을 타파하고,
향촌 사회가 서로 도와 일을 추진하고 잘못은 스스로 다스릴 수 있는
향약을 실시하도록 적극 나섰다. 이를 위해 사림파는 일반 백성의 정

신적인 면과 물질적인 면 모두에 도움이 되는 여러 서적을 번역해 인쇄하고 널리 보급하는 일도 함께 추진했다.

그러나 당시 기본적인 생활의 충족도 힘들었던 가난한 백성들에게 조광조 일파가 즉각적으로 보급하려던 정책은 지나치게 이상주의적인 것들이었다. 또한 현실에 비해 급진적인 사림파들은 경연經筵 때마다 개혁과 덕치주의에 대해 왕에게 끊임없이 발언하였고, 중종은 차츰 사림들에게 지치고 반감을 갖기 시작했다.

이와 같은 중종의 변화는 조광조 등에 의해 벽지로 좌천되었던 남곤, 심정沈貞 등까지 눈치챌 정도가 되었다. 조광조 역시 자신의 자리를 내놓으려 했으나 중종은 허락하지 않았으며, 조광조는 같은 일파의 과격한 선비들로부터도 우유부단하다는 비난을 받아야 했다.

이러한 분위기에 더해 사림파들은 중종반정 당시 정국공신에 오른 인물들 대부분이 부당하게 이름이 오른 것을 발견하고, 그들을 공신에서 제외시킬 것을 주장하였다. 그렇게 되면 정계의 요직을 차지한 훈구파 대신들이 모두 밀려나야 하는 일로, 일대 파란이 일 것이 분명했다. 조광조는 공신록에 관한 일은 좀 더 뒤로 미루고자 하였으나, 결국에는 급진적인 사림파들의 뜻에 동조해 그해 10월 대사간 이성동李成童 등과 함께 상소를 올렸다. 부당하게 정국공신에 오른 자들을 훈록에서 지울 것을 주청한 글로, 대부분 같은 사림파로 구성된 육조 판서들도 당연히 이를 지지하는 계청을 올렸다.

중종은 사림파들의 요청이 강경하고 드세자 하는 수 없이 심정, 홍경주 등 정국공신의 4분의 3에 해당하는 76명을 훈적에서 삭제해 버렸고, 조광조는 공신의 급이 낮춰지거나 삭제된 신하들로부터 깊은 원망을 받았다. 이보다 앞서 찬성에 올랐던 홍경주는 조광조의 탄핵으로 파면당해 있으면서 남곤, 심정 등과 교류를 하고 있었다.

조광조에게 앙갚음할 기회를 찾던 홍경주는 자신의 딸로서 중종의 후궁이던 희빈 홍씨를 시켜 중종에게 백성의 마음이 온통 조광조에게 기울어졌다고 말하도록 사주하였다. 그리고 심정은 경빈 박씨의 궁비 宮婢를 통해 조광조 등이 국정을 마음대로 하며 백성들도 이를 환영해 조광조를 왕으로 세우려 한다는 말을 궁중에 퍼뜨리도록 했다.

결정적으로 심정은 궁성 뜰의 나뭇잎에 꿀물을 발라 '주초위왕走肖 爲王'의 글자를 새기도록 하고, 벌레가 파먹어 그 네 자가 남도록 만들었다. '주走'자와 '초肖'자를 합하면 조광조의 성씨인 '조趙'자가 되니 이는 조광조가 왕이 된다는 뜻이었다. 벌레가 파먹은 나뭇잎을 본 후궁을 비롯한 나인들의 입을 통해 이 내용은 중종에게 전해졌고, 왕은 불안에 휩싸였다.

분위기가 무르익자 심정은 홍경주를 시켜 밀서를 가지고 조광조 일파에 의해 피해를 본 재상들을 찾아가 조광조를 죽일 것을 모의하도록 하였다. 마지막으로 홍경주는 영중추부사 김전金銓 등과 함께 몰래 중종에게 글을 보내 조광조를 제거할 것을 상변하고자 하였다. 그러나 왕을 가까이에서 모시는 신하들은 모두 조광조의 심복이었으므로 홍경주는 신무문神武門을 열고 밤중에 몰래 들어가 상변하겠다고 청하였다.

드디어 1519년 10월 15일 밤 홍경주, 김전, 남곤, 심정, 이장곤李長

고형산 묘소

坤, 고형산高荊山, 홍숙洪淑, 손주孫澍, 방유령方有寧, 윤희인尹希仁, 김근사金謹思, 성운成雲 등은 신무문으로 궐내에 들어가 중종을 입대하고 조광조 등이 당파를 조직해 나라를 어지럽게 하고 있으니 그 죄를 밝혀 달라고 주청하였다.

조광조에게 위협을 느끼던 중종은 사림파를 처벌할 것을 명하였고 조광조를 위시하여 대사성 김식, 참찬 이자李耔, 형조판서 김정金淨, 부제학 김구金絿, 도승지 유인숙柳仁淑, 승지 박세희朴世熹, 응교 기준奇遵, 심연원沈連原, 공서린孔瑞麟, 윤자임尹自任, 안정安珽, 이구李構, 홍언필洪彦弼, 박훈朴薰 등이 체포되었다.

훈구파의 홍경주 등은 그날 밤 사림파를 처형할 계획이었으나 영의정 정광필, 우의정 안당, 신임 대사헌 유운柳雲, 신임 대사간 유희인尹希仁, 전한 정응鄭應, 봉교 채세영蔡世英 등의 반대로 취조를 받을 수 있게 되었다.

이 사건이 기묘사화로서 국문 이후 조광조, 김정, 김구, 김식, 유자임, 박세희, 기준, 박훈 등 8명은 귀양을 가게 되었고 조광조는 전라도 능주綾州(현 화순군)로 귀양 갔다가 12월 20일 사사되었다. 조광조는 후일 영의정이 추증되고 공자묘孔子廟(문묘文廟)에 모셔졌으며 율곡栗谷 이이李珥는 김굉필, 정여창鄭汝昌, 조광조, 이언적, 이황 등을 가리켜 동방오현東方五賢으로 숭배하였다.

조광조는 사욕을 채우려는 훈구파를 몰아내고 신진 사류를 대거 등용해 도학 실천의 기틀을 마련하고 왕도정치를 구현하고자 했으나, 기득권의 반발로 개혁이 무산되면서 그는 38세의 아까운 나이로 세상을 등져야 했다.

1482년(성종 13) 감찰 조원강趙元綱의 아들로 태어난 조광조는 관직에 나가기 이전 어린 시절부터 무서운 집중력을 발휘해 학문을 파고

김정 묘소

들었다. 그는 높은 관직에 오른 다음에도 실력이 있고 자신이 배울 점이 있는 사람이 있다면 신분의 고하에 관계하지 않고 겸손한 자세로 받아들였다. 조광조의 자는 효직孝直, 호는 정암靜庵, 시호는 문정文正, 본관은 한양漢陽이며 저서로『정암집靜菴集』이 있다. 그는 개국공신 조온趙溫의 5세손이다.

용인시 수지구 상현동上峴洞에는 조선을 중국의 요순堯舜시대와 같은 이상 국가로 만들려다 사약을 받고 죽은 조광조의 묘와 사당이 있다.

죽음보다 두려운 것은 불의라 했던 오달제

날로 세력을 키우던 청나라는 오달제가 부교리로 있던 1636년(인조 14)에 조선을 무섭게 위협해 들어왔다. 청나라는 본래 후금後金으로, 족장 누르하치는 스스로를 황제라 칭하고 나라를 세워 국호를 청으로 고쳤다. 청나라는 조선에 군신君臣 관계를 요구하였고 우리나라가 청에 대한 복종을 거절하자, 겨울에 병자호란을 일으켜 조선으로 침략하였다.

청의 세력에 밀린 인조는 남한산성으로 피신해야 했고 곁에 있던 오달제, 윤집尹集, 홍익한洪翼漢 등은 청나라와의 화의를 반대하며 끝까지 투쟁할 것을 주장하였다. 당시 홍익한이 올린 상소문을 보면

〈신에게 병사 수만을 주시고 적을 치

윤집 초상

라 하시면 격월검隔月劍을 백두산에 갈아 도화마挑和馬에 두만강 물을 마시게 한 뒤에 적의 창자를 밟고 피와 티끌을 씻고 돌아오겠습니다.〉

라고 하여 그 기개를 알 수 있다. 문신으로서 무술을 연마하지 않았으므로 자주 쓰지 않은 칼 솜씨를 갖고 있더라도, 청이 시키는 대로 쉽게 회유되어 화의에 응하는 말이 되지는 않겠다는 오달제의 은유적 표현이었다.

반대로 조선의 주화파 최명길崔鳴吉 등은 청과의 화친을 주장하며 임금의 마음을 움직여 사신을 교환하게 되었다. 어떻게든 화친을 성립시키고자 했던 최명길은 청과 입대한 자리에서 승지와 사관을 물리치도록 하였고, 오달제는 임금을 속이고 삼사를 위협해 사신을 내보낸 최명길을 탄핵하는 상소를 올렸다.

그러나 조정은 화친으로 기울어 인조는 결국 청나라와 굴욕적인 강화를 맺었고, 청나라 측에서는 전쟁의 책임을 화친 논의를 반대한 자들에게 돌리며 처단할 것을 주장하였다. 이에 오달제와 윤집은 자진해 적진으로 향하였고, 1637년 4월 15일 선양에 이르러 4일 뒤인 19일에는 용골대에게 국문을 당하였다.

적장 용골대龍骨大는 그들의 뜻을 꺾기 위해 가족을 거느리고 청나라에 와 살면 좋은 대우를 해 주겠다며 회유하기도 하고 또 반대로 협박하기도 했다. 용골대는 청나라의 국왕을 대신해 말하기를

"네가 척화斥和를 주장한 우두머리는 아닌 듯하니, 꼭 죽이려 하지는 않을 것이다. 처자를 데려다가 여기서 살면 어떻겠는가."

하였다. 오달제는 적장에게 말하기를

"죽음보다 두려운 것은 불의不義입니다. 당신들의 말을 좇으면 나는 오랑캐가 되고 마는 것이오."

하며 단호하게 거절하였다. 용골대는 그들의 마음이 바뀌지 않을 것이라는 사실을 알자 속히 처형할 것을 명하였고, 윤집과 오달제는 선양성瀋陽城 서문 밖에서 처형을 당하였다.

1609년(광해 1) 오윤해吳允諧의 아들로 태어난 오달제는 유년기를 평택의 이충리(현 이충동)에서 보내며 학문을 닦았다. 19세에 사마시에 합격한 그는 21세 때 부친상을 당하자 탈상을 마친 다음, 1634년(인조 12) 26세로 별시문과에 장원으로 급제하였다. 오달제는 전적, 병조좌랑, 시강원 사서, 정언, 지평, 수찬을 지내고 1636년에 부교리가 되었다.

청나라에의 굴복을 반대하여 1637년(인조 15) 29세의 젊은 나이로 죽음을 당한 오달제의 자는 계휘季輝, 호는 추담秋潭, 시호는 충렬忠烈, 본관은 해주海州이며 저서로 『충렬공 유고忠烈公遺稿』가 있다. 오달제는 좌승지와 영의정에 추증되었으며, 광주廣州의 절현사節顯祠, 평택의 포의 사우褒義祠宇, 홍산鴻山의 창렬彰烈 서원, 영주의 장암壯巖 서원, 고령의 운천雲川 서원에 제향되었다. 이충동의 옛 집터 뒤편에는 오달제의 덕을 기리는 유허문비가 세워져 있다.

오달제는 그림 그리기도 즐겼으며 현재 〈묵매도墨梅圖〉 2점이 전한다. 그는 어몽룡魚夢龍, 조속趙涑, 허목의 화풍을 따르면서도 명나라 묵매화풍의 영향을 받아 구도가 조금 번잡하다는 평도 받고 있다. 오달제의 그림은 조지운趙之耘, 홍수주洪受疇, 박동진朴東晉, 조희룡趙熙龍, 이공우李公愚 등의 묵화에 영향을 주었다.

오달제의 묘는 용인시 모현면慕賢面 오산리吳山里에 있다. 마북동麻北洞 시내를 거쳐 43번 국도를 타고 가다가 산을 하나 넘으면 오산리로, 장방형 기단에 팔작지붕을 얹은 오달제의 신도비는 하늘을 찌르듯 당당하게 서 있는 전나무와 몇 백 년의 세월을 함께 견뎌 왔다.

청나라 병사들에게도 존경 받았던 윤집

윤집은 1606년(선조 39) 현감 윤형갑尹衡甲의 아들로 고양군(현 고양시)에서 태어나 강화읍 월곶리月串里에서 자랐다. 13세에 아버지를 여읜 그는 형 남양 부사 윤계尹棨를 따라 공부하여, 1627년(인조 4) 생원이 되었다. 윤집은 1631년에는 별시문과에 급제하여 이듬해 설서가 되었으며 1636년 이조정랑, 부교리를 거쳐 교리로 있던 중 병자호란이 일어났다.

삼학사 윤집의 집터.
「충신 고 학사 윤집 택지」

국왕과 조정 대신들이 피난한 남한산성이 청병에게 포위되어 정세가 위기에 처하자 최명길 등은 화의로 위기를 극복할 것을 주장하였다. 이때 윤집은 오달제 등과 함께 화친의 사신을 보내자고 주장하는 최명길의 목을 벨 것을 청하였으며, 최명길이 청나라 장수와 대동하게 된 자리에서 주변 신하들을 물리치도록 청하자 극렬한 내용의 상소문을 올렸다.

윤집은 상소문에서

〈옛날 화친을 주장한 남송의 진회秦檜와 같은 대간도 감히 사관을 물리치지 못하였습니다. 국왕이 대간을 꺼리지 않고 오직 사특한 의론을 옹호하고 간사한 신하를 의뢰한다면 마침내 나라를 잃어버리고 말 것입니다.〉

라고 규탄하며 나라의 미래에 대해 경고하였다. 진회는 남송의 정치가로 금나라에 대해 굴욕적인 조약을 맺도록 하였으며, 자신의 권력을 유지하기 위해 문자의 옥을 일으켜 금서를 지정하고 사상을 통제하려 하였다.

오달제와 자진하여 척화론자로 나선 윤집은 청병에 의해 끌려가면서 조금도 절개를 굽히지 않아, 오히려 청나라 군사들이 감복하여 존경을 표하였다. 청나라에서 고문과 회유 등으로 그의 뜻을 돌리려 할 때도 끝내 굴하지 않고 항변하다 1637년(인조 15) 처형당하였다.

윤집은 영의정에 추증되었으며 광주廣州의 절현사, 강화의 충렬사忠烈祠, 평택의 포의 사우, 홍산의 창렬 서원, 영주의 장암 서원, 고령의 운천 서원에 제향되었다. 윤집의 자는 성백成伯, 호는 임계林溪와 고산高山, 시호는 충정忠貞이며, 본관은 남원南原이다. 강화군 강화읍 월곶리에 있는 윤집의 집터는 밭으로 변하여 비석만 남아 있으며 1884년(고종 21) 세워진 비석 앞면에는

忠臣 故學士 尹集 宅址

라고 새겨 놓았다. 그의 비문은 김노진金魯鎭이 짓고 황운조黃運祚가
썼다.

타국에 외로운 혼을 묻은 홍익한

홍익한은 앞의 두 사람보다 이른 2월
초, 청나라 군대가 회군하는 길에 평양에
서 잡혀 그달 25일에 선양에 도착하였
다. 3월 5일 청나라 태종太宗의 친국을
받게 된 홍익한이 조금도 본뜻을 굽히지
않자, 청나라 왕은 노하여 홍익한을 홀로
가두어 버렸다. 홍익한은 3월 10일에 살
해당했다고도 하고 윤집, 오달제와 함께
처형되었다는 말도 있으나 확실한 내용
은 알 수가 없다.

홍익한 비각 홍학사

홍익한은 1586년(선조 19) 진사 홍이성洪以成의 아들로 평택시 팽성
읍 함정리咸井里에서 태어났다. 그는 이정귀李廷龜에게서 수업하고,
1615년(광해 7)에 생원이 되었으며 1624년(인조 2)에는 공주公州 행재
소에서 치러진 정시문과에 장원으로 합격한 뒤 사서, 사헌부장령을 지
냈다.

1636년 청나라가 조선을 속국처럼 취급하며 모욕적인 조건을 내세
워 사신을 보내오자, 홍익한은 상소를 올려 청나라 사신 용골대를 죽

임으로써 모욕을 씻자고 주장하였다. 이해에 병자호란이 일어나자 홍익한은 최명길 등이 주장한 청나라와의 화친 정책을 적극 반대했으며, 이듬해 화의가 성립되자 조정의 권유로 화를 피하고자 평양부 서윤으로 나갔다.

홍익한의 초명은 습習, 자는 백승伯升, 호는 화포花浦와 운옹暈瀚, 시호는 충정忠正이며 본관은 남양南陽이다. 그는 광주廣州의 현절사顯節祠, 강화의 충렬사, 평택의 포의사褒義祠, 홍산의 창렬 서원, 부안扶安의 도동道東 서원, 영천永川의 장암 서원, 고령의 운천 서원, 평양의 서산西山 서원 등에 제향되었고 영의정에 추증되었다. 홍익한의 저서로『화포집花浦集』, 『북행록北行錄』, 『서정록西征錄』이 있으며 강화군 화도면華道面에 있는 그의 집터는 경기도 향토유적 제17호로 지정되어 있다.

한편 멀리 국조 단군왕검檀君王儉의 개국과 그 역사를 시작한 강화군은 고금을 통해 왕실의 흥망성쇠를 함께한 특유의 지정학적 숙명을 지닌 곳이다. 강화는 국가에 커다란 변란이 있을 때마다 제2의 수도로서 임무를 수행하였으며, 조정에서는 외적이 침입할 때마다 강화로 천도함으로써 강화의 중요한 위치는 더해졌다.

강화의 옛 이름은 갑비고차甲比古次로 시작하여 고구려 시대에는 군제郡制를 두어 혈구군穴口郡이 되었으며, 국력이 강성해진 신라 때에 이르러서는 해구군海口郡으로 개칭하고 태수太守를 주재시켰다. 고려조에 들어선 939년(태조 22)에는 현縣으로 개편되고 이어 현재 지명인 강화군으로 불리었다.

평택시 신장동 제역 마을
- 최수성의 학문을 흠모해 부역을 면하다 -

평택시 신장동新場洞은 새로 생긴 시장이 있어 붙여진 동명이며, 신장1동은 평택시로 승격되기 전에는 제역除役 마을이라 불렸다. 제역이란 조선 시대에 부역을 면제받은 마을이었기에 붙여진 이름으로, 이것은 높은 학문적 경지를 이룩한 최수성崔壽城으로 인해 얻은 혜택이다.

최수성은 1487년(성종 18) 태어나 8세 때 진위현(현 진위면)으로 이주하여 학업에 정진하였다. 그는 불과 9세의 나이에 문학과 예술에 대한 뛰어난 기질을 나타내 주변의 관심과 칭송을 받았으며, 19세에는 명산을 두루 살피며 견문과 포부를 넓혔다. 최수성의 그림은 왜인들에게까지 알려져 찬탄을 받았고, 그의 작품을 소장하고자 해도 구하기가 매우 힘들었다.

최수성은 평택의 남탄현南炭峴에 정자를 만들어 진위에 거주하는 유림들과 시론을 나누며 지냈으며, 또한 원숭이를 길들여 함께 기거하였다. '원숭이 원猿' 자를 써서 스스로의 호를 원정猿亭이라 함은 이 때문이다.

최수성이 조선 내외로 두각을 나타내는 실력을 가지고도 벼슬에 뜻을 두지 않고 지낸 것은, 연산군의 폭정에 대한 실망에서 비롯되었다. 이어 즉위한 중종 대에는 사림파 학자들이 점차 득세하며 정치를 잘

주도하는 듯하였으나, 권신들 사이에 당쟁이 조장되자 최수성은 세상을 회의적으로 바라보며 재야에서 도인으로서 조용히 살고자 했다.

최수성은 벼슬은 지내지 않았으나 평소 조광조 등 사림계의 학자들과 왕래가 있었기에, 1519년(중종 14)의 기묘사화에 연루되어 곤혹을 치를 뻔하다가 다행히 벼슬이 없어 죄를 면하였다. 그는 이후 더더욱 관직이나 세상사에 뜻을 버린 채, 후학을 키우고 명산을 순례하며 문예에 정진하였다.

그러나 최수성은 1521년(중종 16) 발생한 신사무옥辛巳誣獄 때에는, 사건에 연루된 간신의 모함을 받고 10월 21일 향리에서 참형을 당하였다. 그가 참수되던 순간 천지는 수백 리에 걸쳐 진동하고, 사흘 밤낮으로 붉은 비가 끊이지 않고 내려 하늘도 최수성의 죽음을 슬퍼했다는 이야기가 전한다.

1538년에 중종은 기묘사화로 죽은 이들을 용서하였고, 1540년(중종 35)에는 최수성의 누명도 벗겨져 의정부 좌찬성과 판의금부사에 증직되었다. 그는 1545년(인종 1)에는 대광보국숭록대부와 의정부 영의정에 추증되고 문정文正이라는 시호가 내려졌으며, 진위현의 송탄동松炭洞에 있는 그의 묘는 유림들이 받들도록 했다.

최수성의 학문을 깊이 흠모하던 율곡 이이는 선조에게 간하여 그의 묘를 수호하고 잘 시묘하도록 주변 10리 안에 거주하는 마을 주민의 부역을 면하도록 해 주었다. 이때부터 인근 10리 안의 마을은 제역 마을이라 불렸다. 1950년대 들어 송탄동에 미군 부대가 생기면서 주변에 비행장이 들어서자 문중에서는 그의 묘를 이장하였다. 최수성의

호는 원정猿亭, 북해거사北海居士, 경포산인鏡浦山人이며 본관은 강릉
江陵이다. 송탄동에는 최수성의 후손이 남아 있다.

평택시 송북동 오리곡
- 맹사성이 검정 소를 타고 즐겨 통하던 마을 -

경기도 평택시 송북동松北洞(당시 진위현) 오리곡 마을에 전하는 맹
사성孟思誠에 관한 이야기이다. 지금으로부터 약 550여 년 전에 조선
의 삼정승이던 맹사성은 고향인 충청도 온양溫陽에서 한양으로 통행
할 때 항상 검은 소를 타고 가며 통소를 즐겨 불었다. 맹사성은 축지
법에 능하여 한양을 쉽게 다녔다고 하며 삼남의 대로가 지나는 진위
현 우곡 마을을 통과하는 일도 다반사였다.

맹사성이 타고 다니던 검은 소의 무덤으로 맹사성 묘소 옆에 있다.

하루는 오리곡 마을의 토호인 단양丹陽 우禹씨들이 모여 회의를 하기를

"검은 소를 타고 우리 마을을 지나는 사람이 있는데 이는 아침마다 재수가 없는 일이다. 하인을 시켜 왜 검은 소를 타고 가는지 알아보고 쫓아내자."

라고 하여 의견을 모았다. 하인은 주인의 명대로 길목에 나가 지키면서 검은 소를 타고 지나가는 사람을 기다렸다. 하인은 얼마 뒤 검정 소를 탄 자가 보이자 따라가기 시작했으나 너무 빨라 도저히 잡지를 못하였다. 맹사성은 누군가 자기를 쫓아오는 것을 알아차리고 흰치재를 넘기 전에 감주거리(송북동 동막 마을 앞)에서 기다리다가 하인들이 다가오자

"너희는 누구인데 나를 쫓아왔는가?"

물었다. 하인은 오리곡 마을 우씨 댁의 하인임을 밝히며

"주인이 이르기를 검은 소를 타고 가는 이가 누구이며, 왜 불길하게 검은 소를 타는지를 알아보라고 하였습니다."

하였다. 맹사성은 이에

"맹골 맹 정승이 까막 소를 타고 한양 좀 다녔기로 웬 참견이냐."

호통을 치며 하인들을 돌려보냈다. 그러나 맹사성이 가만히 생각해 보니 도리가 아닌 듯 여겨졌기에 다음부터는 오리곡을 통하지 않고 옆의 산을 따라 우회해 다녔다. 이때부터 삼남의 대로였던 오리곡 길은 인근 충청도 천안의 오룡동五龍洞 쪽으로 우회해 진위현으로 통하게 되었다고 한다.

문충공(조준) **강안공**(아들 조대림) **불천지위묘 현판**

맹사성은 고려 말인 1360년(공민 9) 전교부령 맹희도孟希道의 아들
로 태어나 어려서 권근權近에게 수학하였다. 그는 효성이 지극하여 10
여 세에 어머니가 돌아가시자 어린 나이에도 불구하고 7일 동안 단식
을 하고 3년간 죽을 먹으면서 묘전에서 상을 치러, 고향에 효자문이
세워졌다. 맹사성은 고려 우왕 때에 문과에 장원하고, 조선으로 들어
와 대사헌으로서 평양군平壤君 조대림趙大臨을 신문하다가 태종의 노
여움을 사서 죽음을 당할 뻔하였으나, 목숨을 구하고 세종 대에 우의
정과 좌의정을 지냈다.

조선 제4대 임금인 세종 대에는 맹사성을 비롯해 정인지, 성삼문,
신숙주申叔舟, 박팽년朴彭年, 이개李塏 등 어진 신하가 많기로 유명했
는데, 현명하고 어진 왕에게는 어진 신하가 따르게 마련이었던 모양
이다. 그중에 맹사성은 자신의 호 고불古佛처럼 정사에 밝고 어진 일
을 많이 한 것으로 신망이 자자했다.

그는 정승의 자리에 올라서도 소박한 행동과 소탈한 성품을 잃지
않아 백성들의 칭송을 받은 것은 물론, 백성들과 고락을 같이하는 말
벗과 같은 존재였다. 맹사성은 개인적인 사욕은 마음에 두지 않고 구

차할 만큼 검소한 생활을 영위했으며 백성이 곤란한 경우에 처하면 발 벗고 나서 도왔다.

청백함으로 공무를 처리하고 검소함으로 일가를 이끌었던, 맹사성은 앞서 밝혔듯 퉁소를 즐기는 등 음률 또한 좋아하였다. 1438년(세종 20) 세상을 떠난 그의 시호는 문정文貞이며 본관은 신창新昌이다.

평택에 전하는 인침연 설화

맹사성에 관련된 이야기는 경기도 남부 지역 여러 군데에서 비슷한 유형으로 발견되고 있는데 오리곡과 연관된 맹사성에 대한 구전은 평택에서만 보이는 이야기이다. 비슷한 이야기로 1843년(헌종 9)에 발간된 『진위현 읍지』를 보면 인침연印沈潭 설화가 있다. 인침연은 진위현 남쪽 5리에 있다고 되어 있으므로 오리곡의 앞들로 추정된다.

맹사성은 정사에 매인 몸이었기에 자주 집을 찾을 수는 없었으나, 늙은 어머니를 위해 틈이 나는 대로 시골집으로 문안을 갔다. 맹사성은 요란스러운 행차를 싫어했으므로 언제나 혼자서 조용히 왕래하여, 그가 오가는 것을 본 사람이 없었다.

맹사성이 한양에서 온양으로 오갈 때면 장호원을 거쳐야 했으므로 근처의 현감들은 맹사성을 볼 수 있을까 싶어 항상 주의를 기울였다. 정승이 집으로 올 때를 알아 두었다가 융숭한 영집을 베풀어 혹시 높은 벼슬자리라도 하나 얻을까 싶었던 것이나, 언제나 허탕을 치게 마련이었다. 모월 모일 내려온다는 소식을 듣고 잔뜩 신경 써 대기하고 있어도 며칠을 헛되이 기다릴 뿐 맹사성은 어느 틈에 자기 집으로 내

진위현 지도. 1900년대 중반의 모습   양성현 지도. 1900년대 후반의 모습

려갔다거나 이미 한양에 올라갔다는 소식이 전해질 뿐이었다.

때문에 장호원 근처의 현감들은 수시로 사람을 한양으로 보내 언제쯤 맹사성이 하향하는가를 알아보게 했다. 이들 중에는 진위현과 양성현陽城縣의 현감도 끼어 있었는데, 두 사람 역시도 수차에 걸쳐 맹사성을 기다렸으나 번번이 실패만 거듭하였다.

이번에는 놓치지 않겠다고 다짐을 한 진위 현감은 맹사성이 다시 자기 고을을 지나가기를 그야말로 학수고대했다. 그러던 어느 날이었다. 한양으로 보냈던 심부름꾼으로부터 맹사성이 고향에 내려갔는지 모습을 감췄다는 연락이 왔다. 진위 현감은 이번만은 꼭 맹사성을 놓치지 않겠다는 일념으로 급히 관속을 풀어 정승을 맞이할 준비를 갖추도록 했다. 진위 현감은 한편으로 이웃 고을의 양성 현감이 행여 눈치채지 못하도록 쉬쉬하며 엄중히 비밀을 지킬 것까지 단속시켰다.

만반의 준비를 갖추었다고 생각한 진위 현감은 화려한 가마를 준비하고는 한양에서 온양으로 가는 길목인 장호원으로 향하였다. 이제나 저제나 하고 하루 종일을 목이 빠져라 하고 기다렸으나 맹사성의 모습이 보이질 않자, 진위 현감은 초조한 마음이 들었다.

어찌하여 맹사성의 행차가 이리 늦어지는 것인지를 묻는 진위 현감에게 아전은

"아마 많은 인마人馬를 거느리고 오느라고 그런 줄로 아뢰옵니다."

하고 대답하였다. 맹사성은 정승이었으니 일리가 있는 말이었다. 초조하게 기다리던 진위 현감의 귀에 드디어 말울음 소리와 함께 다가오는 말발굽 소리가 들렸다. 진위 현감이 저기 오는 행차가 정승인가보다 하며 기다리는데, 가까이 다가오는 한 떼의 인마는 천만 뜻밖에도 양성 현감의 행차였다. 둘은 서로에게 괜히 심사가 뒤틀렸다.

진위 현감은 혼자서 조용히 맹사성에게 후한 대접을 하여 잘 보이려고 하였던 것인데 갑자기 경쟁자인 양성 현감이 나타났으니 기분이 좋지 않았다. 또 뒤늦게 맹사성이 고향에 온다는 소식을 듣고 부랴부랴 관속들을 독촉해 장호원에 당도한 양성 현감 역시도 진위 현감이 한 발 앞서 와 있으니 기분이 좋을 리 없었다.

"아니, 진위 현감께서는 무슨 일로 이렇게 행차하셨습니까?"

양성 현감의 물음에 진위 현감은 내심 당황하였으나, 짐짓 모르는 척 능청을 떨며 반문하였다.

"그렇게 말씀하시는 영감께선 어인 일로 이렇게 나오셨나이까?"

"맹 정승 대감께서 하향하신다는 소문을 듣고 그냥 모르는 척 할 수

가 없고 해서 마중 나오는 길입니다만."

양성 현감의 대답에 진위 현감은 얼른 머리를 쓰면서

"어허, 영감께서는 헛걸음만 하셨구려. 맹 정승 대감께서는 벌써 지나가셨소. 이거 소 잃고 외양간 고치는 격이 되었구려. 참 안됐소이다."

라고 말하였다. 양성 현감은 호락호락 넘어갈 사람이 아니었다. 진위 현감이 자기를 속여서 돌려보내고 혼자서 맹사성을 대접하려는 속셈이 빤했다.

"아니, 누구를 어린 아이로 아시오? 내가 그렇게 쉽사리 속아 넘어가지는 않을 것이요. 돌아가시려거든 영감께서나 돌아가시지요."

진위 현감은 일이 이렇게 된 이상 어쩔 수가 없게 되었다 생각하며 양성 현감에게 말하였다.

"에이, 자 우리 싸우지 말고 같이 기다리기나 합시다. 영감이나 나나 다 같은 처지가 아니겠소."

이리하여 서로를 견제하던 두 현감은 나란히 솔숲에 앉아서 맹사성을 기다리게 되었다. 시간이 아무리 흘러도 정승이 나타날 기미를 보이지 않자, 힘들어진 두 현감은 술 생각이 간절해졌다. 퍼져오는 향긋한 솔 냄새에 날씨마저도 화창하니 관기들이나 불러 술잔을 기울이기에 적격이었다. 처음에는 각자 생각하는 꿍꿍이가 있기에 그러한 정취에 도취할 마음의 여유가 없었으나 해가 뉘엿뉘엿 지도록 맹사성의 행차가 좀처럼 나타나지 않으니 지쳐버린 것이다.

"여보 영감, 우리 이렇게 막연히 기다릴 것이 아니라 앞에 보이는 연못에 주안상이나 차려 놓고 한 잔 기울이는 것이 어떻겠소? 마침 연꽃도 만발했으니 어찌 가만히 있을 수 있겠소이까? 이미 해가 서산에 걸렸으니 맹 정승 대감인가 뭔가도 오시기는 다 글렀소."

양성 현감도 진위 현감의 제안에 그거 좋은 생각이라며 즉각 동의하였다. 기다림에 지쳐 출출하던 차에 피차 반가운 일이기도 했다. 진위 현감의 분부가 떨어지자 곧 주안상이 벌어졌고, 지루해 하던 두 영감은 서로 자신의 술을 먼저 받으라며 사이좋게 한 잔, 두 잔 권하다가 어느덧 거나하게 취하였다. 연꽃이 핀 연못으로 서산에 지고 있는 해의 붉은빛이 퍼지니 더욱 아름다웠다.

"진위 현감, 저 연꽃 좀 보시오. 얼마나 아름다운 꽃이오?"

"정말이오. 참으로 꽃 중의 꽃이라 할 만하오. 넓은 잎 사이로 내민 아름다운 자태는 능히 군자의 시선을 끌 만하오."

옆에 대기하고 서 있는 아전들은 술에 취한 현감들이 자칫 실수하여 현감임을 증명하는 관인官印을 연못 속으로 빠뜨릴까 봐 조바심이 났다. 아전이 조심스레 도장이 못에 빠질 것 같다 말하여도 술에 취한 현감들은 들은 척 만 척하며, 알았으니 참견하지 말라며 핀잔을 줄 뿐이었다.

두 현감의 직위는 종5품으로 좌의정인 맹사성과 비교하면 무려 10등급이나 차이가 났으니, 이렇게 높은 분을 마중하러 온 기대민으로도 영광이었다. 아직 맹사성을 뵙지는 못했으나 술이 오른 두 현감은 벌써 한양의 버슬자리라도 따 놓은 듯 가슴은 부풀대로 부풀었다.

"맹 정승 대감의 효성은 세상이 다 아는 터라 온양에 계시는 어머님을 뵈러 자주 오신다니 잘만 보이면 큼직한 감투라도 하나 얻게 되지 않겠소. 설마 모른 척이야 하실 수 없겠지요."

"암, 그렇고말고요. 벽촌에 있다고 실망만 할 것도 못되는가 보오. 오히려 전화위복이 된 셈이지요. 금년엔 관운이 활짝 트인 모양이오."

기생 하나를 두고 두 현감이 주거니 받거니 대작을 하고 있는데, 길 저쪽에서 음매 하는 소 울음소리와 함께 누군가가 소 등에 앉아 오고 있었다. 깜짝 놀란 진위 현감은 아전에게 누구인지를 확인하라 분부하였고, 옆에 있던 양성 현감은 싱겁다는 듯이 주저 않았다. 소를 타고 오는 것은 허술한 농부 차림의 늙은이였기 때문이다. 양성 현감은 일어나려는 진위 현감을 주저앉히고는 말하였다.

"여보 진위 현감, 도대체 당신네 고을 백성들은 틀렸소. 예의를 모르는구려. 성주城主는 백성들의 어버이요, 따라서 백성들이 성주를 어버이처럼 받드는 것은 당연한 일인 법인데 저 영감 좀 보오. 성주가 둘씩이나 앉아 있는데도 불구하고 오만불손하게 소를 타고 지나가고 있으니, 진위 고을 백성들은 성주를 공경할 줄 모르는 것 같소."

양성 현감의 말에 진위 현감은 창피한 생각이 들었다. 마침 술도 거나하게 취했는지라 진위 현감은 호기롭게 호통을 쳤다.

"여봐라, 저기 무엄하게 소를 타고 가는 놈이 누구인가? 감히 소를 타고 무엄하게 성주 앞을 지나가다니, 썩 가서 끌어내리지 못할까!"

늙은이는 진위 현감의 호통 소리에도 들은 척을 하지 않으며, 유유히 소 등에 앉아 있었다. 이 모양을 본 진위 현감은 벌떡 술자리에서 일어나서는 늙은이 쪽으로 가며 다시 소리를 질렀다.

"네 이놈! 무엄하게도 거만하게 성주 앞을 그대로 지나치다니, 썩 내려서 용서를 빌지 못할까?"

그럼에도 노인은 귀가 먹은 것인지 아무 대답도 않은 채 묵묵히 지나쳤다. 진위 현감은 점점 화가 치밀어, 곧장 아전에게 벼락같은 호통을 치며 당장 노인을 소에서 끌어 내리도록 명하였다. 아전들은 우르르 늙은이에게로 달려가 진위 현감의 말을 전하며 어서 소에서 내려 성주님께 엎드려 사죄하도록 일렀으나, 늙은이는 여전히 아무런 대답 없이 지나치려 했다. 아전들은 기가 차서는 소의 고삐를 잡은 채 물었다.

"도대체 너는 어디 사는 누구인가? 귀머리인가?"

아전들은 노인을 다그쳤고, 포졸 하나가 늙은이를 끌어내리기 위해 발을 잡으며 위협하였다. 그제야 늙은이는 천천히 관속들을 둘러보며 입을 열었다.

"그렇게 궁금한가? 하찮은 늙은이에게 무슨 이름이 있겠는가만 너희들이 정 알고 싶다니 대답해 주마. 성주에게 가서 온양에 사는 맹꼬불이가 제 소 타고 가는 길이라고 여쭈어라. 아무리 성주라 할지라도 백성이 길을 가는 것까지는 막을 수 없다고 일러라."

말을 마친 늙은이는 여전히 소 등에 앉은 채 태연자약하게 길을 재촉하였다. 늙은 농부로만 알았던 노인의 사리 분명한 호통에 어안이 벙벙해진 관속들은 잠시 동안 멍하니 서 있다 되돌아와서는 그의 말을 전하였다.

"성주님. 늙은이는 온양에 사는 맹꼬불이라 제 소 제가 타고 간다

여쭈라고 하였나이다."

진위 현감은 이 말을 듣자 허허 하며 너털웃음을 터뜨렸으나, 곁의 아전 하나는 얼굴빛이 새파랗게 질리며 몸을 떨기 시작했다. 아전은 호탕하게 웃고 있는 현감에게 다가가 말하였다.

"성주님! 아뢰옵기 황송하오나 온양 사는 맹꼬불이라 함은 맹 정승 대감을 가리키는 말인 줄 아뢰옵니다."

두 현감의 낯빛은 일시에 흑색으로 변하였다. 맹사성의 호가 고불이라는 것이 떠오른 것이다. 감히 정승을 몰라보고 안하무인격으로 실례를 범하였으니 그들의 죄는 엄청났다. 좀 나은 벼슬자리는커녕 모욕을 주었으니 이제 큰 화를 면할 수 없게 되었다고 생각한 두 현감은 어찌할 바를 몰랐다.

두 현감은 맹사성에게 가서 죄를 용서해 달라고 엎드려 빌기 위해 황급히 일어났다. 이 순간 연못가에 놓아두었던 관인이 현감의 그만 발에 걸려서 풍덩하고 연못 속으로 빠지고 말았다. 현감임을 확인하는 도장을 잃어 버렸으니 두 현감이 자리에서 쫓겨나게 된 것은 말할 것도 없었다.

이 사건 이후부터 사람들은 관인이 가라앉은 연못이라 하여 심인연 沈印淵이라 부르기 시작했다. 소박하고 백성들과 가까이 하는 삶을 지향했던 맹사성은 스스로를 맹꼬불이라 불렀고, 백성들이 "꼬불, 꼬불" 하고 불러도 개의치 않았다.

평택시 송북동 소골
- 나라를 개혁하고자 했던 소 정승이 실패한 사연 -

평택시 송북동에 있는 소골은 부락산負
樂山 동북쪽 기슭에 위치한 넓은 평야 지
대이며 남북으로는 한양과 충청도, 전라
도, 경상도의 삼남으로 통하는 곳에 위치
하고 있다. 『진위현지』나 군지, 각 문중의
족보 등에는 부락산 또는 불학산佛鶴山으
로 표기하고 있다.

우곡에 있는 진주 소씨 합동 위단

한자로는 우곡牛谷이라고 쓰는 소골의
지명에는 두 가지 유래가 전한다. 소골은
그 형상이 소가 누워 있는 지세이므로 소
골이라고 했다는 것과, 옛날에 진주晉州 소
蘇씨의 정승이 살았던 마을이라 하여 갖게 된 이름이라는 설이다.

고려 공민왕 때인 1360년경 우곡에 살았던 소 정승은 학식이 높을
뿐 아니라 주변 마을에서도 따르고 존경할 만큼 덕망이 있었다. 당시
의 고려 조정은 거의 원나라의 속국과 마찬가지의 지배 아래 있었기
에, 정치는 어지러웠고 불교 숭상의 도는 지나쳤다. 정치에 참여하게
된 승려 신돈은 고려의 혼란함을 줄이고자 힘쓰고, 노비로서 자유민
이 되고자 노력한 자는 평민으로 해방시키는 등의 개혁 정책으로 인

심을 얻었다.

공민왕이 아내인 노국魯國 공주를 잃고 실의에 빠져 정치를 신돈에게 맡겨 버리자, 그는 점차 권한을 남용하며 방탕한 행실을 일삼기 시작했다. 평소에도 신돈의 개혁 정책에 적대적이었던 귀족들과의 불화는 심해졌고, 고려 각처에서는 양반과 노비의 반란이 일어나 나라는 극도의 혼란에 빠져들었다.

소 정승은 나라의 포악한 정치에 반발하며 개혁적 성향을 가진 토호들과 친밀하게 지냈으며, 스스로도 개혁에 대한 소신이 강하였다. 소 정승은 나라가 이처럼 어지러워진 것은 신돈의 탓이 크다고 생각하였고, 동조하던 주변 사람들은 신돈을 처치하고자 병사들을 모으며 반란을 꾀할 것을 결심하였다. 소 정승은 부락산 서편 골짜기에 대장간을 차려 병장기를 만드는 한편으로, 모집한 군사들을 훈련하면서 적당한 시기를 기다렸다.

소 정승에게는 지혜로운 며느리가 있었는데, 며느리는 평소 앞일을 알고 예언하는 신통한 능력을 갖고 있었다. 얼마 뒤 출병할 충분한 준비가 되었다고 판단한 소 정승은 조정으로 떠날 뜻을 가족에게 밝혔다. 이에 며느리가 말하기를

"아버님, 벼 한 말을 찧어 쌀 한 말이 나올 때에 출병하셔야 성공할

진주 소씨로 정승이 된
소순, 소이, 소경원, 소응사, 소흡 헌성비

것이오니 그렇게 해 보십시오."

하였다. 소 정승은 며느리의 능력을 알고 있었기에 기꺼워하며

"어찌 벼 한 말이 쌀 한 말이 되랴마는 네 말이 신통한지라 그리 한 번 해 보도록 하마."

하였고, 하인을 불러 벼 한 말을 가져다 찧도록 했다. 하인이 벼를 가져와 찧어 보니 8되 7홉에 불과했다. 소 정승은 하인에게 됫박질을 어떻게 했기에 벼 한 말을 찧어 아홉 되도 나오지 않느냐고 타박하며 다시 됫박질을 하도록 명하였다. 광으로 간 하인은 벼 한말을 넉넉히 담아 왔고, 두 번째로 찧으니 9되 7홉이 되었다. 소 정승은 이번에는 며느리를 꾸짖어 말하기를

"어찌 생각하느냐? 과연 벼 한 말이 그대로 쌀 한 말이 될 수 있느냐? 너는 어찌하여 그런 말을 터무니없이 하여 나의 마음을 흐트리려 하는 것이냐?"

하고는 며느리의 만류에도 불구하고 출병의 기치를 들었다.

그러나 소 정승의 성공에 대한 기대도 잠시, 관군은 사전에 이들의 움직임을 주시하고 있었다. 소 정승 무리는 출발과 함께 일격에 격파되었고, 소 정승은 역적으로 잡혀 처형당하였으며 삼족이 멸하는 참화를 입었다. 또한 소골에 이른 관군은 소씨 종산의 묘혈까지 파내 버렸다. 관군이 소씨 종산의 맥을 끊자 갑자기 큰 용이 나와 몸을 뒤흔들었다. 자세히 보니 손과 발이 없는 용이었기에 관군은 굶어죽도록 하였으며, 일설에는 소씨 마을 우물에서 뒷다리가 펴지지 않는 소가 나왔다고도 한다.

소 정승이 며느리의 말을 듣고 참았더라면 당시의 혼란한 사회적 분위기로 보아 반란 모의는 성공했을지도 몰랐다. 이후 후손들은 소 정승이 만들었던 대장간 자리는 풀무골이라 칭하고, 소골의 우물에는 소 정승이 만들었던 병장기와 모의 때 쓰던 물건을 한꺼번에 넣어 증거를 인멸하였다.

조선이 개국하고 소 정승 일문도 복위가 가능하게 되어 흩어졌던 후손들은 조상의 묘를 복원하였다. 현재 소골에 소씨는 살지 않으며 묘소 10여 기만이 남아 있다.

평택시 장안동 빈대 바위
- 나태한 승려들을 버쫓은 바위 -

행정동인 송탄동 관할의 법정동인 장안동長安洞에 있는 빈대 바위는 부락산 동쪽의 소골봉 기슭에 반구형으로 돌출되어 자리를 잡고 있다. 높이 5미터, 폭 약 7미터의 바위 근처에는 작은 절이 있었다. 사찰에는 수도승이 기거하였고 빈대 바위를 중심으로 작은 약수터가 마련되어 있었다.

그런데 이곳에 거주하던 스님은 염불보다는 잿밥에 관심이 있다는 말이 꼭 들어맞는 승려였다. 부처님은 이 수도승이 계율을 계속해 어기며 수행은 뒷전에 두자, 그를 훈계해 마음을 바로잡게 하기 위해 절 뒤의 바위에서 빈대가 나오게 해 괴롭힘을 주었다. 그러나 부처의 뜻을 조금도 깨닫지 못한 승려는 결국 견디다 못해 파계하고는 절을 떠나 버렸다. 그 뒤 절은 폐허가 되어 없어지고 바위만 남았으므로 사람들은 빈대 바위라 부르기 시작했다.

부처님이 뜻을 보인 영험한 바위라 하여 사람들은 치성을 드리기도 했다. 바위 주변에는 청색, 홍색의 띠가 매어져 있는 서낭나무가 있고 측면에는 부락산의 제2봉인 소골봉으로 오르는 1백여 개의 돌계단이 있으며, 정상에는 무속 신앙의 일환으로 보이는 돌탑이 조성되어 있다. 또한 과거 추석에는 정상 부근에 있는 넓은 공터에 매년 송북동의 자연 마을 소골과 동막, 장안동의 주민이 모여 씨름, 횃불놀이, 달맞이 등의 행사를 하며 우의를 다졌다고 한다.

현대에 이르러 장안동의 빈대 바위 일대는 무속인들이 자주 찾으면서, 무속 신앙의 터전이 되었다. 바위 주변은 약수터와 함께 시멘트로 포장되어 있으며 1987년 4월 13일에 허씨가 만들었다고 음각으로 표시되어 있다. 간헐적으로 무인들이 기도를 하고 굿 등을 치르는 빈대 바위 주변은 검게 그을려 있으며 떨어진 촛농도 많다.

평택시 오좌동
- 왕이 권율을 보내 최희효의 장례를 치른 마을 -

송북동의 자연 마을 오좌동에는 조선 시대의 무신 최희효催希孝가 살았다. 최희효는 1509년(중종 4) 태어나 어린 나이로 아버지를 잃었음에도 부친상을 지성으로 모셨다. 최희효는 1531년(중종 26)에는 무과에 급제하여 정주 판관, 선천宣川 판관, 부령富寧 부사, 경상도 좌수사를 지내고 전라 우수사로 재임하였다.

이때 왜선 3척이 바다에 떠 있는 모습을 수상히 여긴 최희효는 이를 정탐하도록 했고, 명나라에 가서 노략질하고 돌아가던 왜선임을 확인하여 나포하였다. 최희효는 배에 타고 있던 왜인 2백여 명을 생포해 명나라로 보냈고 명의 황제는 하례하여 포상하였다. 그는 이어 전라 병사, 안주安州 목사 등을 역임하였다.

후일 최희효는 사신으로서 명나라에 가게 되었을 때는 탁월한 문장과 덕행으로 명나라의 인정을 받고 돌아왔다. 당시는 무관을 업신여기던 시대였으므로, 명종은 기뻐하며 최희효에게 충청도 병마절도사를 제수하였다.

갑자기 병을 얻게 된 최희효는 낙향하여 오좌동에 기거하다 1589년(선조 22)에 세상을 떠났다. 선조는 슬퍼하며 직접 권율權慄을 예관禮官으로 하명하여 장례를 치르도록 하였다. 이때에 묘소 후면의 산봉우리로 왕의 사신이 넘어와 왕명을 하달하였다 하여 왕재, 한자음으로는 왕현王峴이라 칭하였다고 한다. 최희효의 자는 언순彦順, 본관은 수성隨城이다.

본성 경주 김씨에서 수성 최씨를 사성받은 이유

수성 최씨는 본래 경주慶州 김씨 김알지金閼智를 시조로 하다가, 그로부터 40대 손인 김영규金永奎를 수성 최씨의 시조로 하였다. 시조 김영규는 고려 고종 때인 1261년에 장원급제하여 서경(평양) 유수로 치적을 쌓고, 수주(수원)의 기강이 문란할 때 왕명으로 수주를 다스리게 되었다. 이때 김영규가 백성을 위하여 많은 업적을 쌓으니 왕으로부터 크게 포상을 받고 최씨 성을 하사받아 최영규崔永奎가 되었으며, 수성백隋城伯의 칭호에 봉해졌다.

최영규의 7세손인 최자반은 최희효의 아버지로서 명문의 후손으로 태어났음에도 벼슬에 뜻을 두지 않고 학문에만 열중하였다. 최자반은 진위현에서 마을의 유림인 모재慕齋 김안국金安國, 휴암休巖 백인걸白仁傑 등과 두터운 교분을 쌓으며 향리의 발전에 힘을 쏟았다.

또한 최자반은 부모에게 극진히 효도를 행한 일로도 유명했다. 최자반의 아버지는 최윤신崔潤身으로 진사과에 급제한 뒤에도 벼슬을 탐하지 않고 수양하며, 후학 배출에 진력하는 일생을 보냈다. 최윤신은 1483년(성종 14)에 통훈대부와 사헌부집의 벼슬을 받고 통정대부와 이조참의에 증직되었다.

백인걸 신도비각

최자반은 아버지가 돌아가시자 진위현 동쪽 소골말 부락산 기슭에 모시고 6년간 시묘를 결심하였다. 그는 산막을 짓고 조석으로 부친을 애도하였는데, 험난한 산 속이라 온갖 짐승들의 위협을 받았음은 물론 마실 물조차 구하기 힘들었다.

시묘를 시작한 지 1백 일이 지날 무렵 최자반이 저녁 공양을 끝내고 잠이 들었는데 꿈에 백발이 성성한 노인이 나타나

"네가 온갖 고생을 감수하며 지냄이 보기 딱하여 조그만 도움이 될까하여 너에게 물을 주노라. 그 물을 이용해 조석으로 정수를 올리고 기갈을 면하도록 하여라."

하고 말하였다. 최자반이 노인에게 누구신지를 묻자

"나는 이 산을 다스리는 신령으로 너의 효성에 감복하여 현몽한 것이다."

대답하고는 홀연히 사라졌다. 잠에서 깬 최자반이 꿈속에 나타난 노인의 말대로 움막 앞의 땅을 손으로 파니 맑은 샘물이 흘러나왔고, 주변의 소나무에는 어디선가 한 쌍의 학이 날아와 둥지를 틀었다. 학들은 소나무에서 노닐며 최자반이 가까이 가도 도망하지 않고 오히려 반기는 모습을 보이니, 최자반은 학을 벗 삼으며 더욱 시묘에 정성을 쏟았다.

3년의 세월이 흘러 최자반이 3년의 시묘를 더하고자 하는데, 갑자기 몸에 오한이 나며 전해지는 통증에 도저히 시묘를 할 수 없는 상황이 되었다. 그가 부친의 묘 앞에서 대성통곡을 하며 울부짖다 기력이 쇠진해 쓰러지자, 산신령이 다시 최자반의 꿈에 나타나 말하였다.

"자반은 깨어나 듣거라. 내가 너의 지극한 효성을 살펴 회생환을 주노니, 이를 복용하고 차후의 시묘를 더욱 열심히 하도록 하라! 그러면 너의 병도 낫고 해를 끼치는 온갖 동물들은 근접하지 못할 것이며 질병도 없으리라."

최자반이 정신을 차려보니 정말로 그의 손에 환약 세 알이 쥐어져 있었고, 약을 삼키니 아픔은 사라졌다. 6년간의 시묘를 마친 최자반이 움막을 헐고 아버지에게 인사를 한 다음 마을로 내려가자, 학은 슬프게 울며 멀리 떠났고 샘도 말라 버렸다.

이때에 학이 살았던 봉우리는 동실봉이라 하였고, 최자반이 자리를 잡고 시묘하였던 마을은 오좌동梧左洞으로 불렀다. 동실봉은 학의 먹이인 오동나무 열매가 열렸던 봉우리란 뜻이며, 오좌동은 '오동나무 오梧' 자를 써 오동나무가 있던 마을이라는 뜻이다.

최자반은 오좌동을 개척해 후손 대대로 번성할 터전으로 꾸미기 위해 수십 주의 은행나무와 향나무를 심었으며, 샘을 파서 식수를 쉽게 할 수 있도록 만들었다.

최자반은 진위현의 유림들과 두터운 교분을 가지며 생활하던 중 기묘사화와 신사무옥이 일어나 가깝게 교류하던 사림파들이 처형되자 세상의 덧없음을 통탄하였다. 이후 최자반은 자손들과 후학의 배출을 위해 전력하였으며 그가 하세하자 나라에서는 효성을 기렸다.

최자반은 오좌동 수성 최씨 선영에 묻혔으며 오늘날에도 수성 최씨는 송북동을 비롯한 전역에 분포되어 살고 있다. 최자반의 아들 최희효는 정헌대부에 추증되었다.

평택시 본정리 새나리
- 한심한 벼슬아치를 몰아낸 새 나리 -

평택시 팽성읍 본정리本井里에는 새나리라는 자연 마을이 있다. 신나리라고도 불리는 지명에서 '나리' 라는 뜻은 권세를 가진 사람을 높여 부르는 말로서, 새로 나리가 와서 사는 동리라는 말이다. 본정리는 본언리本堰里와 경정리鯨井里의 이름을 합해 만든 명칭이다.

지금으로부터 약 2백여 년 전 백성기의 7대조 되는 백상근이 양주에서 벼슬살이를 하다가 낙향을 하게 되었다. 백상근이 서해 바다를 이용해 배를 타고 충청도 방면으로 향하던 중, 팽성읍 계양 앞바다에 이르렀을 때 심한 풍랑을 만나 더는 갈 수 없는 상황이 되었다. 백상근은 하는 수 없이 경기도 인근에 내려 본정리의 한 작은 마을에 머물렀다.

그런데 마을에 와서 보니 꼴이 말이 아니었다. 관리들의 주색잡기가 심할 뿐 아니라 술주정에 싸움이 그치지 않았으며, 도난 사고가 자주 일어나 편안히 살 수가 없었다.

백상근은 조정에서 벼슬을 한 관계로 한양의 높은 양반들을 많이 알고 있었다. 하루는 백상근이 어디 갔다 온다는 말도 없이 한양으로 가서 높은 벼슬아치들한테 본정리의 상황을 이야기하고 마을의 질서가 바로 잡힐 수 있도록 도와 달라고 부탁한 뒤 돌아왔다.

며칠 뒤 벙거지를 쓰고 육모 방망이를 든 포졸 여럿이 조용히 본정리로 찾아와서는 못된 짓을 하는 관리들을 모두 붙잡아 가버렸다. 이렇게 하여 마을에는 새로운 관리들이 등용되었고, 평화로운 마을이 된 이곳의 주민들은 편안하게 살게 되었다고 하여 새나리라고 부르게 되었다 한다.

평택시 객사리의 자비사
- 고국을 그리워하는 한나라 고승들의 애절한 마음 -

평택시 팽성읍 객사리客舍里에 있는 자비사慈悲寺는 전에는 망한사望漢寺라 불리던 절이다. 지금으로부터 약 1600년 전인 신라 내물왕奈勿王 때에 창건된 자비사는 중국 한나라의 고승들이 세운 절이다.

한나라의 승려들과 명사들이 만나 뱃놀이를 하던 중 태풍으로 인해 큰 바다로 표류하여 조선의 아산만에 당도하게 되었다. 귀국길이 막연해진 그들은 하는 수 없이 근처 산수가 수려한 곳을 찾아 헤매다가 객사리가 좋은 곳이라 생각하여 절을 짓고 정착하였다. 한나라의 고승들은 고국을 바라보고 그리워한다는 뜻에서 절 이름을 망한사라 부르게 되었다.

망한사는 신라, 고려, 조선 연대의 고승 도현 국사, 자장慈藏 율사律師 등의 대선사들이 1천 일, 1백 일, 삼칠일 기도를 드려 소원을 원만하게 이루었다고 한다. 이를 전해 들은 임금은 세자 탄신 발원 기도 도량으로 선정하고 영험을 얻었다고 믿었으며 〈세자궁 원당世子宮願

팽성 객사

堂)이라는 현판까지 내렸다. 이로 보아 조선 시대에는 자비사가 왕실과 인연이 깊었던 사찰이었음이 추정된다.

망한사는 그 후 풍우로 인해 손상된 건물을 수축하며 지내오다가, 1974년 법성法星 주지 스님의 헌신적인 발원으로 중건되어 자비사라 개칭하였다.

명당의 발복으로 태어난 윤보선 전 대통령

객사리에는 경치가 매우 아름다운 부용산이 있는데, 높지 않은 평평한 야산에 소나무가 우거지고 잔디가 잘 손질되어 있어 사람들의 발길이 끊이지 않는다. 그러나 일본과 연합국이 벌인 태평양太平洋전쟁 말기에는 일본인들이 비행기를 안전하게 보관하고자 격납고를 설치하기 위해 산을 뚫어 만신창이가 되기도 했다.

부용산에는 윤보선尹潽善 전 대통령의 조부인 윤웅렬尹雄烈의 묘가 있다. 구한말 군부대신을 지낸 윤웅렬이 1911년 세상을 떠나자, 가족들은 상여를 들고 선영이 있는 아산 쪽으로 향하였다.

그런데 가는 길에 별안간 바람이 세게 불더니 만장輓章이 날아가 부용산에 떨어지게 되었다. 이에 상주들은 조상이 명당을 점지해 준 것이라 하여 부용산에 산소를 썼다. 윤웅렬의 묏자리는 연화부수형蓮花浮水形으로 물위에 뜬 연꽃의 형상을 하고 있는 천하에 둘도 없는 명당자리라 한다. 연꽃은 물위에 떠 있는 형상이니 연화부수형에 묘를 쓰는 경우는 무거운 비석, 상석, 망주석, 등촉을 놓는 대 등 돌로 만든 것을 일체 설치하지 않는 것이 특이한 점이라 하겠다.

평택시 포승읍 수도사
– 마음먹기에 따라 세상이 다름을 깨우친 원효 대사 –

경기도 평택시 포승읍浦升邑 원정리遠井里에는 신라 대에 창건된 것으로 알려진 수도사修道寺가 있다. 부지 3만 평에 달하는 수도사는 문성왕文聖王 즉위 당시인 852년(문성 14) 염거廉居 대사가 창건했다고 하나 확실한 연대는 알 수 없다. 어떤 기록을 보면 수도사를 겸거 대사가 창건했다고 되어 있는데, 이는 염거 대사의 '염' 자를 잘못 읽은 것으로 추측된다. 수도사는 이후 임진왜란 때 불에 나 없어졌다가, 1960년 영석永錫 스님이 재건하였다.

전설에 의하면 신라의 원효元曉 대사가 불도를 닦기 위해 당나라로 가는 배를 기다리다가, 수도사에 와서 하룻밤을 묵었다고 한다. 한밤

원효 대사 진영

중에 느낀 갈증에 잠에서 깬 원효 대사가, 절 뒤로 가서 물을 찾다가 옆의 바가지에 물이 들어 있기에 시원스럽게 마셨다. 목마름을 해결한 원효 대사는 단잠에 빠졌고, 이튿날 아침 날이 밝자 절 뒤로 향하였다. 그런데 원효 대사가 아침에 본 물은 어젯밤 느꼈던 시원하고 깨끗한 물이 아니라, 해골바가지에 고여 있던 물이었다.

놀라 구역질을 일으키던 원효 대사는 탄식하며 말하였다.

"캄캄한 밤중에 모르고 마신 물은 그렇게 맛이 있더니, 알고 난 지금은 후회스럽기 짝이 없구나."

원효 대사는 모든 일이 오직 마음먹기에 달려 있음을 크게 깨닫고, 유학을 포기한 뒤 신라로 발길을 돌렸다.

원효 대사가 해골 안에 담긴 물을 마시고 득도한 이때가 661년(문무 1)이므로 염거 대사가 수도사를 창건하기 이전에도 작은 암자는 있었을 것으로 보인다.

수도사에는 천 년이 넘는 느티나무 한 그루가 서 있는데 흥선 대원군 즉위 당시 세도를 누렸던 안동 김씨 가문에서 자식이 없자, 이 느티나무 아래에서 백일기도를 드리고 옥동자를 얻었다고 한다. 조선 말엽 집권하던 흥선 대원군은 불교를 배척하는 정책을 펴, 한양의 사대문 안으로는 스님들이 들어오지도 못하게 하였다. 이런 사회적 분위기에서도 일반 백성뿐 아니라 조정의 핵심 인물들조차, 인력으로 어찌할 수 없는 일들에 대하여는 부처님을 의지하였던 것이다.

평택시 칠원동 은행나무
- 민족의 정신만은 살리고자 했던 나무의 혼 -

1940년 무렵은 일제의 통치가 막바지로 치닫던 상황으로 우리 백성이 당하는 수난도 극심해지던 시기였다. 당시 칠원동七院洞은 꽤 번성한 곳으로서 안성과 평택으로 내려가는 길목에는 주막이 형성되고 일제의 분치소가 설치되어 있었다. 칠원동은 1919년의 삼일운동 때는 투사 이승훈李昇薰 등이 만세를 불렀고 군중을 모아 운곡면 주재소와 면사무소를 습격하려 움직였던 곳이기도 하다. 현재 칠원동은 행정동인 송탄동 관할의 법정동이다.

칠원동에는 수백 년된 은행나무 한 그루가 남쪽의 서편 기슭에 자리 잡고 있었으며 나무의 잔가지는 평지에 닿아 큰 가지가 평상처럼 펴져 있었다. 마을의 노인들은 그 편편하고 커다란 가지 위에 장기판을 얹어 놓고 장기를 두며 한담을 주고받았다. 마을의 낭산나무와도 같던 은행나무는 1940년경에 베어 없어지게 되었는데, 이후로 괴이한 일이 발생하게 된다.

은행나무가 있던 산의 원래 주인 박씨는 일본인 거부 나까야마에게

산을 팔아넘겼다. 일본인 나까야마는 산을 사들인 이후 주위에 담을 치고 누구도 산으로 들어오지 못하게 하여 주민들의 원성을 샀다. 나까야마는 거기에 만족하지 않고, 마을 주민들이 휴식처로 애용하던 은행나무를 사용하지 못하도록 베어서 자신의 집에 가구로 쓰기로 하였다.

나까야마는 주민들에게 품삯을 넉넉히 제시하며 은행나무를 벨 사람들을 구하였다. 그러나 주민들은 너나 할 것 없이

"귀신이 붙은 성황나무는 아니지만 어려서부터 친구처럼 만지고 아끼던 나무를 베어 넘길 수는 없다."
하며 응하지 않았으며 연장도 빌려줄 수 없다고 하였다.

그러자 나까야마는 다른 동네에서 일꾼을 구하고 연장도 사들였다. 나까야마가 이제야 뜻대로 일이 진행되나 보다 했지만, 이번에는 일꾼들을 먹이고 재워주겠다고 나서는 집이 없었다. 주민들은 가난한 살림에 돈을 벌 수 있는 기회가 있음에도 마을에 커다란 위안이 되어주던 나무를 베는 데는 동참하지 않았다. 이에 나까야마는 주재소에 의뢰를 하였고, 순사가 은행나무 옆 이씨 집에 강제적으로 인부들을 숙박시킴으로써 나무를 베는 작업은 시작되었다.

나무를 베어 공터에 쌓으니 나무 더미는 산더미 같았고, 뿌리는 도저히 제거할 엄두를 낼 수 없어 큰 둥치만 나까야마의 집으로 옮겨졌다.

그런데 이때부터 마을에는 끊이지 않는 이변이 발생하여, 사람들은 공포에 시달리게 되었다. 일꾼들의 밥을 내었던 이씨 집안의 장손은

시름시름 앓다가 미쳐 버렸고, 타 동네에서 작업을 왔던 인부들은 벙어리가 되었으며, 잘라서 방치된 나무를 집어다 땔감으로 쓴 아이들은 장님이 되었다. 또한 일본인 나까야마는 차츰 몰락하기 시작하더니, 해방되는 해에는 상거지가 되어 마을에서 쫓겨나고 말았다. 변괴는 계속되어 나무 옆에 살았던 이씨는 불행을 참지 못하고 끝내 이사하였으며, 그 집에 다른 입주자들이 들어와도 금세 비게 되어 폐허가 되었다고 전해진다.

칠원동의 은행나무는 수나무로서 평택시 비전동碑前洞의 재랭이 고개에 있는 암은행나무와 서로 짝을 하였다. 마을 사람들에게 커다란 휴식이 되어 주고 수십 리 밖의 나무와 서로 인연을 주고받던 큰 나무였으니, 오늘날까지 살아 있었으면 하는 아쉬움이 크게 남는다.

인조가 종1품 벼슬을 하사한 칠원동의 옥관자정

충청도, 전라도, 경상도 삼남의 대로를 지나는 평택시 칠원동의 도로변에는 옥관자정玉貫子井이 있다. 칠원동의 옛 지명은 갈원葛院 또는 갈왕골로, 마을에 칡이 많이 자랐기에 붙여진 이름이다. 칠원동에는 역원驛院이 있어 충청도로 들어서기 전 이곳에서 말을 바꾸거나 쉬게 하였고, 수도 한양으로부터 하루 행로에 들던 곳이기 때문에 나그네는 누구나 옥관자정에서 물 한 모금 청하기 마련이었다.

조선 시대 인조는 팔도를 순례하기 위해 남행南行하다가 칠원동에 도착한 뒤 마른 목을 축이기 위해 관원에게 물을 떠오라 시켰다. 관원이 올린 물을 마신 인조는 물맛이 뛰어남에 여러 번 경탄하며 우물에 옥관자를 내리고 옥관자정으로 고쳐 부르게 하였다.

옥관자는 종1품 이상의 벼슬아치들이 쓸 수 있던 환옥還玉으로 만든 망건 관자를 말하는 것으로, 우물에 종1품 이상에 해당하는 벼슬을 내렸다고 보면 된다. 관자貫子는 조선 시대에 양반들이 관직에 나갈 때 망건에 달아 사용한 것으로 정3품 당하관은 대모玳瑁(거북 등껍질) 또는 흑각黑角(검은 물소 뿔)으로 관자를 만들었고, 종1품 이상은 옥으로 만든 관자를 달아 벼슬의 상하를 구분하였다.

조금 다른 이야기도 전하는데 팔도를 순례하기 위해 길을 떠난 왕이 갈원에서 쉬던 중 갑자기 병이 나게 되었다. 원인을 살펴보니 칡으로 인한 것이라는 어의의 소견이 나왔고, 다음날 일어난 왕은 '칡 갈葛' 자를 써 갈원이라 하던 마을 이름을 고쳐 칠원이라 부르도록 명을 내렸다고 한다.

영조 대에 발행된 『여지도서輿地圖書』에도 갈원으로 표기되어 있으므로, 영조 대 이후에 마을의 이름이 바뀌었다는 추측도 가능하나 갈원과 옥관자정이 동시에 불리던 이름이었을 수도 있다. 어쨌든 칠원동이 갈원에서 칠원으로 이름이 바뀐 것은 왕의 순례와 관계가 있는 것으로, 마을이 빈번한 교통의 요지에 위치했음을 알게 한다.

'일곱 칠七' 자를 써 칠원이라 한 이유는 전하는 바가 없으나, 당시 한양에서 칠원에 이르는 노정을 살펴보면 한양에서 출발해 배다리~조기정~매교~떡전거리~오미진~진위읍을 거쳐 칠원에 도착하는 것이 보통이었다. 여기에서 유추해, 갈원은 한양으로부터 일곱 번째 휴식처였기 때문에 칠원이라 한 것으로 보인다.

옥수정玉水井이라고도 불린 옥관자정은 인근에서 물맛이 가장 좋아 첫 번째는 칠원의 옥관자정, 두 번째는 신장동 제역 마을의 박 우물, 세 번째는 석정리石井里의 돌 우물이라는 말이 있었다.

평택시 도일동
- 이괄의 난에 동조한 원만주가 역모를 꾀한 곳 -

평택시 도일동道日洞은 송탄동 관할의 법정동으로, 송탄동의 자연 마을 솥골은 이괄을 흠모하던 원만주라는 토호가 합세해 역모를 꾀한 이후 얻은 이름이다.

조선 중기, 인조반정이 성공한 이듬해인 1624년(인조 2) 공신 중 이괄이 반란을 일으켜 나라는 다시 혼란에 빠지고 인심은 흉흉하였다. 조선은 문치를 숭상해 문관들에 대한 대우는 지극히 하였으나 무관들은 천시하던 분위기가 강하였고, 무관들이 인조반정에 큰 비중을 차지하였음에도 오만한 문인들은 무인들을 무시하였다. 인조반정의 공신이었던 이괄도 평안 병사로 좌천되자 반감을 품고 난을 일으킨 것이었다.

당시 도일리의 자연 마을인 아골에 살던 거부 위만주는 기난힌 인근 주민들에게 덕을 베풀어 흠모를 받았다. 평소 원만주는 무인 이괄을 흠모하였으므로 그는 인근의 이씨, 박씨, 김씨 등 72개 성씨들의 지지를 받아 역모를 꾀하게 되었다.

탄탄한 공감대가 형성되었음을 파악한 원만주는 군자금을 마련하기 위해 정골(정곡鼎谷)에 가마를 설치하고 솥을 만들어 파는 한편, 병장기와 군막을 만들고 군량미를 모으면서 때를 기다렸다. 마을에 솥을 설치했다 하여 '솥 정鼎' 자를 써 정골이라 부르게 되었다.

그런데 이괄의 난이 한양, 평택, 이천 지역을 거치다 점차 진압되자 역모에 동의했던 도일리의 72개 성씨 중 한 성씨가 탄로될지도 모른다는 두려움에 싸여 조정에 밀고하고 말았다. 원만주는 나라를 쇄신할 목표를 두고 추진한 일이었으나, 내부인의 밀고로 발각되어 실패로 돌아갔다.

노적가리를 집 앞에 쌓으면 앞동산과 버금갈 정도로 부유하였던 원만주 집안은 멸족될 지경에 처하자, 고향을 떠나 타향살이에 들었고 선대 묘는 산산이 파헤쳐져 처참한 지경이 되었다. 도일동에 구전되는 말로는 원만주의 일족이 전남 지방에 산다고 하나 확실한 것은 아니다.

안골의 북쪽 산기슭에 파묘된 두 기의 흔적이 원만주의 선대 묏자리라 하는데, 묘혈만 크게 파여 있고 묘 앞에는 상석의 잔해가 있다. 묘의 우측 아래로는 망주석과 동자석으로 보이는 약 70센티미터 크기의 바위가 있다. 바위 중앙부에는 직경 10센티미터 정도의 원형 홈이 있으며 말발굽 모양과도 비슷하다.

묘 일대가 파묘 과정에서 파손된 것인지 도굴된 것인지는 알 수 없으나 이 바위는 전설을 간직하고 있다. 옛날에 한 장군이 무술을 연마하고 말을 달리다가 부락산에서 중봉의 산기슭으로 뛰어내렸고, 이때

말의 발굽이 바위에 찍혀 움푹 팬 흔적이 오늘날까지 남아 있는 것이라고 한다.

원균이 살았던 도일동 안말의 콩나물 샘

내리 저수지를 끼고 돌아 들어가면 보이는 덕암산 기슭에 있는 도일동의 안골에는 조선 선조 때의 장수 원균의 생가터가 있다. 또 원균의 동생으로 삭주朔州 도호부사를 역임한 인조 때의 인물 원전元○의 집이 실존하고 있다. 원전의 집 앞에는 콩나물 샘으로 불리는 작은 웅덩이가 있는데, 논의 웅덩이로 보이는 샘이 콩나물 샘으로 불리게 된 데에는 다음과 같은 이야기가 전한다.

예전에는 근처에 논 없이 그냥 샘만이 있었고, 주변의 아낙네들은 샘을 이용해 나물이나 쌀을 씻었다. 그런데 웅덩이 같은 이 샘에는 누가 심거나 관리하는 것도 아닌데 항상 콩나물이 자랐다. 신기하게 여긴 마을에서 풍수에 능한 사람을 데려와 물어본 즉, 장호천長好川에서 흘러온 콩나물이라는 대답이었다. 장호천은 지금의 진위천을 말하는 것으로 용인시 가물람골에서 발원하여 흘러오는 하천이다. 가물람골의 여인들이 장호천에서 콩나물을 씻는 중에 떠내려 오던 콩나물이 산 밑 수로를 통해 안골까지 와서 솟아올라 자랐다는 것이다.

이후 콩나물 샘으로 부르게 되었다고 전하며, 샘은 사시사철 기뭄에도 마르는 법이 없었으므로 주위를 화전으로 개발하였고, 이후로 샘은 논의 한 편에 위치하게 되었다.

콩나물 샘 옆으로 원균이 말을 타고 내릴 때 딛었다는 노둣돌(하마

석下馬石)과 말고삐를 매던 나무가 존재하며, 그의 집 뒤로는 4백 년의 세월을 살아낸 모과나무 한 그루가 풍상을 견디며 향내를 뿜고 있다.

원균의 죽음을 알린 애마가 잠든 울음밭

평택시 도일동에는 원균의 애마총愛馬塚이 있는데, 이는 조선 시대 명장인 원균의 묘 봉분 아래 동편에 자리 잡은 말 무덤을 말한다.

정유재란에 조정의 무리한 명으로 출격하였던 원균이

울음밭 표석

왜적에게 패해 전사하자, 병영에 있던 그의 애마는 원균의 죽음을 알 아차리고 크게 울었다. 애마는 잠시 뒤 원균이 신었던 신발과 담뱃대 를 입에 물고 천리 길을 달려 그의 생가에 도착한 뒤 슬피 울면서 쓰 러지고 말았다.

원균의 말이 주인의 사망을 알린 뒤 죽은 장소를 울음밭이라 하며, 선조가 원균에게 하사한 애마는 원균의 묘소 옆에 묻혔다. 후손들은 영특한 말을 고이 안장해 넋을 달래주고, 비를 세워 애마의 뜻을 기렸 다.

왜적의 재침공이 예견되자 1597년(선조 30) 1월 25일 조정에서는 바다의 취약점을 들어 임진왜란 때 수구장으로서의 역할이 컸던 원균 을 경상우도 수군절도사 겸 경상도 통제사로 임명하였다. 이때 전라

도와 충청도의 통제사로 임명되었던 이순신이 죄를 입어 전라도 통제사에서 물러나자, 원균은 삼도통제사의 역할을 수행하였다.

3월 왜적이 재침해 수군과 육군이 경상도의 육지와 해상에서 접전을 하는 가운데, 왜군은 거짓 정보로 아군을 교란하기 시작했다. 임진왜란에서 조선 수군의 전력을 파악한 왜군은 조선 군대를 혼란에 빠뜨리면서 괴멸을 노린 것이다. 일본의 첩자 요시라要時羅의 거짓 정보에 흔들린 조정에서는 도원수 권율에게 명하고 남이공南以恭을 파견하여 수군의 부산진 공격을 명하였다.

원균은 적의 간계에 걸려들게 됨을 우려하며 육지에 숨어든 왜병을 육군이 섬멸해 바다로 내보내기 전에는 불가하다고 말하였다. 그러나 조정과 권율의 독촉이 심해지자 원균, 전라 우수사 이억기李億祺, 충청 수사 최호崔湖 등은

"조정의 명령을 어기면 세 사람이 죽으나 명령을 따르면 나라에 크게 욕이 될 것이다."
라고 개탄하면서도 어쩔 수 없이 1백여 척의 함대를 이끌고 가덕도加德島 앞바다로 출병하였다.

원균은 1597년 7월 8일 웅천熊川에서 적선 10여 척을 섬멸하였으나 왜적의 증원부대가 밀려오자 후퇴할 수밖에 없었다. 왜군은 작고 가벼운 배로 기습했기 때문에 우리 수군은 고전을 면치 못하였다. 7일 16일에는 우군 진영을 공격한 적의 대군으로 인해 조선의 수군은 후퇴와 혼란을 거듭하다가 원균은 칠천도七川島로 물러났다. 조선의 군사들이 전의를 상실했음을 파악한 적은 육지로 상륙한 원균을 공격하

였고, 그는 적병에 에워싸여 전사하였다.

한편 원균이 선조로부터 하사받은 애마에 관한 이야기는 『조선왕조실록』에도 등장한다.

1594년(선조 27) 12월 1일 경상 우수사에서 충청도 병마절도사로 전임한 원균은 진영에 좋은 말이 없자 임금에게 이에 관해 주청하였고, 선조는 승정원에 명하여 말을 보내도록 하였다. 1595년 4월 기록에 보면

〈상上이 (승)정원에 하교하여 이르기를 원균이 장계를 보내 전마戰馬를 얻고자 함이라. 이제 내구마內廐馬 두 필을 보내어 한 필은 원균에게 주고 한 필은 영중營中에 두어 전투용으로 쓰게 하라 하시었다.〉

라고 되어 있다. 또 1596년 7월 9일 원균이 충청 병사에서 전라좌도 병마절도사로 전임하게 되었을 때 선조는 그에게 하교하기를,

〈경이 국가를 위하여 진력하는 충성은 고금에 그 예를 비길 데 없

애마총 비석

으니 내가 이를 일찍이 가상하게 여기었으나 아직 그 보답을 못하

였다. 이제 그대를 멀리 떠나보내면서 친히 보내고자 하였으나 몸

이 불편하여 뜻대로 못하노라.〉

하며 특별히 궁중에서 타던 명마 한 필을 내어 주었다. 원균은 감복하

여 이 말을 아끼고 사랑함이 애틋하였다고 하며, 애마총에 묻혀 현재

까지 전설로 내려오는 명마는 원균의 애마 중 선조에게 두 번째로 하

사받은 것으로 보인다.

조선이 강성해짐을 우려한 조선인 이여송이 지난 빈터 고개

1592년(선조 25)에 발발한 임진왜란 당시 명나라는 조선에 지원 군

대 4만여 병력을 보내었고 이때에 이여송李如松은 방해어왜총병관으

로 임명되어 부대를 인솔해 조선으로 들어왔다. 이여송은 본래 조선

강계 출신으로, 서자였던 아버지 이성량李成樑이 신분 차별을 견디지

못하고 명으로 귀화했다고 한다. 이로써 성주星州 이씨 혈맥의 이여송

은 조선인이면서도 중국의 장수가 되어 왜적을 격퇴하는데 공을 세우

게 되었다.

경기도에 들어선 이여송이 도일리에 주둔해 잠시 쉬던 도중 덕암산

德岩山, 천덕산天德山 등으로 이어지는 수려한 산세를 둘러보자 풍수

학적으로 장군이 태어날 터라는 판단이 들었다. 그는

"기존의 삼남 대로를 끊음으로써 장군이 태어나는 것을 막아야겠

다."

고 말하며 군졸을 시켜 산맥을 끊고 새로운 길을 만들며 한양으로 향

하였다.

　이여송이 넘어간 뒤 옆으로는 높은 고개가 생기고 마루턱은 평평한 빈터가 되어 있었으므로, 마을 사람들은 빈터 고개라 부르기 시작하였다. 진위면 은산리銀山里로 이어지는 길의 고개 양 옆은 절벽처럼 되어 있고, 좌측으로는 느티나무가 커다랗게 자라 지나는 사람들이 소원을 빌었기에 무수한 돌이 나무 밑으로 쌓여 있었다.

　이여송이 조선으로 출정하게 되자 아버지 이성량은 조선은 조국이니 모국을 위해 최대한 도움을 주고 올 것을 당부하였으나, 아버지의 당부는 이여송이 압록강을 건너면서 잊혀진 것이다. 후일 사람들은 명장 이여송이 50세인 1598년(선조 31) 북방의 토번을 물리치는 싸움에서 절정의 나이로 전사한 것은 조선에서의 업보를 받았기 때문이라고 말하였다.

　빈터 고개는 지금은 그저 작은 산길이지만, 오르는 길은 조금 험한 편이며 길의 정상을 넘으면 골짜기를 따라 잡목이 우거진 산길로 내려가 안골을 통하게 된다.

평택시 서정동
― 아홉 남자와 결혼했던 아리랑 고개 여인의 목 메인 통곡 ―

　평택시 서정동西井洞에는 점촌店村이라는 자연 마을이 부락산 서편 줄기에 형성되어 있었다. 점촌은 옹기장이들이 모여 살며 항아리를 팔았던 가난한 마을로서, 항아리를 파는 가게가 있다고 하여 '가게 점店'자를 써 점촌이라 하였던 곳이다. 한편 점촌의 동북쪽에 있는 아리랑 고개에 얽힌 이야기가 있다.

아리랑 고개 주변에는 돈이 많은 부자들이 서넛 모여 살고 있었으며 집집마다 자손도 많았다. 그런데 유독 마을에서 공동으로 사용하는 샘물 앞에 사는 박씨 부부에게만은 대를 이을 자식이 생기질 않았다. 부부간의 금실은 주변의 누구보다 좋았음에도 태기가 생길 기미가 없자, 박씨 부인은 날마다 정화수를 떠 놓고 아들을 기원하였다.

그러나 자식이 생기기는커녕 엎친 데 덮친 격으로, 갑자기 남편이 병을 얻어 시름시름 앓더니 덜컥 죽고 말았다. 홀연 과부가 되어 버린 박씨 부인은 외로움을 견디지 못해 개가를 결심하였고, 그녀의 재산을 탐내어 접근한 남자들 중 한 명을 택하여 같이 살게 되었다. 그런데 어찌된 연유인지 새 남편마저 병을 얻어 죽으니 다시 남편을 얻을 수밖에 없었다.

죽은 남편을 아리랑 고개턱에 묻고 새로이 남편을 얻어도 얼마 가지 않아 모조리 죽고 말았고, 어느덧 박씨 부인이 세상을 떠나보낸 남편의 무덤 수는 아홉이 되었다.

주변의 아낙들은

"무슨 여자의 팔지기 지렇담."

하며 수군대었고 부인의 색정이 강해 남자들이 못 견디고 죽은 모양이라며 손가락질을 하였다. 아홉 남편을 여읜 부인은 다시는 남편을 맞지 않으리라 결심했으나 그것도 잠시였고, 홀로 사는 인생을 견디

지 못한 부인은 또다시 열 번째 남자를 맞이하였다. 동네 부인들은

"과연 이번에는 며칠이나 갈까. 얼마 못가 애꿎은 남정네 하나 또 죽어 나가겠군."

하며 혀를 내둘렀다. 부인은 전처럼 남편이 죽지 않도록 갖은 정성을 다하였으나, 오히려 이번에는 부인이 병을 얻어 죽고 말았다.

열 번째의 남편은 앞선 아홉 사내의 무덤 아래 아내의 묘를 써 극진히 장례를 치르고는, 상이 끝나자 부인의 재산을 모두 팔아 아리랑 고개를 넘어 다시는 돌아오지 않았다. 아리랑 고개턱에는 부인의 집터와 샘, 아홉 무덤과 부인의 무덤 및 상석이 있었으나 해방이 되던 1945년경 주민들이 상석을 깨어 버렸다고 한다. 이후 도시 계획에 의해 점촌의 옹기 마을이 없어지면서 모든 흔적이 없어졌지만 복 없는 여자와 아홉 남자 이야기는 계속해 전해지며, 과연 인간의 운명이란 무엇인지를 생각하게 만들고 있다.

평택시 안중면 학현리
- 학처럼 고결한 마음으로 일생을 산 여인 -

안중읍安仲邑 학현리鶴峴里는 한자음 그대로 학의 모양을 닮은 고개에 있는 마을이라는 뜻에서 붙여진 이름이다. 삼면이 바다로 둘러싸인 학현리는 바깥의 어지러운 정세는 먼 나라 이야기일 정도로 중앙과 동떨어진 곳이었다. 아늑한 자연 속에 자리한 학현리에는 '성成' 씨

들이 들어와 대여섯 채의 초가를 이루며 옹기종기 모여 순박하게 살고 있었고, 마을에는 전설을 간직한 은행나무 한 그루가 있었다.

유난히도 조정이 문란하던 고려 명종明宗 당시, 농민들은 탐관오리의 수탈을 견디다 못해 대지주의 소작 농노로 전락하거나 유랑민이되어 도처로 방랑하는 경우가 많아 민심이 흉흉하였다.

당시 한 젊은 스님이 학현리를 지나가게 되었다.

마을에 들어선 혈색 좋은 젊은 스님은 삿갓으로 얼굴을 가린 채 주위를 둘러보다가 학의 형상을 지닌 신비스런 지세를 바라보면서 두손 모아 합장하였다.

"이곳이 바로 부처님께서 나의 고행을 시험하시는 곳이다."

스님은 혼잣말을 하며 학의 머리에 해당되는 곳을 응시하였다.

그날 스님은 학현리에 홀로 사는 과부의 집에서 우연히 하룻밤을쉬어 가게 되었다. 과부는 젊은 나이에 홀로 된 열녀로서 주위에서는 여인의 얼굴이 너무 고와 팔자가 세다는 등 뒷말도 있었지만, 지조가 있고 정숙하여 꿋꿋이 운명을 이겨 나가고 있었다.

은행나무

단칸방뿐인 집이었기에, 둘은 치마로 칸막이를 한 채 기나긴 밤을 지내게 되었다. 여인의 아름답고 참한 용모에 젊은 스님은 어느 때보다도 더 많은 번민 속에서 자신을 인내해야 했다. 스님은 칸막이 너머에서 고이 잠든 아름다운 여인을 넋 놓고 바라보다가 끊어 오르는 욕정에 극기하기 위해 불타의 세계를 그려보려 애썼고, 백팔번뇌의 상징인 염주 알을 굴리며 눈을 감고 부처님을 떠올리려 안간힘을 다하였다.

그러나 스님은 끝내 자기와의 싸움에서 지고 말아 잠든 여인의 몸에 손을 가져갔다. 여인은 소스라치게 놀라면서도 의연히 앉아 이르기를

"똑바로 앉으십시오. 내가 10여 년을 남편과 사별하고 혼자 살면서도 일찍이 이런 부도덕한 일이 없었습니다."

하며 크게 꾸짖었다. 순간 퍼뜩 정신이 든 스님은 고개 숙여 깊이 사죄하며

"내가 학 고개를 넘어 오면서 마을에 범상치 않은 인물이 있음을 알았으나, 미처 알아보지 못하였습니다."

하였다. 이후 스님은 학현리 복판에서 목욕재계하고 고행을 하였으나 끝내 불도를 완성하지 못하고 생을 마감하였다.

여인은 순결과 고결함을 뜻하는 학의 모양을 닮은 학현리에서, 전과 마찬가지로 남편을 그리워하며 조용하고 참되게 일생을 살아갔다. 마을 사람들은 스님을 측은히 여겨 죽은 자리에 은행나무를 심어 주었고 수백 년이나 묵은 은행나무 고목은 마을 사람들의 휴식처로서 사랑받으며 지금까지도 마을 한가운데에 우뚝 솟아 옛날의 교훈을 되새기고 있다.

평택시 유천동

- 왜군이 몰살당한 보와 청나라 병사가 자만으로 전멸한 평야 -

　평택시 유천동柳川洞은 법정동으로서 행정동인 신평동新平洞 관할
이다. 유천동의 자연 마을 상유천리上柳川里 상단부와 안성천安城川을
중심으로 충청남도 천안시 성환읍成歡邑 사이에는 몰왜보沒倭洑와 청
망평清亡坪이라는 들이 있다. 두 곳이 지금과 같은 이름을 갖게 된 것
은 역사적인 비극에서 기인하였다.

　1894년(고종 31) 6월 호남과 호서 지방의 동학교도에 의하여 동학농
민운동이 일어났다. 이때 톈진 조약에 의해 청나라와 일본의 군대는
각각 우리나라에 상륙하였고, 7월 하순에는 조선에서 청일전쟁이 일
어났다.

　몰왜보는 안성천을 막아 평야에 물을 대기 위한 용도로 쓰였으나
이름의 뜻은 왜군이 몰살당한 보라는 말이다. 청일전쟁에서 일본 측
대위로 참전하였던 송기松岐가 중대를 이끌고 청나라 군대와 싸우다
가 이 보에서 몰살되었기에 몰왜보라 부르게 된 것이다. 대군이 몰살
당해 베이거나 죽음을 당한 머리가 많다고 해 일명 군두보群頭洑라고
도 불렸다.

　청망평은 매우 큰 들판으로 일명 청망잇뜰이라고도 하였다. 청나라
제독 엽지초葉志超는 몰왜보에서 일본 군대에 승리를 거둔 뒤 월봉산
月峰山에 진을 치고 남은 일본 군을 섬멸하기 위해 기다렸다. 일본 군

대는 적은 군사로 하여금 북쪽 소사 평야에 진을 치도록 해 청나라 군사가 긴장을 풀도록 유인책을 썼다. 그리고 일본 장수는 나머지 대군들과 밤을 타서 몰래 청나라 군을 포위하여, 새벽밥을 먹는 청나라 군사를 들이쳤다. 이번에는 반대로 청나라 군대가 크게 패하였으므로 청나라 군이 망한 평야라 하여 청망평이라 부르기 시작했다.

고양시 창릉동
- 비운의 왕 예종이 묻힌 마을 -

창릉동昌陵洞은 마을에 위치한 창릉昌陵과 창릉천昌陵川에서 명명된 지명이다. 창릉은 서오릉西五陵의 능역에 제일 먼저 조성된 경릉敬陵의 북쪽 언덕에 위치한 조선 제8대 왕 예종과 계비 안순 왕후 한씨의 능이다.

창릉천 안내판

경릉은 덕종德宗과 소혜昭惠 왕후의 능이다.

창릉천은 창릉을 휘돌아 흐르는 개천이라는 뜻이다. 창릉천의 시작은 파주시坡州市의 감악산인데, 감악산에서 한강까지의 거리는 약 1백 리로서 상류에서 하류까지 10여 리에 창릉천 푯말을 세워 놓았다.

예종은 1441년(세종 23)에 세조의 둘째 아들로 출생하여 해양海陽

창릉에 있는 예종의 신도비각

대군에 봉해졌으나, 1457년(세조 3) 왕세자 덕종이 병으로 일찍 죽자 8세에 왕세자로 책봉되었다. 예종은 영의정 한명회韓明澮의 딸 장순章順 왕후와 혼인하였으며, 장순 왕후는 1461년(세조 7) 인성仁城 대군과 현숙 공주를 낳고 사망하였다. 이후 예종은 우의정 한백륜韓伯倫의 딸 안순 왕후를 맞이하였다. 현숙 공주는 천하의 간신 임사홍任士洪의 아들 임광재任光載에게 출가하였다.

예종은 1458년(세조 4) 세조가 위독해지자 12년 동안 대리청정을 하였으며, 1468년(세조 14) 세조가 승하하자 즉위하였다. 그러나 예종역시 재위 13개월 만인 1469년에 경복궁 자미당紫薇堂에서 춘추 20세로 별세하였다. 예종의 초자는 평남平南이며 자는 명희名姬, 휘는 황晄, 시호는 소효昭孝이다.

예종은 짧은 재위 기간이었으나 세조 때부터 추진되어 온 『경국대전』을 완성시켜 조선 시대 모든 문물제도의 법적 표준이 마련될 수 있도록 하였고, 직전수조법職田收租法을 제정해 백성들이 둔전屯田을 경작할 수 있도록 하였다.

예종의 계비인 안순 왕후의 태어난 해는 확실하지 않으며 1498년 (연산 4)에 승하하였고, 본관은 청주淸州이다. 안순 왕후의 소생은 천인 요녀였던 장녹수張綠水와 관련 있는 제안 대군이다.

창릉은 동원이강同原異岡 형식으로 왕과 왕비의 능을 따로 배치하였으며, 석물은 『국조오례의國朝五禮儀』의 전통을 따른 고석鼓石의 문양과 돌로 만든 난간, 석주石柱 기둥머리(주두柱頭)의 양식을 들 수 있다. 고석이란 북석이라고도 불리듯 그 모양이 북 모양을 하고 있는 돌로서 석상 아래에서 다리 역할을 한다. 다른 능에서는 물고기 머리 모양의 나어두羅魚頭를 새겼으나, 창릉은 문고리 모양을 하여 악기의 북과 똑같이 제작된 점이 특이하다. 석주의 윗부분인 주두는 고리처럼 둥그런 받침 모양으로 되어 있으며, 아래로 내려오면서 사각의 형식으로 변천되고 있다. 특히 창릉은 태조의 건원릉健元陵이나 태종의 헌릉獻陵에 있는 석주의 기둥머리 양식과 다른 양식을 나타내고 있는데, 당시 일부에서 쓰이던 고려 시대 양식의 반영이 아닌가 추측된다. 고려 왕릉 가운데 황해북도 개풍군開豊郡 청교면靑郊面 양릉리 안릉동에 소재한 정종定宗이 묻힌 안릉安陵 등의 석주에서 유사한 예를 볼 수 있기 때문이다.

한편 고양시 덕양구德陽區 용두동龍頭洞에 위치하던 정인사正因寺는 덕종을 위해 건립한 것으로 서오릉 경내 동쪽에 터가 남아 있다. 정인사는 왕세자 이장李璋이 20세의 젊은 나이로 세상을 뜨자 세조가 1457년(세조 3) 아들의 영혼을 위로하고자 세운 절이다.

고양시 용두동
- 순평군과 명숙 공주가 묻힌 대능골 -

서울시 은평구恩平區 갈현동葛峴洞
방향에서 서오릉로를 지나면 경기도
고양시 덕양구 용두동 대능골에 이르
게 되는데, 이곳에는 순평군順平君 이
군생李群生이 배위 없이 홀로 잠들어
있다. 순평군은 조선 제2대 정종의

용두로 안내판

둘째 아들로 어머니는 숙의 기축씨이며, 그의 시호는 충절忠節이다.

순평군 묘소의 규모는 작으나 기단부와 옥개석의 비율이 알맞아 안
정감이 돋보이며, 장명등에는 불을 켜기 위해 만들어진 4개의 화창이
있다. 묘소 전면에 있는 비문은 마모가 심해 정확한 내용은 알 수 없
으나

　順平君 安閔公之墓

　순평군 안민공지묘

라 새겨진 글자로 추측이 된다. 봉분의 좌우에는 높이 168센티미터 규
모의 문인석 2구가 배치되어 있는데 조선조 전기의 투박한 모습을 지
니고 있다. 문인석의 얼굴 부분은 훼손되어 선명하지 않으나 홀笏을
쥔 관의는 5줄로 세밀하게 조각되어 있다. 홀은 벼슬아치가 임금을 만
날 때에 조복朝服에 갖춰 손에 쥐던 물건이다.

덕양구 용두동에서 향동동香洞洞으로 이어지는 향두로 왼편의 대능 골에는 명숙明淑 공주의 묘소가 있다. 명숙 공주는 제7대 세조의 원자 인 덕종의 첫째 딸이며 어머니는 소혜 왕후 한씨이다. 제9대 성종의 누이인 명숙 공주는 당양위唐陽尉 홍상洪常에게 출가하였다.

화강석으로 만든 명숙 공주 묘비의 총 높이는 142센티미터, 넓이 53센티미터, 두께 22센티미터이다. 묘비 앞면에는

明淑公主之墓

명숙공주지묘

라 기록되어 있다. 묘비 뒷면에 새겨진 음기에는

〈비문은 대광숭록대부 영의정 겸 규장각 검교제학 채제공蔡濟恭이

짓고 의금부도사 오엽吳琰이 썼다.〉

고 되어 있다.

명숙 공주 묘의 문인석은 특히 조선 조 전기의 양식이 세밀하게 표현되어 있다. 문인석의 얼굴 중 양쪽 볼과 입은 앞으로 돌출되어 있으며, 코밑의 수염은 매우 부드러운 곡선으로 길게 목 부분까지 이어져 있다. 양손을 모아 쥔 홀은 턱에서 10센티미터 가량 떨어져 있으며, 좌우에서 시작된 옷의 주름은 모두 7개로 바람에 움직이듯 아래로 흘러내리는 모습이다.

순평군과 명숙 공주가 잠들어 있는 용두동의 지형은 풍수학상 용의 머리에 해당된다.

채제공 초상

용복원 마을의 강자평 묘소

용복원龍腹院은 대자동大慈洞의 자연 마을로서 용의 배에 해당된다. 용복원 마을에는 강자평姜子平, 청백리 한형윤韓亨允, 그리고 정혜靜惠 옹주와 부마 한기韓紀가 잠들어 있다. 강자평은 증판서 강휘姜徽의 아들로 1430년(세종 12) 태어나 1457년(세조 2) 문과에 장원하고 형조참의, 대사간, 우승지를 역임한 뒤 1485년 전라도 관찰사가 되었다.

강자평은 이듬해인 1486년(성종 17) 공조참의가 되어 입조하던 중 사망하였으며 후에 좌찬성 겸 대제학에 추증되었다. 강자평의 자는

강자평 묘소

국균國鈞, 본관은 진주이며 증조부는 강회중姜淮仲이다.

용복원 뒤편에 잠들어 있는 강자평은 증 정경부인 전주 이씨와 합장되었으며, 오석의 묘비는 후손들에 의해 새로 건립되었다. 봉분의 좌우에 세워진 문인석은 조선 시대 전반기의 모습을 유지하고 있는데, 키는 크나 전체적으로 왜소한 느낌에 투박함이 보인다. 강자평 묘소 아래 30미터 지점에는 신도비가 세워져 있으며, 비문

강회중 묘비. 강자평 증조부

은 이숙함李淑諴이 짓고 글씨는 박문효朴文孝가 썼다.

정혜 옹주와 한기의 어울 무덤

정혜靜惠 옹주와 한기韓紀의 합폄 묘소 역시 대자동에 자리하고 있다. 정혜 옹주는 성종의 10번째 딸로서, 어머니는 성종의 후궁 귀인 초계草溪 정鄭씨로 한 많은 생의 주인이다. 한기는 11세에 정혜 옹주와 혼인하여 청평위淸平尉가 되었다.

옹주는 평범하게 생활하며 조용히 지내길 원하였으며, 출중한 예의범절로 주위의 모범이 되었다고 한다. 정혜 옹주는 아쉽게도 1507년 (중종 1) 19세의 어린 나이로 세상을 떠났다.

정혜 옹주와 남편 한기 묘소

한기는 1504년(연산 10) 갑자사화 때 성종의 후궁 귀인 정씨의 사위라는 이유로 안산安山에 유배되었으며, 정혜 옹주는 배천白川으로 유배를 가야 했다. 한기는 중종반정 때 복위되어 원종일등공신이 되고 통헌대부에 올랐다. 한기는 1490년(성종 21) 청백리 한형윤韓亨允의 장남으로 태어나 1558년(명종 13) 69세의 나이로 하세하였으며, 그의 자는 원방元方이다.

한기가 사망하자 조정에서는 부의를 내려 정혜 옹주와 합폄으로 장사하였으며, 신도비문은 여성위礪城尉 송인宋寅이 찬하였다. 둘의 묘소는 원래 양주시 창동倉洞에 있었으나 1971년 3월에 대자동으로 옮겼다.

혼돈의 시대를 살아낸 성종의 사돈 한형윤이 묻힌 곳

한형윤과 정부인 전주 최씨의
합장묘는 원래 양주시 창동에
있던 것을 1971년 3월 고양시 덕
양구 대자동 용복원으로 천묘하
였다.

한형윤韓亨允의 자는 신경信
卿, 시호는 효헌孝憲, 본관은 청
주淸州이며 아버지는 사섬시부
정 한절韓瓞, 조부는 서원 부원
군 한계미韓繼美이다.

한형윤은 1470년(성종 1)에 태
어나 1486년(성종 17) 진사시에

한형윤 신도비

합격하고, 1492년(성종 23)는 식년문과에 병과로 급제하여 승문원부
정자로 선전관을 겸임하였다. 그는 1497년(연산 3)에는 문과중시에 병
과로 급제하여 응교, 전한을 역임하고 1503년(연산 9) 이조참의와 참
판을 지냈다.

이듬해 연산군은 생모 윤씨가 폐위되어 사약을 받기까지의 전말을
알게 되었고, 갑자사화를 일으켜 당시 복위 문제에 직간접적으로 관
여한 인물들은 화를 입게 되었다.

이때 홍문관에서 왕의 실정을 간하는 내용의 상소를 올려 주모자를
조사하게 되었는데, 동료들은 유배되어 있는 한형윤이 어차피 살아남

지 못할 것이라 생각하고 그를 주동자로 공술하였다.

한형윤은 이 일로 배소 만경萬頃에서 소환되어 왔으나 국문 결과 주도자가 아님이 밝혀지자 성 바깥에서 거주할 수 있는 처벌을 받았다. 그러나 그는 이듬해 다시 투옥되어 1506년(연산 12)에는 진도로 유배되었다. 중종반정으로 풀려난 한형윤은 2년 후인 1508년(중종 3) 첨지중추부사로 정조사가 되어 명나라에 다녀왔으며 한성부 좌윤을 거쳐 경상도 관찰사의 외직을 맡았다.

한형윤은 이어 경기도 관찰사와 형조판서를 역임하고, 1520년(중종 15)에 공조판서 특진관을 거쳐 한성부판윤, 지중추부사에 이르렀으며 1532년(중종 27) 하세하였다.

한형윤은 굴곡의 정치 인생을 겪어야 했으나, 깨끗한 정치와 생활을 지향하여 청백리에 녹선됨으로써 생의 마지막을 영화롭게 장식할 수 있었다. 또한 한형윤은 당대의 명필로 이름을 떨쳤으며, 특히 초서와 예서에 능하였다. 그가 쓴 글씨 중 비문에 남아있는 것이 있는데, 파주의 〈영의정 황보인 묘비領議政皇甫仁墓碑〉와 양주의 〈명숙공 성준 신도비明肅公成俊神道碑〉가 그것이다.

청백리 한형윤의 5세손 한석

대자동의 한형윤 묘소 아래에 잠들어 있는 수사공水使公 한석韓潝은 1622년(광해 14)에 태어나 전라도 수군절도사를 지냈다. 한석은 부모에 대한 효성이 지극했을 뿐 아니라, 선조를 본받아 청렴한 관료 생활을 함으로써 세상에 모범이 되었다.

청백리 한형윤의 5세손인 한석의 자는 호이浩而, 시호는 수사공水使公이며 그가 일생 동안 쓴 『수사공 일기』가 한자본으로 전해 내려오고 있다.

청주 한씨 한형 묘소

한형韓濚은 1633년(인조 10) 한성부판윤을 지낸 한후기韓後琦의 아들로 태어나 1673년(현종 14) 생원진사시에 합격하고, 1675년(숙종 1) 식년문과에 급제하여 사헌부장령이 되었다.

1689년(숙종 15) 사망한 한형의 자는 천일千一, 시호는 장영공掌令公이며 본관은 청주淸州이다. 한형의 묘소는 아내 밀양 박씨와의 합폄으로 대자동 용복원 마을에 있다.

문종의 빈 최씨의 묘

조선 문종文宗의 후궁 최崔씨는 영의정 최도일崔道一의 딸로 그녀에 대한 특별한 기록은 없다. 다만 최상규崔相奎가 편찬한 『고양 선현전』에 서거정徐居正이 빈 최씨의 묘가 있는 대자사大慈寺 앞을 지나다가 남긴 다음의 시구가 남겨져 있다.

최도일 묘비

문종의 빈 최씨 묘소

황폐한 저 옛 비석 찾아

저문 해에 능 앞에 조문 올린다.

빈 최씨의 묘갈은 없어진 채 비석의 받침돌(귀부龜趺)만 남아 전해

지다가, 2002년 11월에 묘비를 새로 건립하였다.

평택시 권관리
- 권세 있는 벼슬아치들이 살던 마을 -

평택시 현덕면玄德面에 있는 권관리權管里는 중종 때의 기묘사화로 조광조와 함께 화를 당한 기준의 조카 사헌부장령 기대정奇大鼎이 피신해 형성된 마을이라 한다. 권세를 부리던 이들이 사는 마을이라 하여 '권세 권權', '벼슬 관官' 자를 써서 권관리權官里로 불리다가, 1914년 행정구역을 변경하면서 관 자를 '주관할 관管' 자로 고쳤다.

김여물 신도비

권관리에는 행주幸州 기奇씨, 전주 이李씨, 수성 최崔씨가 많이 살고 있으며 1977년 국민관광지로 지정되어 개발된 아산호牙山湖(평택호平澤湖)가 위치하고 있다.

본래 호수는 1974년 5월 박정희 대통령이 준공을 기념하는 아산호 기념탑을 세우면서 아산호라 불리던 것이, 1990년대 한국농어촌공사 평택지사가 호수 관리를 담당하면서 평택호로 불렸다. 1994년 5월에 건설교통부(현 국토해양부)가 아산호에서 평택호로 명칭 변경 고시를 하였으나 여전히 호수의 명칭을 둘러싸고 아산시와 평택시의 논쟁은 계속되고 있다.

신립 장군이 잠든 광주시와 이천시의 경계 넋 고개

광주시廣州市 실촌읍과 이천시 신둔면新屯面의 경계를 이루는 곳에 있는 넋 고개에는 임진왜란 때 장렬히 전사한 신립申砬 장군의 전설이 깃들어 있다.

외적을 막을 준비가 제대로 되어 있지 않은 조선에 왜병 수십 만 대군이 급작스럽게 침략해 들어오자 조정은 어떻게 적과 대적해야 할지 몰라 우왕좌왕하며 어쩔 줄 몰라 했다. 이때 선조의 명을 받은 신립과 순변사 김여물金汝吻은 왜병을 막기 위해 남쪽으로 떠났다.

수십만의 물밀 듯한 적군에 비해서 우리 쪽은 조련 한번 제대로 받아보지 못한 오합지졸烏合之卒의 군사 8천 명에 불과했기 때문에, 군세로는 도저히 승부를 겨룰 수 없는 처지였다. 문경새재는 길목이 좁고 산이 험준했기에 조선의 지리에 약한 왜병이 공격하기에는 난관이 한두 가지가 아니었으나, 우리 편에서 수비하기에는 이로운 여건을 갖고 있었다.

김여물은 길목이 좁은 문경새재를 지키면 적을 무찌를 수 있을 것이라는 의견을 피력하였으나, 신립은

"안 되오. 지리적으로 우리가 이롭긴 하지만 미숙한 병사로는 아무래도 탄금대彈琴臺로 가서 진을 치는 것이 낫겠소."

하며 반대하였다. 이리하여 신립은 병사를 이끌고 충청북도 충주의 탄금대로 물러나 배수진背水陣을 치고 적을 기다렸다.

배수진은 등 뒤에 강을 두고 진을 치는 것을 말하는 것으로, 싸움에서 패할 경우에는 죽는 길밖에 없음을 뜻하였다. 마침내 왜군과 전투가 벌어졌으나, 제대로 된 군사훈련 경험이 없는 데다가 원래 군대 생활을 하지 않았던 사람들을 모아 편성하였으므로 총을 앞세운 왜군을 당할 길이 없었다.

결국 참패한 신립과 김여물은 적병 수십 명을 죽이며 버텼으나 더 물러설 곳이 없자, 왜병에게 몸을 더럽힐 수 없다 하여 탄금대 위에서 몸을 던져 자결을 하였다.

당시 신립이 김여물의 제안을 물리치고 문경새재 대신 탄금대에 진을 치게 된 데에는 이유가 있었다고 한다. 어릴 때부터 무예에 뛰어났던 신립은 사냥하기를 매우 즐겼는데, 어느 날 그가 산에서 호랑이를 쫓다가 날이 어두워지자 산중의 외딴 집에서 묵어가게 되었다.

외딴 집에는 처녀가 홀로 살고 있었는데 처녀가 말하기를 밤마다 괴물이 나타나 부모와 형제를 차례로 잡아 갔으며 이제는 자신의 차례라는 것이었다. 무술 실력이 뛰어나고 용맹하였던 신립이 조용히 괴물이 나타나길 기다리다 처치해 주자, 처녀는 신립에게 자신을 거두어 줄 것을 간청하였다.

강직하였던 신립은 처녀를 달랜 뒤 그 집을 나와 훌훌히 떠나기 시작하였는데, 잠시 뒤

"서방님! 서방님……."

하며 외치는 소리가 났다. 신립이 돌아보니 집은 화염에 싸인 채였고, 처녀도 불속에서 타고 있었다.

세월이 흘러 신립은 장수가 되었고, 임진왜란이 발발하자 명을 받고 전쟁에 참전하였다. 문경새재 근처에 온 신립과 김여물이 전략을 세우며 문경새재와 탄금대 중 어디로 갈 것인지를 이야기하고 있을 때 신립의 귀에

"탄금대로 가십시오!"

하며 길을 잡아 주는 소리가 들려왔다. 이에 힘입은 신립은 주저하지 않고 탄금대에 진을 치게 되었다. 그런데, 하늘의 계시처럼 들렸던 소리는 신립이 젊은 시절에 그의 아내 되기를 애원하였던 처녀의 원귀가 복수를 하려고 외친 소리였다.

조선에 막대한 피해를 남긴 전쟁은 혈전 끝에 지나가고, 나라에는 다시 평화가 찾아 들었다. 어느 날 탄금대 강가에서 한 어부가 낚시를 하다가 큰 잉어를 낚아 배를 가르니 뱃속에서 금관자 하나가 튀어나왔다. 이를 괴이하게 여긴 어부는 금관자를 관가에 가져다 바쳤다.

금관자는 높은 벼슬아치들만 달 수 있었으므로 관가에서는 임진왜란 당시 강에 투신한 신립 장군의 것이라 판단하고 그의 혼을 부르는 굿을 올렸다. 잠시 뒤 나타난 넋은 음성이나 기침 소리까지 생전 신립의 그것과 꼭 같았다. 신립의 유족들은 금관자를 관속에 넣고 날을 받아 장례를 치르기로 하였고, 그의 고향인 경기도 가평에 있는 장지로 길을 떠났다.

장례 행렬이 이천군 이천읍 뒤편 고개에 다다랐을 때 신립이 살아 있을 때와 똑같은 기침소리를 관 속에서 냈다 하여 그 고개를 기침이 고개라 하고, 당시 이천군과 광주군의 경계에 위치한 큰 고개에 도착

곤지암

했을 때에는 신립의 넋이 아주 가 버렸다 하여 넋 고개라고 부르게 되었다.

신립의 넋이 하늘로 떠나자 관이 넋 고개에서 공중으로 두둥실 뜨기 시작해 유족들은 놀라 당황하였다. 사람들은 어쩔 수 없이 신립의 관이 날아가는 방향으로 따라갔고, 관이 멈춘 곳은 넋 고개에서 멀지 않은 곤지암昆池岩 뒤편이었다.

유족들은 신립의 넋이 손수 택한 자리를 묘지로 삼고 관을 묻어 주었다. 이때부터 이상한 일이 발생하기 시작했는데, 고양이 형상처럼 생긴 곤지암 앞으로 사람들이 말을 타고 지나려 하면 말발굽이 움직이지 않아 말에서 내려 걸어가야 했다.

그러다 어떤 장군이 곤지암 앞을 지나던 중 같은 일을 당하자, 신립의 묘를 찾아가 왜 오가는 행인을 괴롭히느냐고 호통을 쳤다. 그러자 갑자기 천둥소리와 함께 벼락이 곤지암을 내리쳐 바위가 두 쪽으로 갈라지고 옆에는 큰 연못이 생기게 되었다.

그 후로는 괴이한 일이 일어나지 않았고 사람들은 바위를 곤지암이라고 부르기 시작했다. 곤지암 주변에 있던 연못은 근처의 소하천과 연결되었으나 현재는 복개 공사로 사라졌다.

시흥시 오이도
- 까마귀의 귀를 닮은 섬 -

시흥시始興市 정왕동正往洞에 위치한 오이도烏耳島는 옛 한산군韓山郡의 변방으로 군사적으로도 매우 중요시 되었던 곳이다. 서해안에 있는 오이도에는 조선 초기에는 봉화대가 설치되었다가 문종과 중종 대 사이에 폐해졌다. 섬의 이름은 조선 초기에는 오질애吾叱哀였다가 성종 때에 오질이도吾叱耳島로 개칭된 뒤, 정조 때부터 지금의 이름인 오이도가 되었다.

오이도는 까마귀의 귀와 흡사한 모양이라 하여 불리게 된 지명으로 알려진 것이 보통이나, 과거 옥귀도玉貴島라고 불린 오이도에 전하는 다른 이야기도 있다.

옛날 제물포에서 임금이 배를 타고 중국으로 향하다가 오이도 서쪽에 있는 팔미도八尾島 앞바다에서 조난하게 되었다. 임금은 팔미도에 표류하였고, 때는 마침 무더운 여름인지라 목이 마른 임금이 물을 찾으니 섬에 사는 한 어부가 물을 떠왔다. 옥玉으로 만든 그릇에 물을 바치자 깜짝 놀란 임금이 이 섬을 귀하게 여기면서 옥귀도로 부르기 시작했다고 한다.

오끼섬, 오귀섬, 오질애 등으로도 불리던 옥귀도는 시간이 지나면서 소리내기 쉬운 오이도로 바뀌게 되었다. 오이도는 일제에 의해 육지와 연결이 되었지만, 섬을 뜻하는 '도島'의 명칭은 없어지지 않고 그대로 이어졌다.

오이도는 섬 전체가 패총貝塚으로 이루어졌다고 할 정도로 곳곳에 조개더미들이 분포되어 있다. 대체로 만이 형성된 포구 주위에서 확인되고 있으며, 오이도의 패총은 크게 북부 지역, 남서부 지역, 남부 지역으로 구분되어 쌓여 있다. 조개는 석기시대 원시인이 먹던 주식의 하나로, 그들이 버린 조개껍데기가 쌓인 것으로 보아 오이도 일대에도 고대인들이 거주하였음을 알 수 있다.

남부 지역의 신포동에서 발견된 패총에 대한 조사는 1988년과 1999년 두 차례에 걸쳐 이루어졌다. 신포동에서는 화덕 자리와 화덕 3기를 비롯하여 빗살무늬토기와 석기石器, 동물의 뼈나 뿔 따위로 만든 골각기骨角器도 다수 출토되었다. 신포동 일대에서 출토된 토기의 문양으로 고대인들이 살았던 시기를 추정해 보면 신석기 중기부터 후기에 해당되며 기원전 3,500년에서 기원전 1,500년 사이이다.

오이도 남서부 지역인 가운데살막에서는 모두 3개의 조개더미가 확인되었으며 출토 유물로는 빗살무늬토기 조각과 석기 등 1천여 점, 움집터 3기, 야외에서 사용한 화덕 3기 등이 확인되었다.

오이도에서 발견된 패총과 석기시대의 유물은 우리나라 신석기 연구에 풍성한 자료를 제시해 주었다. 우선 오이도에서 빗살무늬토기가 확인됨에 따라 서해 도서 지방의 신석기 편년이 새롭게 구성되었다. 두 번째로, 토기에 사용된 바탕흙과 문양은 한강 유역의 중부 내륙 지방 유적들과 비슷한 점이 많아 문화적 관련에 대한 구체적인 사료라 하겠다. 세 번째로는, 중국 산둥山東 지방의 신석기 문화인 룽산문화

龍山文化의 흑도黑陶와 제작 방식이 유사한 토기 1점과 중국 황하黃河 연안의 신석기 유적과도 많은 유사성을 보이고 있다. 흑도는 달걀 껍질처럼 얇고 정교하게 제작된 것이 특징으로, 이는 한반도와 중국의 고대사 연구에 구체적인 자료를 더해 주는 것이다. 마지막으로, 오이도에서는 층을 이룬 패총으로 인한 시대적 구분뿐만 아니라 패총 내에서 각각의 조개더미가 확인되었다. 이로써 조개를 채취해 생계를 유지하던 고대인들의 기초적인 생활 방식에 대해서도 파악하게 되었다.

관군이 왜군을 크게 무찌른 군포시

군포시軍浦市는 조선 시대에는 과천군 남면南面이었다가 1914년 3월 1일 일제에 의해 부군면이 통폐합되면서 시흥군 남면으로 개칭되었다. 1979년 5월 1일에는 대통령령 제9409호에 의거해 읍으로 승격되면서 군포읍이 되었다가 1989년 1월 군포시가 성립되었다.

군포는 본래 안양시 호계3동 일대를 지칭하는 지명이었으나, 1904년 경부선京釜線을 부설할 때 이곳에 역을 설치하면서 군포역軍浦驛이라 하였고 이후부터 인근 지역을 군포라 하게 되었다. 호계3동은 구군포라 부르고 있다.

군포라는 이름을 갖게 된 것은 1592년(선조 25) 임진왜란으로 거슬러 올라간다. 관군官軍이 왜군에게 패하여 후퇴하다 지금의 군포 지역에 이르러 승군僧軍들을 만나 관군을 재정비하게 되었다. 마을 사람들은 굶주린 관군에게 식사를 제공하며 사기를 진작시켜 주었고, 실재로 그 후 승군과 합세한 관군이 왜병을 크게 무찔렀다고 한다.

이때부터 이 지역에서 굶주린 관군이 배불리 먹었다 하여 군포軍飽라 하였으며, 세월이 흐르면서 군포軍浦가 되었다. 군포의 포 자가 '배부를 포飽'에서 '물가 포浦' 자로 바뀐 정확한 시기와 이유는 알려진 것이 없다.

안양시 인덕원
- 내시들이 살던 마을 -

안양시 동안구東安區 관양동冠陽洞 인덕원仁德院은 조선조부터 내시들이 살던 마을로 알려져 있다. 이들은 신체적으로는 비록 거세된 몸이지만, 환관宦官이라 하여 궁중의 임금과 가까이 대할 수 있는 신분이라 높은 관직을 역임하기도 했다. 그 신분에 어울리게 남에게 어진 덕을 베푸는 사람들이 사는 곳이라는 뜻에서 '인덕仁德'이라는 마을 이름을 얻었다.

나중에는 마을에 공무를 위해 여행하는 이들을 위한 숙소인 원院을 두게 되면서, 인덕원이라 부르게 되었다. 인덕원은 임진왜란 이전 없어졌으나 임진왜란 때 이순신 장군이 아산으로 내려가다가 인덕에서 잠시 쉬었다는 기록이 『난중일기』에 적혀 있다.

인덕원은 과거부터 교통의 요지여서 과천, 안양, 의왕, 군포, 성남 등의 사방으로 통하며, 또한 옛날부터 길지로 알려진 이곳에는 여러 선인의 묘소가 있다.

안양시 안양동
- 배움의 정신이 이어지는 교육의 마을 -

현재의 만안구萬安區 안양동安養洞은 과거 과천현 하서면 안양리에 속하던 마을이다. 안양동에 있던 자연 마을 중 지금의 경기안양 초등학교를 중심으로 한 일대는 교화동敎化洞이라 하였는데, 여기에 구전되어 오는 하나의 이야기가 있다.

수리산修理山을 뒤로 두고 형성된 교화동은 전형적인 시골 마을이었다. 동네에 살았던 가난한 부부에게 자식이라고는 아들 하나밖에 없었음에도 워낙 가난한 살림이었기에 외아들마저 글공부를 시킬 수가 없었다.

배움에 대한 열의가 컸던 아들은 비록 끼니는 거르더라도 틈만 나면 서당을 기웃거리며 어깨너머로 문자를 익히느라 집에 늦게 돌아오곤 했다. 사정을 알지 못하던 부모는 가난한 집 자식이 부모를 도와 열심히 살 생각은 하지 않고, 게으름을 피우며 놀기에 바쁘다며 꾸짖을 뿐이었다.

서당에 차마 들어가지 못한 채 주변을 맴돌며 공부를 하려는 아이를 지켜보던 훈장은, 학구열에 감복하여 아이를 불러들여 글을 가르치기 시작했다. 아들은 놀라운 집중력으로 열심히 공부를 하여 과거에 당당히 급제하였으며, 온 마을은 잔치를 벌여 마을에서 벼슬아치가 나온 것을 기뻐하였다.

그런데 과거에 합격한 이들과 임금이 만나는 날, 아들은 벼슬을 마다하며 임금에게 아뢰기를

"저는 고향 마을로 내려가 향교를 짓고 무지한 백성들을 두루 가르치고 싶사옵니다."

하였다. 자신이 어렵게 공부를 하였기 때문에 가난으로 학문을 익힐수 없는 이들을 위해 능력을 쏟고 싶었던 것이다. 뜻을 가상히 여긴임금은 그가 사는 마을에 커다란 향교를 지어 교화당敎化堂이라는 이름을 하사해 주었으며, 이때부터 마을은 교화동으로 불리었다.

옛날 교화당이 있던 자리에 초등학교가 세워졌으니 가난 속에서 힘겹게 공부한 선비의 뜻이 아직도 이어 전해지고 있다 할 것이다.

『시흥군지』, 시흥군, 1988.

조동걸, 『의사와 열사들』, 민족문화협회, 1980.

유현목, 『한국 영화 발달사』, 한진출판사, 1980.

이영일, 『한국 영화 전사』, 삼애사, 1969.

안종화, 『한국 영화 측면 비사』, 춘추각, 1962.

박성의, 『한국 고대 소설사』, 일신사, 1958.

현상윤, 『조선 유학사』, 민중서관, 1949.

문일평, 『호암湖岩 전집』, 조선일보사, 1939.

나운규, 『아리랑을 만들 때』, 조선영화, 1936.

오세창, 『근역서화징槿域書畵徵』, 1928.

강효석, 『전고대방典故大方』, 1924.

이능화, 『조선 불교 통사』, 신문관, 1918.

박은식, 『한국 통사』, 1915.

가쓰라기 스에하루葛城末治, 『조선 금석 총람朝鮮金石總覽』, 1913~1919.

정원용, 『경산집經山集』, 1896(조선 고종 33).

박제형, 『근세 조선 정감』, 주오도中央堂, 1886(조선 고종 23).

정범조, 『해좌집海左集』, 1867(조선 고종 4).

조두순 · 김병학 등 편찬, 『대전회통大典會通』, 1865(조선 고종 2).

정창순 등 편찬, 『동문휘고同文彙考』, 1788(조선 정조 12).

송시열, 『송자 대전宋子大全』, 1787(조선 정조 11).

박지원, 『열하 일기熱河日記』, 1780(조선 정조 4).

심진현沈晉賢, 『인물고人物考』, 조선 정조.

저자 미상, 『조야집요朝野輯要』, 조선 정조.

홍봉한 등 편찬, 『증보문헌비고』, 1770년(조선 영조 46).

오두인, 『양곡집陽谷集』, 1762(조선 영조 38).

이존중 엮음, 『국조명신록國朝名臣錄(해동명신록)』, 조선 영조.

김재로, 『금석록金石錄』, 조선 영조.

『일성록日省錄』, 조선 영조.

참고문헌

이실지, 『남계집南溪集』, 조선 숙종.
이정형, 『동각잡기東閣雜記』, 조선 선조.
이행·홍언필, 『신증동국여지승람新增東國輿地勝覽』, 1530(조선 중종 25).
서거정, 『사가집四佳集』, 1488(조선 성종 19).
김종서 등 편찬, 『고려사절요高麗史節要, 1452(조선 문종 2).
서명응, 『보만재집保晩齋集』, 조선 후기.
송상기, 『옥오재집玉吾齋集』, 조선 후기.
이긍익, 『연려실기술燃藜室記述』, 조선 후기.
「한중일교섭사료」『통리교섭통상사무아문일기統理交涉通商事務衙門日記』, 조선 후기.
윤선도, 『고산 유고孤山遺稿』, 조선 중기.
김시양, 『부계기문涪溪記聞』, 조선 중기.
남구만, 『약천집藥泉集』, 조선 중기.
『기묘유적己卯遺蹟』, 조선.
박동량, 『기재잡기寄齋雜記』, 조선.
『국조방목國朝榜目』, 조선.
『국조인물고國朝人物考』, 조선.
『궁궐지宮闕志』, 조선.
정인지·김종서 등 편찬, 『고려사』, 조선.
『동국여지비고東國輿地備攷』, 조선.
박세채·이세환, 『동유사우록東儒師友錄』, 조선.
『선원계보기략璿源系譜記略』, 조선.
『승정원 일기承政院日記』, 조선.
유계, 『시남집市南集』, 조선.
『조선왕조실록』, 조선.
『종반행적宗班行蹟』, 조선.
『한경지략漢京識略』, 조선.

발로 뛰며 찾아낸 역사 기행이 더해주는 생생한 현장감

도서출판 타오름의 한국사 시리즈

문밖에서 부르는 조선의 노래 이은식 저 /12,000원
노비, 궁녀, 서얼... 엄격한 신분 사회의 굴레 속에서 외
면당한 자들이 노래하는 또 다른 조선의 역사.

불륜의 한국사 이은식 저 /13,000원
베개 밑에서 찾아낸 뜻밖의 한국사! 역사 속에 감춰졌던
애정 비사들의 실체가 낱낱이 드러난다.

불륜의 왕실사 이은식 저 /14,000원
고려와 조선을 넘나들며 펼쳐지는 왕실 불륜사! 엄숙한
왕실의 장막 속에 가려진 욕망의 군상들이 적나라하게
그 모습을 드러낸다.

이야기 고려왕조실록 (상), (하)
한국인물사연구원 편저 / 각권 14,500원
고려사의 모든 것을 한눈에 살펴볼 수 있는 최고의 역사
해설서! 다양하고 풍부한 문헌 자료를 바탕으로 재미있
고 쉽게 읽히는 새로운 고려 왕조의 역사가 펼쳐진다.

우리가 몰랐던 한국사 이은식 저 /16,000원
제한된 신분의 굴레 속에서도 자신의 삶을 숙명으로 받
아들이지 않고 꿈을 이루기 위해 노력한 선현들의 진실
된 이야기.

모정의 한국사 이은식 저 /14,000원
위인들의 찬란한 생애 뒤에 말없이 존재했던 큰 그림자,
어머니! 진정한 영웅이었던 역사 속 어머니들이 들려주는
시대를 뛰어넘는 교훈과 감동을 만나본다.

2009 문화체육관광부 우수교양도서 선정

읽기 쉬운 고려왕 이야기
한국인물사연구원 편저 /16,500원
쉽고 재미있게 읽히는 새로운 고려 왕조의 역사. 500여 년 동안
34명의 왕들이 지배했던 고려 왕조의 화려하고도 찬란한 기록들.

원균 그리고 이순신 이은식 저 /18,000원
417년 동안 짓밟혔던 원균의 억울함이 벗겨진다. 이순신
의 거짓 장계에서 발단한 원균의 오명과 임진왜란을 둘
러싼 오해의 역사를 드디어 밝힌다.

신라 천년사 한국인물사연구원 편저 /13,000원
고구려와 백제를 멸망시킨 작은 나라 신라! 전설과도 같
은 992년 신라의 역사를 혁거세 거서간의 탄생 신화부터
제56대 마지막 왕조의 이야기까지 연대별로 풀어냈다.

풍수의 한국사 이은식 저 /14,500원
풍수와 무관한 터는 없다. 인문학과 풍수학은 빛과 그림
자와 같다. 각각의 터에서 태어난 역사적 인물들에 얽힌
사건을 통해 삶의 뿌리에 닿게 될 것이다.

기생, 작품으로 말하다 이은식 저 /14,500원
기생은 몸을 파는 노리개가 아니었다. 기생의 연원을 통
해 그들의 역사를 돌아보고, 예술성 풍부한 기생들이 남
긴 작품을 통해 인간 본연의 삶을 들여다본다.

여인, 시대를 품다 이은식 저 /13,000원
제한된 시대 환경 속에서도 자신들의 재능과 삶의 열정을 포기하거
나 방관하지 않았던 여인들. 조선의 한비야 김금원과 조선의 힐러리
클린턴 동정월을 비롯한 여인들이 우리들의 삶을 북돋아 줄 것이다.

미친 나비 날아가다 이은식 저 /13,000원
정의를 꿈꾼 혁명가 홍경래와 방랑 시인 김삿갓 탄생기.
시대마다 반복되는 위정자들의 부패, 그 결과로 폭발하
는 민중의 울분, 역사 속 수많은 인간 군상들이 현재의
우리를 되돌아보게 한다.

지명이 품은 한국사 이은식 저

지명이 품은 한국사1- 서울·경기도편

2010 문화체육관광부 우수교양도서 선정

2010 올해의 청소년도서 선정

지명이 품은 한국사2- 전국편
지명이 품은 한국사3- 서울·강원도편

국토의 심장부를 포함한 한반도의 역사가 담긴 지명의
어원 풀이. 1천여 년 역사의 현장이 도처에 남긴 독특한
고유 지명을 알아보자. 지명의 정의와 변천 과정, 지명의
소재 등 지명의 기본, 그 지역에 거주한 인물들의 삶과
사건을 다룬 풍성한 이야기를 담았다.

핏빛 조선 4대 사화 시리즈 한국인물사연구원 저

첫 번째 무오사화
두 번째 갑자사화
세 번째 기묘사화
네 번째 을사사화

사림파와 훈구파의 암투 그리고 광포한 연산군의 통치가
맞물리면서 터진 무오사화와 갑자사화. 파괴된 질서를
회복하려는 중종과 조광조를 필두로 한 사림파의 개혁이
실패한 기묘사화. 왕실의 외척으로 사적인 이익을 추구
한 대윤과 권력을 차지하려는 소윤의 극렬한 투쟁 을사
사화. 각자의 권력을 확고히 하기 위한 싸움의 결과로 폭
발한 조선의 4대 사화는 여전히 현 시대의 정치를 반영
하고 있다.